비교의 산파술

비교의 산파술
에이젠슈테인과 벤야민 겹쳐 읽기

펴낸날	2025년 7월 10일
지은이	김수환
펴낸이	이광호
주간	이근혜
편집	김현주 최대연 홍근철
마케팅	이가은 허황 최지애 남미리 맹정현
제작	강병석
펴낸곳	㈜문학과지성사
등록번호	제1993-000098호
주소	04034 서울 마포구 잔다리로7길 18(서교동 377-20)
전화	02) 338-7224
팩스	02) 323-4180(편집) 02) 338-7221(영업)
대표메일	moonji@moonji.com
저작권 문의	copyright@moonji.com
홈페이지	www.moonji.com

ⓒ 김수환, 2025. Printed in Seoul, Korea
ISBN 978-89-320-4423-1 93160

이 책의 판권은 지은이와 ㈜문학과지성사에 있습니다.
양측의 서면 동의 없는 무단 전재 및 복제를 금합니다.

이 저서는 2024년도 한국외국어대학교 교내학술연구비의 지원을 받아 수행된 연구임.

비교의 산파술

에이젠슈테인과 벤야민 겹쳐 읽기

문학과지성사

차례

[서문] 어떤 동시대인   7
[들어가는 말] 에이젠슈테인-벤야민 성좌   22

1부

1장. 유리 집의 문화적 계보학
: 영화-문학-건축   41
2장. 에이젠슈테인의 디즈니와 벤야민의 미키마우스
: 태곳적 원형 혹은 포스트휴먼적 예형   84
3장. 채플린 커넥션
: 소비에트의 그림자와 다른 세계로부터의 신호   126

2부

4장. 혁명과 소리
: 볼셰비키의 땅에서 사운드 씨의 기묘한 모험   181
5장. 에이젠슈테인의 〈자본〉 프로젝트
: 영화논고, 영화사물, 영화사유   219

원문 출처   260
찾아보기   261

[서문]
어떤 동시대인

발터 벤야민(1892~1940)과 세르게이 에이젠슈테인(1898~1948)은 같은 시대를 살다 간 동시대인이었다. 둘 다 1890년대생으로 여섯 살 터울인 두 사람은 각각 탁월한 사상가와 걸출한 예술가로서 20세기에 거대한 족적을 남겼다. 독일과 러시아로 국적은 달랐지만, 유럽 각국과 아메리카 대륙으로 이어지는 전간기 특유의 국제적 이동의 삶을 살았다는 점에서도 두 사람은 공통적이다. 당연히 서로의 도시(베를린과 모스크바)에 방문한 경험이 있을 뿐만 아니라 두 사람 사이엔 연결고리가 될 만한 공통의 지인이 여럿 존재했다. 그러니까 다소 엉뚱해 보이는 이런 질문은 충분히 제기될 법하다. 벤야민과 에이젠슈테인은 어째서 단 한 번도 만나지 못한 것일까?

두 인물의 삶과 사유를 나란히 놓고 '비교'해보겠다는 발상이 처음 떠오른 것은 2018~19년 무렵이었다. 당시 나는 문학과지성사에서 준비하고 있던 새 인문 시리즈 '채석장'의 첫 권 『〈자본〉에 대한 노트』(2020)에 들어갈 에이젠슈테인의 텍스트를 번역 중이었다. 「영화 〈자본〉을 위한 노트」라고 이름 붙여진 그 글은 마르크스의 『자본』을 영화화하려던 에이젠슈테인의 기획에 관한 것이었는데, 번역 과정에서 이 '〈자본〉 프로젝트'를 비롯한 후기 에이젠슈테인의 여러 "실현되지 못한 기획들"에 커다란 관심을 갖게 되었다. 그 기획들은 내가 이미 충분히 잘 알고 있다고 생각했던 에이젠슈테인과 사뭇 달랐으며, 그 대담함과 스케일이 터무니없을 정도라서 약간 어리둥절할 지경이었다.

한편, 그 무렵은 내가 벤야민의 『모스크바 일기』를 소비에트 아방가르드의 관점에서 다시 읽어보는 개인적 연구를 마무리하던 시점이기도 했다. 수년에 걸쳐 벤야민의 1930년대 사유에 미친 '모스크바의 흔적'을 파헤치고 있던 나로서는 언제부턴가 에이젠슈테인의 여러 기획들이 동시대 벤야민의 사유와 자연스럽게 '겹쳐 보이기' 시작했다. 언젠가 한나 아렌트는 "절대적인 독창성"의 대명사인 카프카가 그렇듯, 벤야민 또한 "전적으로 비교할 수 없는 것"의 사례에 해당한다고 말한 바 있는데,[1] 나는 에이젠슈테인이라면 벤야민과 비교될 수 있으며, 둘 사이에는 분명 모종의 '친연성[친화력](affinity)'이 존재한다는 생각을 떨칠 수 없었다.

문헌학의 기본기에서 출발한 연구자답게 처음엔 두 인물 간의 실제적인 영향관계를 증명하는 문헌자료를 찾아보려 무진 애를 썼다. 뒤에서 상세히 밝히겠지만 그 과정에서 두 인물을 (간접적이나마) 연결해주는 다수의 접점들을 찾아낼 수 있었고, 이는 내게 전형적인 '발굴'의 기쁨을 가져다주었다.

그때 염두에 두었던 책 제목이 바로 "상상의 채석장(imaginary quarry)"이었다. 에이젠슈테인의 글과 함께 실린 알렉산더 클루게(Alexander Kluge)의 글 「이데올로기적 고대로부터 온 소식」에 나오는 이 표현은 두 사람의 자취를 발굴해 연결시켜보려는 나의 의도를 잘

---

1 한나 아렌트, 『어두운 시대의 사람들』, 홍원표 옮김, 한길사, 2019, 275쪽.

설명해주는 적절한 문구처럼 생각되었다.

> 나는 『자본』을 영화화하려 한 에이젠슈테인의 원대한 계획을 **상상의 채석장** 같은 것이라고 보고 있다. [……] 에이젠슈테인과 같은 위대한 거장의 계획을 적절한 방식으로 다루는 일은 고대의 유적지를 발굴하는 작업과 유사하다.[2]

클루게는 에이젠슈테인이나 마르크스 같은 인물이 남긴 최고의 텍스트들은 "역사적 잔해의 무더기 속에 파묻혀 있음이 분명"한데, "이 잔해를 파헤치다 보면 당신이 주로 발견하게 되는 것은 도구들," 이론의 공학자들이 만든 매우 희귀한 "분석적 장비들과 기계들"이라고 썼다.[3] 애초 염두에 두었던 이 제목이 어째서 지금의 제목으로 바뀌게 되었는지에 관해 밝히려면 다소 긴 설명이 필요하다.

연구를 시작할 무렵에 나는 벤야민과 에이젠슈테인 사이에 확증될 수 있는 전기적 연결고리가 존재할 것이라는 강한 확신을 품고 있었다. 일단 두 사람 사이엔 확실한 공통의 지인인 브레히트가 존재했으며, 무엇보다 벤야민이 1926년 겨울 직접 모스크바를 방문해 두 달간 체류한 경험이 있기 때문이었다. 설령 브레히트가 직접 중개자로 등장하진 않았더라도 적어도 그를 '통한' 접촉의 계기는 분명 존재할 것이라 예상했고, 어쩌면 벤야민의 모스크바 방문이 남긴 소비에

---

[2] 알렉산더 클루게, 「이데올로기적 고대로부터 온 소식」, 세르게이 에이젠슈테인·알렉산더 클루게, 『〈자본〉에 대한 노트』, 김수환·유운성 옮김, 문학과지성사, 2020, 161쪽.

[3] 같은 곳.

트의 흔적 속에서 에이젠슈테인과의 직접적 연결고리를 찾을 수 있지 않을까 기대하기도 했다.

결론부터 말하자면, 나는 두 사람의 삶의 궤적이 생전에 단 한 차례도 겹쳐진 바 없다는 결론에 이르렀다. 벤야민과 에이젠슈테인이 생전에 '만났다'는 기록은커녕 에이젠슈테인이 벤야민을 '알고 있었다'는 증거조차 찾을 수 없었기 때문이다. 나는 두 사람의 본국에서의 행적뿐 아니라 해외에서의 활동 전체를 샅샅이 뒤지면서 접촉의 흔적을 찾아보려 애를 썼으나 끝내 그 둘을 '직접' 연결해주는 단서를 찾지 못했다.

둘 사이에 직접적 영향관계라고 부를 만한 그 어떤 실제적 접촉도 없었다는 사실을 받아들이기가 처음엔 쉽지 않았다. 왜냐하면 벤야민과 에이젠슈테인의 자취를 좇아 지난 세기 초반 전간기의 시공간 속으로 점점 더 깊숙하게 들어가보는 과정에서 나는 극도로 흥미롭고 다채로운 교류의 '성좌(constellation)'를 발견할 수 있었기 때문이다. 벤야민과 에이젠슈테인의 삶과 창작에 어떻게든 접속되었던 인물들로 구성된 그 국제적 성좌의 교직은, 두 사람의 궤적이 그 안에서 단 한 번도 교차되지 못했다는 사실이 도무지 믿기지 않을 만큼 촘촘하고 다층적이었다.

그러므로 그들 '사이'에 아무것도 없었다고 말하는 것은 정확한 진술이 아닐지도 모른다. 그 사이 지대에는 실로 많은 것들이 존재했던바, 나의 문헌학적 발굴 작업은 예상치 못했던 여러 부산물을 낳았다. 좋은 고고학적 보고서란 "발굴된 물건들의 출처뿐 아니라 그것들이 발굴되기 위해 탐색되었던 이전의 지층들에 대해서도 보고"[4]하기 마련이라는 벤야민의 말처럼, 그것은 애초 목표했던 결과물 대신 그것 주변에 묻혀 있던 많은 것들을 드러내 보여주었다. 이 책이 다루는 주제의 역사적 배경을 이루는 그 발굴의 부산물을 나는 "에이젠슈테인-벤야민 성좌"라고 이름 붙이고, 본론 앞머리의 「들어가는 말」에 간략하게나마 밝혀두었다.

*

여기저기 흩어진 돌무더기를 모아 두 인물의 발자취를 되짚어가는 과정에서, 나는 그들을 둘러싸고 형성되었던 희미한 역사적 성좌를 가늠해볼 수 있었다. 하지만 "상상의 채석장"에서의 나의 작업이 애초 목표했던 결과, 그러니까 '비교'를 위한 결정적 단서를 찾아내는 데 실패했다는 점 또한 분명한 사실이었다. 내가 이른바 '문헌학적 접근'의 한계에 관해 진지하게 생각해보기 시작한 것은 그즈음이었다. 추적과 발굴 작업을 통해 두 인물 사이에 존재했던 실제적 영향관계를 밝혀내는 방식이 어쩌면 유효하지 않을 수도 있겠다는 판단, 벤야민과 에이젠슈테인의 경우엔 무언가 상당히 다른 접근 방식이 필요할지도 모른다는 생각이 들기 시작했다.

이런 상황에서 내게 돌파구가 되었던 것은 애초의 가정과는 다른 종류의 새로운 가설이었다. 나는 두 사람 사이에 실제적 접촉이 존재하지 않았다는 결론을 수용하는 한편, 벤야민과 에이젠슈테인이 서로 다른 시기에 서로 다른 목적과 관심에 따라 각자의 영역에서 관

---

4 발터 벤야민, 「발굴과 기억」, 『발터 벤야민 선집 1: 일방통행로 | 사유이미지』, 김영옥·윤미애·최성만 옮김, 도서출판 길, 2007, 183쪽.

심을 기울였던 일련의 '공통적 대상'이 존재한다는 사실에 주목하기 시작했다. 어떤 점에서 내게 이와 같은 '우연한' 공통성은 두 사람이 서로에게 각별한 동시대인이었다는 사실을 증명하는 것처럼 보였는데, 왜냐하면 이 공통적 대상이라는 특별한 교차점을 중심에 둔 이후의 비교 작업은 두 사람의 공통된 지향과 관심뿐 아니라 대단히 의미심장한 차이들을 동시에 드러내 보여주었기 때문이다.

나는 그 겹침과 갈라짐의 양상을 통해 그 대상들을 둘러싼 문제의식 자체의 두께와 폭을 실감할 수 있었다. 더불어 그것들이 지난 세기 그 누구보다 명민했던 두 지성의 레이더가 포착한 20세기의 "근본문제(Grundproblem)"들이었다는 점을 확신할 수 있었다(나는 에이젠슈테인이 말년에 쓰려고 했던 책 『방법(Method)』에서 예술 창조를 둘러싼 근원적 문제를 가리키기 위해 사용했던 이 용어를 내 식으로 원용하고 있다).

그런데 벤야민과 에이젠슈테인의 '교차점'이라는 문제설정과 관련하여 반드시 짚고 넘어가야 할 사실이 있다. 두 사람 사이에는 자명한 공통의 관심사가 이미 존재하지 않느냐는, 영화가 바로 그런 공통의 무대에 해당하지 않느냐는 반론이 그것이다. 벤야민은 1927년 모스크바에서 통역을 대동한 채 에이젠슈테인의 〈전함 포템킨〉을 직접 보았고, 「오스카 슈미츠에 대한 반박」이라는 짧은 논평을 썼다. 이 글에 처음 등장한 아이디어들은 이후 1935년의 저명한 에세이 「기술복제시대의 예술작품」으로 발전된다. 가령, 암울하고 답답한 "감옥의 세계"를 폭파시키는 "10분의 1초의 다이너마이트"를 말하는 유명한 아래 구절은 「기술복제시대의 예술작품」 2판과 3판에 고스란히 살아남아 지금껏 무수한 인용과 연구의 대상이 되어왔다.

영화와 더불어 실제로 의식의 새로운 영역이 생겨나고 있다. [……] 이 사무실들, 가구가 비치된 방들, 술집, 대도시의 거리들, 정거장들, 공장들은 그 자체로는 흉하고 파악하기 어렵고 아무런 희망도 없이 쓸쓸하다. 아니 그곳들은 영화가 올 때까지 그랬고 또 그랬던 것처럼 보인다. 그러던 것이 영화가 이 감옥의 세계 전체를 10분의 1초의 다이너마이트로 폭파해버렸다. 그리하여 이제 그것들의 널리 퍼진 잔해들 사이로 우리는 모험에 찬 먼 여행을 떠날 수 있게 되었다.[5]

위 구절만으로 곧장 확인되듯이, 영화를 혁명적 잠재력을 일깨워줄 수 있는 각별한 '지각의 병참(arsenal)'으로 간주하는 관점은 벤야민의 영화(매체)론을 에이젠슈테인과 연결시키는 확실한 연결고리로 간주되어왔다. 가령, '아트락치온(attraction)'으로 대변되는 에이젠슈테인 몽타주의 '쇼크 효과'를 '충격'과 '정신분산'을 요체로 하는 벤야민의 영화론과 교차시키는 방식은 특별한 성찰을 보탤 필요가 없는 합의된 명제에 해당한다.

그렇다면, 내가 말하는 두 사람의 교차점은 결국 영화이거나 혹은 조금 더 넓게 '영화적인 것'이라고 통칭할 수 있는 모종의 새로운 지각 형식을 향한 관심과 지향을 가리키는 것일까? 분명히 해둘 것

---

5 발터 벤야민, 「오스카 슈미츠에 대한 반박」, 『발터 벤야민 선집 2: 기술복제시대의 예술작품 | 사진의 작은 역사 외』, 최성만 옮김, 도서출판 길, 2007, 239쪽.

은, 내가 이 책에서 벤야민과 에이젠슈테인이 공유하는 일련의 "근본문제"들을 이야기할 때, 그것은 원칙상 영화의 범위를 넘어선다는 점이다. 나는 영화적 지각이라는 연결고리를 통해 두 사람을 교차시키는 방식은 자명한 만큼이나 분명한 한계를 갖는다고 주장하고 싶다. 본질상 '예술'을 넘어서 '역사'를 겨냥했던 두 사람의 문제의식은 결코 영화에 국한될 수 없는바, 양자 모두에게 영화(에 관한 탐구)는 결코 영화만의 문제로 한정될 수 없는 더 큰 근본문제의 당대적 판본이었다. 영화를 '통해서' 사유했던 두 사람은 영화 '바깥'의 더 넓은 지평에서 새롭게 조우할 필요가 있다.

그런데 이와 관련해 언급해야 할 또 하나의 사실이 있다. 벤야민과 에이젠슈테인이 매우 특징적인 사유 방식 하나를 공유하고 있다는 점이다. "내다보는 대신에 돌아보는 방식(looks backward, rather than forward)의 역사 구성,"[6] 다시 말해 현재에 입각해 미래를 전망하는 대신에 과거를 통해서 현재를 (드러내) 보(이)고자 하는 지향이 그것이다. 잘 알려져 있다시피, 관습적으로 기술된 역사 속에서 매몰되고 왜곡된 '태고'를 발굴함으로써 대항적 역사의 출현을 가능하게 만드는 일은 벤야민의 "변증법적 이미지"의 핵심을 이룬다. 그는 진짜 과제는 미래가 아닌 과거에 있다고, 이제 "미래를 등지고서 과거를 향하라"고 주문했다. 그런가 하면, 영화의 문제를 예술 창조의 근본 법칙이나 인간 사유의 본래적 구조("원시적 정신")로 확장시켜 탐구하려 했던 에이젠슈테인에게도 과거는 역사철학적 함의를 갖는

---

6 수잔 벅 모스, 『발터 벤야민과 아케이드 프로젝트』, 김정아 옮김, 문학동네, 2004, 130쪽.

중대한 과제였다. 에이젠슈테인 후기 사유의 핵심을 관통하는 '퇴행(regression)' 이념은 이를 보여주는 명확한 증거다.

그렇다면 뒤를 돌아보며 앞을 내다보는 이런 특별한 사유 방식을 공유하는 두 사람을 '비교학적 조망' 속에서 고찰하기 위한 최적의 방법론은 무엇일까? 전통적인 문헌학적 고찰의 한계를 보완할 수 있는 대안적 방법론을 고민하던 내게 알렉산더 클루게의 아래 문장은 또 한 번 영감을 제공해주었다.

> 산모의 자궁 내에 있는 태아가 엉덩이가 아래로 향하는 이른바 둔위(臀位) 상태로 거꾸로 자리하고 있을 때가 있다. 출산 때 태아의 목이 졸리지 않게 하려면 조산사가 제때 태아의 위치를 바로잡아야 한다. 그러기 위해 조산사는 '폭력(Gewalt)을 가해야' 한다. 그렇다고 해서 힘으로 태아를 잡[아 돌리]는 방식을 고려하는 법은 없을 것이다. 대신 그녀는 '대상'의 연약한 사지와 기민함에 상응하는 악력을, 즉 출산 도중에 정교하게 아이를 붙잡는 방식을 사용한다. [······] 아기가 제대로 산도(産道)를 빠져나오도록 하려면 그녀는 아기가 스스로 움직일 수 있게끔 하는 방식으로 붙들어야 한다. 조산사가 가하는 이러한 폭력은 해머나 낫이나 괭이나 톱을 쓰는 폭력과는 구분되는 것이다.[7]

"산파술: 조산사의 기술"이라는 제목을 달고 있는 섹션의 전문

---

7 알렉산더 클루게, 「이데올로기적 고대로부터 온 소식」, 『〈자본〉에 대한 노트』, 113쪽.

이다. 각자의 영역에서 상이한 목적에 따라 철학적 사유와 예술적 실험을 전개해나갔던 두 인물을 어떤 방식으로 교직해 보여줄 수 있을지를 고민하던 내게, 클루게의 언급은 해방적 통찰로 다가왔다. 내가 이해하기에 이 통찰의 핵심은 다음과 같았다. 사실들의 확증을 지향하는 문헌학적 고찰을 무언가 새로운 사유를 낳는 '생성'의 과정으로 이끌기 위해서는 "조산사의 기술"이 불가피하다. 그 기술은 "출산 도중에" 아이를 정교하게 붙잡음으로써 "아이가 스스로 움직일 수 있게끔" 하기 위해 "대상의 연약함과 기민함에 상응하는 악력," 곧 "폭력"을 가할 필요성을 수반한다.

요컨대, 내게 필요했던 것은 단순한 연결과 대질의 작업을 넘어설 수 있는 어떤 것, 이를테면 외견상 결코 서로 연결될 수 없을 것처럼 보이는 대상과 주제 들을 다소간 '폭력적으로' 연결시키고, 그와 같은 부딪힘이 만들어내는 새로움의 가능성을 시험하는 기술이었다. 한마디로 내게는 '비교의 산파술(maieutics)'이 요구되었던 것이다.

이 책에서 나는 벤야민과 에이젠슈테인이 공히 관여했던 세 가지 공통적 대상을 제시하고 있다. 유리 집, 미키마우스(디즈니), 그리고 채플린이 그것이다. 보다시피 셋 모두 영화와 직접 관련된 이름들이다("글라스 하우스"는 에이젠슈테인이 찍으려 계획했던 영화의 제목이다). 하지만 이 책을 읽는 독자들은 유리 집을 다루는 1장에서부터 그것을 논하는 나의 관점과 방식이 영화의 테두리를 훌쩍 넘어선다는 사실을 곧장 확인할 수 있을 것이다. 내 나름의 비교의 산파술을 거친 '유리 집의 계보학'은, 19세기 중반부터 20세기 중반에 이르기까지 상이한 매체(문학, 건축, 영화)와 지역(영국, 러시아, 프랑스, 독일)을 가로지르는 독특한 신화학과 이념적 변이형을 유감없이 드러낸다. 그러니까 여기서 유리 집이라는 대상은 에이젠슈테인과 벤야민을 연결하는 (표층의) 교차점일 뿐만 아니라 복잡한 연결과 낯선 부딪힘을 통해 서서히 그 전모를 드러내는, 더 깊고 광대한 지층과 광맥들의 접합부이기도 하다.

이는 미키마우스(디즈니)와 채플린의 경우에도 마찬가지다. 에이젠슈테인과 벤야민의 텍스트에서 자주 마주치게 되는 이 두 개의 고유명사는 한때 두 사람 모두 첨예한 관심을 기울였던 '당대의 현상들'이다. 하지만 그것들은 평생 두 사람을 사로잡았던 다양한 문제의식을 집약하는 상징, 더 정확하게 말하자면 근본문제의 위상에 부합하는 '원형(상)[Urphänomen]'에 해당하는 것이기도 하다.

원형(상)이란 무엇인가? 벤야민이 자연형태론에 관한 괴테의 글에서 빌려온 이 개념에 따르면, 원형(상)은 대상물의 개념적·발생적 본질을 가시적으로(즉, 직접적인 동시에 종합적으로) 드러내주는 "이념적 상징"이다. 이 개념에 의거할 때 한시적인 역사적 대상물은, 마치 나뭇잎에서 풍부하고 다양한 경험적 식물 세계 전체가 '펼쳐지듯이' 역사의 다발 전체 속에 깃들어 있는 현재의 기원을 드러낸다. 벤야민이 역사적 사실을 대할 때 취하는 독특한 방식, "현상 자체가 이론"인 현상학적 접근법은 바로 이 원형(상) 개념에 근거한 것이다.[8]

---

8   "최선의 방법은 모든 사실이 이미 이론임을 포착하는 것이리라. 하늘의 푸른빛은 우리에게 색채론의 근본법칙을 밝혀준다. 현상의 이면에서는 아무것도 찾을 수 없다. 현상 자체가 이론이기 때문이다." Georg Simmel, Goethe[1913], 3rd ed., Leipzig: Klinkhardt & Biermann, 1918, p. 57; 수잔 벅 모스, 『발터 벤야민과 아케이드 프로젝트』, 102쪽에서 재인용. 벤야민은 바로 이 접근법을 『모스크바 일기』에 적용한 바 있다. "저는 지금 순간의 도시 모스크바를 서술하고자 합니다. 그곳은 '모든 사실들이 이미 이론'이고, 따라

[서문] 어떤 동시대인

한편, 이 문제는 벤야민과 에이젠슈테인이 함께 마주했던 동시대의 조건인 '기술'의 문제와 관련시킬 때 더욱 특별한 함의를 갖는다. 두 사람은 자신들이 마주한 당대를 고대에서 중세를 거쳐 근대로 이어지는 선형적이고 단계적인 발전의 소산이 아니라 그것들 모두가 중첩된 상태로 함께 작용하는 다중시간적 '두께'로서 사유했던 역사가들이었다. 그렇기에 그들에게 기술 발달과 연결된 당대의 현상들은 그것들의 개념적·발생적 본질을 드러내는 '원형'의 관점에서뿐만 아니라 앞으로 도래할 것을 예시하는 '예형(prefiguration)'(성서식 표현에 따르자면 '예표')의 차원에서 또한 사유되었다. 디즈니와 미키마우스라는 당대적 이름이 인간 종의 원초적 원형질(plasma) 상태로 거슬러 올라가거나 "인간을 중심으로 구성된 피조물의 위계질서를 폭파"시키는 포스트휴먼적 미래까지 앞질러 갈 수 있는 이유는 그 때문이다. 채플린의 이름이 '소비에트의 그림자'를 지니고, 생체역학적 기계주의를 넘어 '다른 세계(우주와 아이)의 시그널'로 작동할 수 있는 이유도 거기에 있다.

"비교의 산파술"이라는 표제에 의거하여 클루게가 말한 조산사의 특별한 폭력을 사용하면서, 어쩌면 나는 스스로에게 과도한 자유를 허용했는지도 모른다. 벤야민과 에이젠슈테인을 교차시키는 나의 방식이 때로 지나치게 자의적이며, 논의의 범위를 문헌학적 고증이 불가능한 지점까지 확장했다는 비판은 충분히 제기될 만하다. 혹은

서 모든 연역적 추상, 모든 예측, 나아가 일정 한도 내에서는 모든 판단들마저 보류되고 있는 곳입니다." 김수환, 『혁명의 넝마주이: 벤야민의 『모스크바 일기』와 소비에트 아방가르드』, 문학과지성사, 2022, 20쪽에서 재인용.

내가 설정한 근본문제들에만 조명을 집중하느라 다른 부분들을 부당하게 도외시했다는 비판 역시 제기될 수 있다. 가령, 나의 산파술에는 벤야민의 '카프카적인' 면모가 삭제되어 있으며, 후기 에이젠슈테인을 (과도한) 연구자적 열정으로 이끈 사회정치적 맥락에 대한 설명이 누락되어 있다. 그럼에도 불구하고 스스로의 방법론을 변호하면서 한 가지 사실을 강조해두고 싶다.

내가 이 책에서 시도하는 '상호조명을 통한 겹쳐 읽기'는 에이젠슈테인과 벤야민을 각기 따로 다루는 연구들에 비해 그들의 창작과 사유가 갖는 특징과 의의를 좀더 신선하고 명료하게 드러낼 수 있으리라는 것이다. 두 사람의 창작과 사유가 상대편에게 '반사'되어 되돌아올 때, 이미 우리에게 잘 알려진 익숙한 초상과는 다른, 그들의 낯설고 새로운 얼굴이 드러날 수 있게 되기를 기대한다. 마치 사상가처럼 창작했던 예술가와 예술가처럼 사유했던 사상가의 궤적이 흥미롭게 겹치고 갈라지는 양상을 따라가면서, 독자들 또한 나의 결론에 조금은 동의할 수 있게 되길 바란다. 감히 말하건대, 에이젠슈테인과 벤야민은 실제 만남 및 교류의 여부와 상관없이, 각자가 기대할 수 있는 최고의 상대자(counterpart)였다. 그런 점에서 그들은 서로에게 각별한 동시대인이었던 것이다.

끝으로 2부에 수록한 두 편의 글에 대한 간략한 설명을 덧붙인다. 러시아 혁명 100주년을 기념하여 쓴 글인 「혁명과 소리」는 소비에트 영화에서 소리의 도입이라는 별도의 주제를 다루지만, 그럼에도 이 책의 바탕에 깔린 문제의식과 조응하는 지점이 있다. 사상가 벤야민이 공백으로 남겨두었으나 영화감독 에이젠슈테인은 직면하지 않을 수 없었던 소리라는 영화의 기술적 장치의 문제를, 영화의 매체적 조건 내부로 국한하지 않고 그것 바깥의 더 넓은 차원들에 연결시켜 숙고해보려는 지향이 그것이다. 두번째 글 「에이젠슈테인의 〈자본〉 프로젝트」는 1부에 해당하는 세 편의 글을 위한 일종의 '서론' 격으로 읽히기를 기대한다. 앞서 밝혔듯이, 이 글은 내가 「영화 〈자본〉을 위한 노트」를 경유해 후기 에이젠슈테인의 실험적 사유에 본격적으로 진입하게 된 그 문턱을 드러내주는바, '미래의 영화'를 향한 에이젠슈테인의 담대한 모색에서 영화의 전통적 범주를 가볍게 넘어서는 지평의 무한한 확장을 맛볼 수 있을 것이다.

*

연구를 마무리하고 책의 출간을 앞둔 시점에 여전히 내게 남아 있는 총괄적 인상은 크게 두 가지다. 첫번째는 벤야민과 에이젠슈테인의 시대라고 할 수 있는 20세기 초중반이 갖는 특별한 의의다. 지난 수년간 두 사람과 함께 한 세기 전의 세계를 탐험하면서 나는 우리 시대가 그들이 살며 분투했던 당시로부터 얼마나 멀리 떨어져 있는지 실감했다. 그러나 다른 한편으로, 우리 시대가 마주하고 있는 대부분의 문젯거리와 도전의 씨앗들이 뿌려진 최초의 파종지가 바로 그때라는 사실 또한 절감할 수 있었다. 19세기의 끝자락에 태어나 인류사의 전례 없는 폭력(전쟁)과 유토피아적 희망(혁명)이 공존했던 격변의 세기를 통과하면서, 영화매체의 탄생과 확장으로 대변되는 불가역적 기술 혁신의 조건을 받아들이고, 그 혁신에 따른 인간과 자연의 변모 가능성까지 염두에 둔 채 치열하게 작업했던 벤야민과 에이젠슈테인, 그들은 철두철미한 20세기의 자식들이었다. 그리고 정확히 그런 의미에서 21세기를 예비했던 선구자들로 기억될 것이다.

두번째는 이른바 인문학적 유산의 성격에 관한 것이다. 두 사람이 남긴 유산에 해당하는 작품과 텍스트 들을 반복적으로 보고 읽으며 여러 곳에 흩뿌려진 사유의 단초들을 (재)조합해보는 과정에서, 나는 죽은 자들이 전해주는 과거의 유산이란 결코 그들이 남긴 답변이나 해답 그 자체가 아니라는 생각을 하게 되었다. 우리가 흔히 교과서에서 만나게 되는 그런 개념과 용어 들보다 훨씬 더 중요한 것은, 그들이 그것들을 내놓기까지 밟아갔던 실험과 사유의 여정이다. 결과물로서의 개념이 아니라 그것을 만들어내는 과정에서 품었던 최초의 문제의식, 그것을 둘러싼 기대와 우려, 희망과 좌절, 어쩔 수 없는 포기와 그럼에도 불구하고 끝내 고수하려 했던 모종의 내기…… 이것들이야말로 후대가 상속받아야 할 진정한 유산이다. 나는 이런 상속의 절차가 개념의 산출 과정을 논리적으로 파악하는 일과는 다르다고 믿게 되었고, 그런 점에서 또 다른 의미에서의 '비교의 산파술'을 꿈꾸게 되었다. 죽은 자들이 남긴 실험과 사유의 여정을 우리 시대의 그것과 '겹쳐 놓고' 바라보는 일, 그렇게 100년 전의 발걸음으로부터 위기와 변형의 이름으로 절망과 희망을 반복하고 있는 우리 시대를 위한 통찰의 지점들을 산출해보는 일. 이 또 다른 비교의 과제는 이 책을 읽으며 그것이 촉발하는 새로운 사유의 계기를 받아들일 독자들 자신에게 달려 있을 것이다.

[들어가는 말]
에이젠슈테인-벤야민 성좌

20세기 지성사에 관심을 둔 이들에게 제법 잘 알려진 두 장의 사진이 있다. 하나는 벤야민과 브레히트가 체스를 두고 있는 사진이고, 다른 하나는 에이젠슈테인과 브레히트가 눈을 맞춘 채 서로를 지그시 바라보고 있는 사진이다.

두 사진에 공히 등장하는 인물은 브레히트다. 독일의 시인이자 극작가인 브레히트는 벤야민과 에이젠슈테인의 삶에서 일정한 지분과 역할을 맡았다. 벤야민에게 미친 브레히트의 영향은 더 말할 필요가 없는 공인된 사실이지만, 에이젠슈테인과 브레히트의 인생 경로

왼쪽 사진은 1934년 여름 덴마크 스코우스보스트란의 브레히트 집 앞마당에서 찍은 것이고, 오른쪽 사진은 1932년 브레히트가 영화 〈쿨레 밤페, 혹은 세상은 누구의 것인가?〉(1932)를 발표하기 위해 소비에트를 처음 방문했을 때 모스크바에서 세르게이 트레티야코프가 찍은 것이다.

또한 여러 차례 교차했다. 오히려 의아한 것은 브레히트가 두 사람을 연결하는 직접적 연결고리로 등장한 적이 한 번도 없다는 사실이다. 브레히트가 두 사람을 서로에게 소개시켜주었다는 기록은 고사하고, 세 사람이 함께한 적이 있다는 증거조차 존재하지 않는다.

하지만 명확히 확인 가능한 것들도 있다. 벤야민과 에이젠슈테인의 삶과 창작에서 지대한 의미와 위상을 갖는 두 명의 인물이 브레히트 '주변'에 아주 가깝게 자리했었다는 사실이다. 벤야민의 '러시아 여인'이었던 아샤 라치스(Asja Lācis)와, 에이젠슈테인의 최측근 동료이자 브레히트의 '러시아 친구'였던 세르게이 트레티야코프(Sergei Tretyakov)가 그들이다. 이어지는 짧은 전기적 스케치는 이 책에 수록된 글들을 쓰는 과정에서 내가 벤야민과 에이젠슈테인의 주변에서 만나게 된 흥미진진한 인물들의 초상이다. 두 사람을 둘러싸고 형성되었던 국제적 교류의 흔적, 라치스-브레히트-트레티야코프로 이루어진 이 특별한 국제적 성좌를 소개하는 것으로 시작해보기로 하자.

벤야민의 모스크바 방문기인 『모스크바 일기』를 수년간 연구하면서 새롭게 알게 된 라치스의 삶과 행적은 여러모로 놀랄 만한 것이었다. 막연히 벤야민의 연인 정도로만 알려져 있는 그녀의 삶의 미로 같은 지형부터가 경이로웠는데, 출생지인 라트비아의 리가에서 시작해 베를린, 뮌헨, 나폴리, 로마, 빈, 파리, 상트페테르부르크, 모스크바를 거쳐 다시 리가로 되돌아오는 그 여정은, 20세기 초반 유럽 문화 혁신의 거의 모든 중심지를 연결하는 지도와도 같았다. 혁명 초기 프롤레타리아 아동극 실험에서 출발해 지도에 표시된 거점마다 그곳의 주요 등장인물과 연결되는 라치스의 여정은, 지성사의 공인된 내러티브의 배후에서 그것들을 은밀히 합류시키는 숨겨진 접합부처럼 보일 정도다.

알려진 바대로, 라치스는 훗날 아렌트가 "당시 살아 있는 가장 위대한 시인과 당대의 가장 중요한 비평가의 만남"¹이라 적은 바 있는 브레히트와 벤야민의 만남을 주선한 장본인이다. 뿐만 아니라 그녀는 베를린에 머물던 시절에 (이번엔 거꾸로 벤야민이 소개해준) 크라카우어를 통해 에이젠슈테인과 베르토프(Dziga Vertov)의 영화를 현지에 홍보하고, 에르빈 피스카토르(Erwin Piscator), 존 하트필드(John Heartfield)와 함께 영화 〈어부들의 봉기〉(1932~34)의 세트 작업을 하기도 했다. 그녀와 연결된 (남성들의) 이름들에 가려 이제껏 온당한 조명을 받지 못한 라치스의 삶과 창작은 여전히 더 많이 발굴되고 기록될 필요가 있다.

벤야민이 라치스를 처음 만난 것은 1924년 이탈리아 카프리 섬에서였다. 그들은 함께 여행을 했고, 벤야민 특유의 도시 관상학을 개시하는 에세이 「나폴리」를 함께 썼다(이 글에 등장하는 "다공성" 개념의 저작권은 분명 라치스에게 있다). 라치스와, 모스크바 시절 그녀의 파트너였던 베른하르트 라이히(Bernhard Reich)는 둘 다 연극인 출신이었다. 1924년 뮌헨 극장에서 〈에드워드 2세〉를 공연할 때 라이히는 감독으로, 라치스는 조감독 겸 배우로 브레히트와 처음 인연을 맺었다. 라치스는 자기가 벤야민과 브레히트의 만남을 처음 주선한 때가 그해 11월이라고 주장했는데, 그게 맞다면 라치스는 벤야민과 브레히트를 알게 된 지 얼마 되지 않아 그 둘을 서로에게 소개시켜준 셈이다.

1   한나 아렌트, 『어두운 시대의 사람들』, 홍원표 옮김, 한길사, 2019, 292쪽.

[1924년 11월에] 베를린에서 우리[라치스와 라이히]는 브레히트를 만났다. 점심을 먹으면서 나는 벤야민이 얼마나 흥미로운 사람인지에 대해, 또 내가 받은 인상에 대해 이야기한 다음 서슴없이 말했다. "이것 봐요, 베르트, 어떻게 벤야민 같은 사람을 거절할 수 있어요? 그건 결국 그 사람을 모욕하는 셈이에요!" 이번에는 브레히트가 받아들였다. 그러나 정작 다음 날 두 사람이 만났을 때 별다른 대화는 오가지 않았다. 만남은 아주 형식적으로 흘러갔다. 나는 당황스러웠다. 어떻게 브레히트같이 영리한 사람이 발터처럼 그토록 왕성한 지식욕에 넓은 안목까지 지닌 사람과 공통점을 못 찾는단 말인가? 브레히트가 벤야민과 그의 저서들에 관심을 보인 것은 시간이 한참 흐른 뒤였다.[2]

1925년부터 라치스와 라이히는 모스크바로 이주해 살았다. 이듬해 겨울, 그러니까 1926년 12월부터 1927년 2월까지, 벤야민이 그들을 만나러 모스크바를 방문해 남긴 기록이 『모스크바 일기』다. 라치스와 라이히는 1년 정도 더 모스크바에 머문 후 1928년에 함께 베를린으로 되돌아갔다.

1928년 겨울, 아내 도라(Dora Kellner)와 별거에 들어간 상황에서 벤야민은 약 두 달간 라치스와 동거를 한다. 이 시기에 그들이 함께

---

[2] Анна Лацис, *Красная гвоздика. Воспоминания*, Рига, 1984; 에르트무트 비차슬라, 『벤야민과 브레히트: 예술과 정치의 실험실』, 윤미애 옮김, 문학동네, 2015, 104~105쪽에서 재인용.

쓴 두번째 글「프롤레타리아 아동극의 프로그램」이 만들어진다. 라치스는 베를린에서 소비에트 영화 홍보 일을 담당하는 와중에 벤야민을 현지 좌파 극단 동아리에 적극 끌어들였는데, 같은 시기 벤야민과 브레히트와의 관계 또한 급속도로 가까워진다. 그들은 자주 브레히트의 아파트에 모여 파시즘, 라디오, 채플린 등에 관해 장시간 토론했다.

당시 벤야민은 서른일곱 살, 브레히트는 서른한 살이었다. 몇 해 전부터 예루살렘 대학에 정교수 자리를 마련해보겠다고 말하며 벤야민을 기다리고 있던 숄렘에게도, 교수자격 심사에 통과해 프랑크푸르트 대학에 자리를 잡은 아도르노에게도, 이 시기 벤야민의 행적은 몹시 의심스럽고 위태로운 것으로 여겨졌다. 그들은 브레히트와의 교제에 대해 정치적인 의구심을 숨기지 않았고, 어떻게든 친구를 "유해한 영향"으로부터 지켜야 한다고 생각했다.

훗날 숄렘(Gershom Scholem)은 "브레히트라는 인물이 1930년대에 벤야민의 생산적 작업에 영향을 미친 것은 불운이었고 여러 면에서 재앙이었다"고 말했다. 아도르노는 제자 롤프 티데만(Rolf Tiedemann)에게 벤야민이 "「기술복제시대의 예술작품」을 쓴 것은 그가 내심 두려움을 품고 있던 브레히트를 급진주의적 측면에서 능가해보기 위해서였다"고 말한 바 있다.[3] 그러나 이들의 판단에 동의하든 그렇지 않든 간에 분명하게 말할 수 있는 사실이 있다. 라치스를

3   Hannah Arendt, "Introduction: Walter Benjamin 1892-1940," *Walter Benjamin*, *Illuminations*, Hannah Arendt(ed. and with an introduction), Leon Wieseltier(preface), Harry Zohn(trans), New York: Schocken Books, 2007, p. 52.

거친, 그리고 브레히트를 통한 저 "유해한 영향"이 없었더라면, 우리는 20세기가 물려준 가장 흥미로운 에세이 두 편을 읽지 못했을 것이다. 「기술복제시대의 예술작품」(1935), 그리고 한 해 전에 쓰인 「생산자로서의 작가」(1934)가 그것이다.

이 두 편의 글 중에서 특히 후자는 결정적 의미를 갖는다. 바로 이 글에서 벤야민과 에이젠슈테인을 연결하는 중대한 두번째 고리, 세르게이 트레티야코프의 이름이 등장하기 때문이다. 파리 소재의 파시즘 연구소(INFA)의 요청을 받고 작성한 일종의 강연 원고인 이 에세이에서, 트레티야코프의 '작동적(operative) 작가' 모델은 (브레히트의 서사극 모델과 더불어) 글 전체를 지탱하는 핵심적 골격으로 등장한다.

정치와 예술을 가로지르며 숨 가쁘고 위태로운 실험적 행보를 거듭해온 1920~30년대 소비에트 아방가르드의 거의 모든 현장에 자취를 남긴 전방위적 이론가이자 창작자였던 트레티야코프가 어떻게 해서 벤야민의 텍스트에 등장하게 되었는지에 관해서는 이미 다른 자리에서 상세하게 밝힌 바 있다.[4] 여기서는 브레히트와 에이젠슈테인을 연결하는 고리로서의 역할에 한정해 조금 더 부언하고자 한다.

브레히트와 에이젠슈테인은 1929년 독일에서 처음 만났다. 만남 이전부터 그들은 서로를 잘 알고 있었고, 각자의 작업에 대해서도 훤히 꿰고 있었다. 게다가 둘 사이에는 이미 에드문트 마이젤(Edmund Meisel)이라는 공통의 지인이 존재했다. 브레히트의 〈남자는 남자다〉

---

4 김수환, 『혁명의 넝마주이: 벤야민의 『모스크바 일기』와 소비에트 아방가르드』, 문학과지성사, 2022.

의 음악감독이었던 마이젤이 에이젠슈테인의 〈전함 포템킨〉 독일 개봉 당시 음악을 담당했던 것이다.

1926~27년 겨울 벤야민은 두 달간 모스크바를 방문했으나 에이젠슈테인과 트레티야코프를 만나지 못했다. 하지만 이 두 사람을 묶어주는 공통의 지인이자 스승인 연출가 프셰볼로트 메이예르홀트를 만났다는 기록이 『모스크바 일기』에 남아 있다. 12월 31일 메이예르홀트 극장을 방문했을 때의 일이다.

> 휴식 시간에 우린 메이예르홀트와 이야기를 나누었다. 그는 한 여직원에게 그의 무대 설비들이 보관되어 있는 2층 '박물관'을 우리에게 구경시켜주라고 했다. 거기에서 〈오쟁이진 멋진 사내〉의 멋진 무대 시설, 〈부부스 선생〉의 유명한 무대 장식과 대나무로 된 통, 〈포효하라! 중국이여〉에서 무대 전면에 채워진 물 위로 등장했던 뱃머리와 그 밖의 다른 것들을 보았다.[5]

가능성과 한계, 파괴와 창조의 충동이 한데 뒤엉켜 소용돌이치던 1920년대 소비에트 예술계에서 메이예르홀트는 그 태풍의 가장 강력한 근원지 중 하나였다. 공산당에 가입한 최초의 연출가였던 그는 연극계 내부에서 혁명의 바리케이드를 쌓은 장본인이다. 잘 알려진 것처럼, 미래의 영화감독 에이젠슈테인은 1922~23년에 메이예르홀트 아래서 일했다. 영화감독으로 데뷔하기 전 메이예르홀트 실

---

5   발터 벤야민, 『발터 벤야민 선집 14: 모스크바 일기』, 김남시 옮김, 도서출판 길, 2015, 139쪽.

〈포효하라! 중국이여〉의 한 장면.

무대 전면에 채워진 물 위로 함선의 뱃머리가 등장한다.

험 극단에서 수련하면서 에이젠슈테인은 몇 편의 연극을 연출했는데, 그 연극들의 대본을 쓴 사람이 바로 트레티야코프다. 프롤레트쿨트(프롤레타리아 문화운동 조직)에서 활동하던 시절 에이젠슈테인과 트레티야코프는 '아트락치온 몽타주' 개념을 예견하는 중요한 이론적 저술을 함께 쓰기도 했다.

메이예르홀트 극장 직원의 안내로 2층 박물관의 무대 장식을 구경할 때 벤야민은 무대 전면이 물로 채워지고 그 위로 거대한 뱃머리가 등장하는 파격적인 연극 〈포효하라! 중국이여〉의 원작자가 트레티야코프라는 사실을 알고 있었을까? 또한 며칠 후에 모스크바 극장에서 직접 보게 될 (그리고 앞서 언급한 논평을 쓰게 될) 에이젠슈테인의 영화 〈전함 포템킨〉의 공동 각본가가 트레티야코프라는 사실을 알고 있었을까?[6]

1926~27년 겨울 모스크바에서 벤야민이 트레티야코프라는 인물에 대해 얼마나 상세하게 알고 있었는지에 관해서는 답하기 어렵다. 벤야민이 1934년에 쓴 「생산자로서의 작가」에 불쑥 등장하는 이 이름에 관하여 그가 남긴 다른 기록은 전혀 존재하지 않는다. 하지만 추정에 보탬이 될 법한 것들이 없지는 않다. 가령, 그로부터 4년이 흐른 1931년 무렵의 독일에서 트레티야코프는 절대 모를 수 없는 이름이 되어 있었다는 사실이 그중 하나다. 트레티야코프는 1930년 10월부터 1931년 4월까지 약 6개월간 독일에 머물면서 베를린을 포함한

---

6 벤야민은 1월 24일에 〈전함 포템킨〉을 관람했고, 이틀 후인 1월 26일 밤에 그에 관한 논평 「오스카 슈미츠에 대한 반박」을 썼다. 이 글은 지가 베르토프의 영화 〈세계의 6분의 1〉을 다룬 글 「러시아 영화예술의 상황에 관하여」와 함께 귀국 직후인 1927년 『문학세계』 3월호에 나란히 게재되었다.

6개 도시(빈, 슈투트가르트, 프랑크푸르트, 함부르크, 드레스덴)에서 순회강연을 가졌는데, 이는 4년 전 벤야민이 모스크바에서 무대 장식을 구경했던 바로 그 연극 〈포효하라! 중국이여〉의 독일 공연에 발맞춰 기획된 행사였다.

트레티야코프의 독일 순회강연 마지막 순서인 1931년의 베를린 강연을 두고 작가 고트프리트 벤(Gottfried Benn)은 한 라디오 방송에서 이렇게 말했다. "이 강연에 베를린의 문학계 전체가 나타났다." 이 '문학계 전체'에 벤야민이 포함되었을 가능성은 상당히 높다. 6개월간 독일에 머물면서 트레티야코프는 사진가 존 하트필드, 작곡가 한스 아이슬러(Hanns Eisler)를 비롯한 당대 독일 좌파 아방가르드 예술가들과 가깝게 교류했는데, 그 중심에 자리했던 인물은 당연히 브레히트였다. 1931년 가을 트레티야코프는 하트필드가 표지를 담당한 책 『전장의 지휘관들: 집단경제를 향한 투쟁』을 독일어로 출판했는데, 3년 후 「생산자로서의 작가」에서 벤야민이 언급하게 될 바로 그 내용("작동적 작가")이 등장한다. 설사 강연을 직접 듣지 못했더라도, 십중팔구 벤야민은 이 책을 통해 트레티야코프의 아이디어를 접할 수 있었을 것이다.

이듬해인 1932년에 브레히트는 영화 〈쿨레 밤페, 혹은 세상은 누구의 것인가?〉를 선보이기 위해 모스크바를 처음 방문했다. 당시 모스크바에서 찍은 사진에는 이미 언급된 주요 인물들이 고스란히 등장한다. 오른쪽에서 네번째에 특유의 동그란 안경을 쓴 브레히트가 아래를 내려다보며 웃고 있다. 왼쪽 끝에는 〈쿨레 밤페〉를 만든 영화감독 슬라탄 두도(Slatan Dudow)가, 그 옆에는 쇼스타코비치 교향곡의 가사를 쓴 시인 세몬 키르사노프(Semjon Kirsanov)가 보인다.

브레히트의 오른편 뒤쪽에는 6년 전 모스크바에서 라치스와 함께 벤야민을 맞이했던 베른하르트 라이히가, 그 앞에는 배우 에르빈 도이치(Erwin Deutsch)와 플라톤 케르젠체프(Platon Kerzhentsev)의 아내 마리아(Maria Kerzhentseva)가 서 있다. 사진 정중앙부에 아샤 라치스와 그녀의 어린 딸 다가(Daga)의 모습이 보인다. 그녀들 뒤에 에르빈 피스카토르와 장신의 세르게이 트레티야코프가 서 있다. 브레히트가 베를린에 있는 자신의 아파트에서 아샤가 소개해준 벤야민과 열띤 토론을 시작한 해가 1929년이었음을 고려한다면, 이 사진을 찍던 중에 그들이 벤야민을 입에 올렸을 가능성을 배제할 수 없다.

브레히트의 모스크바 방문 2년 후인 1934년, 트레티야코프는 『서사극들』이라는 제목으로 브레히트의 작품을 러시아어로 번역해 출간한다. 브레히트는 그해 한 스웨덴 신문과 가진 인터뷰에서 "현재 러시아에서 올바른 노선을 따라 작업하는 인물은 세르게이 트레티야

1930년경 모스크바에서 찍은 사진. 브레히트와 라치스,
트레티야코프 등의 모습이 보인다.

코프가 유일하다"고 말했다. 바로 그해에 벤야민은 "브레히트의 유해한 영향"이 느껴진다는 「생산자로서의 작가」를 썼고, 거기서 트레티야코프를 언급했던 것이다.

다시 1년 후인 1935년 중대한 만남이 모스크바에서 이루어진다. 재차 소비에트를 방문한 브레히트는 중국의 경극 배우 메이란팡(梅蘭芳)의 모스크바 공연을 관람했는데, 이 자리에 에이젠슈테인이 동석했다. 1929년 독일에서의 만남 이후 에이젠슈테인과 브레히트의 두 번째 조우였다. 메이란팡의 모스크바 공연에는 에이젠슈테인과 브레히트 외에도 메이예르홀트와 트레티야코프가 동석했다. 그도 그럴 것이 해당 공연을 주선했던 장본인이 트레티야코프였기 때문이다. 당시 그는 소비에트작가연맹 국제 분과 서기이자 외국과의 문화교류협회 위원 직책을 맡고 있었다.[7] 트레티야코프는 중국 북경대학에서 러시아 문학을 가르치면서 『프라브다』지(紙) 중국 특파원을 지냈을 정도의 중국통이었다. 일찍부터 중국(문화)에 지대한 관심을 가졌던 에이젠슈테인은 한때 트레티야코프가 쓴 각본으로 중국에 관한 교육용 시리즈 영화를 찍을 계획을 세운 적도 있다. 공연 당일 찍은 사진에서 메이란팡과 무언가 진지한 이야기를 나누고 있는 에이젠슈테인의 뒤편으로 트레티야코프의 모습이 보인다.

이 공연에 얽힌 흥미로운 뒷이야기가 하나 더 있다. '소격 효과'라는 브레히트의 유명한 용어가 바로 이 공연에 관한 브레히트의 리뷰에서 처음 등장했다는 사실이다. 그렇다면 소격 효과와 함께 자연

---

7   Ian Christie and Richard Taylor(eds.), *Eisenstein Rediscovered*, New York: Routledge, 1993. p. 117.

브레히트는 모스크바에서 메이란팡의 경극 공연을 관람했는데, 이때 에이젠슈테인과 트레티야코프가 동석했다.

스럽게 떠오르는 개념인 '낯설게하기'의 창시자 빅토르 시클롭스키(Victor Shklovsky)는 어떨까? 그는 브레히트와 만난 적이 있을까? 두 사람은 브레히트의 첫 모스크바 방문 때 이미 만났고, 당시 두 사람을 소개시켜준 사람 역시 트레티야코프였다. 1938년 8월 트레티야코프가 모스크바에서 스파이 혐의로 체포되어 총살당했다는 소식을 들은 브레히트는 커다란 충격을 받았다. 그는 다음과 같은 시를 남겼다. "키가 크고 친절한/나의 선생/총살당했다. 인민의 법정에서/스파이로 선고 받고/그의 이름은 더럽혀졌네/그의 책들은 파괴되었네/그에 관해 말하는 건 의심을 사고 금기시된다/만일 그가 무고하다면?"[8]

그로부터 다시 3년이 지난 1941년 7월 브레히트는, 십여 년 전 에이젠슈테인이 한동안 체류했으며 벤야민이 가고자 했지만 끝내 가지 못했던 미국의 로스앤젤레스에 당도했다. 샌타모니카에 정착한 브레히트는 언젠가 에이젠슈테인이 그랬듯이 할리우드에 자신을 맞

---

8   Robert Leach, "Brecht's Teacher," *Modern Drama*, University of Toronto Press, Vol. 32, No. 4. Winter 1989, p. 502.

취보려 했지만, 결과는 참혹했다. 전후 매카시즘의 광풍 속에서 악명 높은 반미활동조사위원회의 결정에 따라 1947년 10월 브레히트는 결국 미국에서 추방당한다.

1세기 전 지식인과 예술가 들은 때로는 인종적 박해를 피하기 위한 망명의 형태로, 때로는 정치적 신념에 따른 개인적 결단이나 이념의 전파를 위한 국가적 공무의 방식으로, (어쩌면 지금보다도 더 많이) 국경을 넘었다. 끝없이 이동하는 삶의 전형을 보여주었던 라치스와 트레티야코프만큼은 아니었지만, 벤야민과 에이젠슈테인도 예외가 아니었다.

에이젠슈테인의 여행 경로와 교제 범위는 유럽을 넘어 미국과 멕시코에까지 걸쳐 있었다. 에이젠슈테인이 서구 영화의 사운드 기술을 시찰한다는 명목으로 특별 허가를 받아 해외 출장을 떠난 것은 1929년 9월이다. 촬영감독 에두아르드 티세(Eduard Tisse)와 조감독 그리고리 알렉산드로프(Grigori Aleksandrov)가 동행했던 이 여정은 1932년 5월 스탈린의 즉각 귀환 명령에 따라 황급히 귀국길에 오르기까지 약 3년간 이어졌다.

베를린에서 시작해 취리히, 겐트, 런던, 파리, 암스테르담으로 이어지는 촘촘한 일정 가운데 그는 당대 유럽 예술계의 저명인사들을 직접 만나 교류했다(그가 접촉한 인사들로는 제임스 조이스, 버나드 쇼, 아벨 강스, 루이스 부뉴엘, 한스 리히터, 페르낭 레제, 막스 에른스트, 라슬로 모홀리-너지, 만 레이 등이 있다). 할리우드 파라마운트 영화사와 계약한 후에는 미국으로 건너가 찰리 채플린, 월트 디즈니를 만났고, 귀국 전까지 짧지만 강렬한 한 시기를 멕시코에서 보냈다.

1932년 귀국 후 소비에트의 달라진 정치적 환경에서 일종의 '죽은 휴지부'를 거친 에이젠슈테인은 1940년대 들어 다시 영화제작 현장으로 복귀했다. 〈이반 뇌제〉 2부 편집을 마무리하던 1946년 첫 심장마비가 왔고, 2년 후인 1948년 두번째로 닥친 심정지가 결국 그를 데려간다. 그의 나이 50세 때였다.

벤야민의 행보 역시 베를린을 넘어 나폴리, 모스크바와 파리까지 이어진 바 있다. 1920년대 중반 이후 벤야민의 삶은 사실상 떠돌이 생활과 다르지 않은 계속된 이주의 연속이었다. 1924년 이탈리아를 여행했고, 그곳에서 아샤 라치스를 만났다. 1925년 11월에는 아샤를 만나러 직접 리가를 방문했으며, 1926년 봄에는 파리로 가서 거의 매일 에른스트 블로흐를 만났다. 가을에는 베를린으로 돌아왔다가 1926~27년 겨울 두 달간 모스크바 여행을 감행했다. 나치 집권과 함께 벤야민의 경제적 지위와 삶이 결정적으로 파괴되자 1933년 3월 영원히 독일을 떠나게 된다.

벤야민은 파리에 정착했다. 1935년과 1938년 두 차례 스벤보르의 브레히트를 방문한 것을 제외하고는 줄곧 파리에 머물렀다. 스벤보르에서 벤야민과 브레히트는 그 유명한 체스 게임을 하면서 정치와 예술, 소비에트의 현실과 유대계 청년 카프카에 관한 이야기를 나눴다. 1940년 결국 파리까지 함락되자 벤야민은 미국으로 건너가 아도르노가 자리 잡고 있던 사회연구소에 합류할 결심을 했지만, 결국 스페인 국경을 넘지 못하고 자살로 생을 마감했다. 에이젠슈테인이 죽기 8년 전으로, 그의 나이 48세였다.

벤야민과 에이젠슈테인은 각자의 고국에서뿐 아니라 해외에서도 한 번도 만나지 못했다. 만일 벤야민이 죽지 않고 미국 땅을 밟아 정착할 수 있었다면, 에이젠슈테인이 5년을 더 살아 스탈린의 죽음을 볼 수 있었다면, 두 사람은 결국 만날 수 있었을까? 아마 그랬을 지도 모른다. 어쩌면 미국의 저명한 대학의 명예교수가 되었을지 모를 벤야민과 해빙의 물결을 타고 소비에트의 안쪽과 바깥쪽 모두에서 공인된 거장으로 불리게 되었을 에이젠슈테인이, 전후에 구축된 '냉전'이라는 적대적 공존 상황에서 마침내 조우하는 장면이 만들어 졌을 수도 있다.[9] 어쩐지 이 장면은 역사가 올랜도 파이지스(Orlando Figes)가 제법 감동적인 필체로 묘사하고 있는 1962년 스트라빈스키와 쇼스타코비치의 만남을 떠올리게 한다.

쇼스타코비치와 스트라빈스키는 마침내 모스크바의 메트로폴 호텔에서 만난다. [······] 이 만남은 1917년 이후 다른 길을 걸어 온 두 명의 러시아인의 재결합도 화해도 아니었다. 하지만 그것은 결국 정치에 대해 승리하게 된 문화적 통합의 상징이었다. 두 명의 작곡가들은 다른 세계에서 살고 있었지만 그들의 음악은 단일한 러시아적 박자를 가지고 있었다.[10]

9   "프랭크 커머드는 '벤야민이 때 이르게 죽지 않았다면, 지금 여든여섯 살로 미국의 저명한 명예교수였을 것'이라고 주장한다. [······] 조지 스타이너는 '발터 벤야민이 살아 있었다면 모든 신좌파에 회의적이었을 것이다. 심오한 사유와 학식에 헌신하는 모든 이가 그렇듯이, 그는 인문학은 물론이고 인간적·비판적 지성 그 자체가 끊임없는 위협 속에 극소수의 손에 맡겨져 있다는 것을 알고 있었다'고 단언한다. 이런 소리들은, 진실과는 완전히 반대이며, 내가 보기에는 벤야민의 명성에 먹칠을 하고 있다." 테리 이글턴, 『발터 벤야민 또는 혁명적 비평을 향하여』, 김정아 옮김, 이앤비플러스, 2012, 13쪽.

[들어가는 말] 에이젠슈테인-벤야민 성좌

서로 다른 국적과 배경을 지닌 벤야민과 에이젠슈테인이 "단일한 러시아적 박자" 따위를 공유했을 리는 없다. "결국 정치에 대해 승리하게 된 문화적 통합" 같은 무책임하기 짝이 없는 문구에 그들이 동의했을 거라고도 보지 않는다. 그렇다 해도 (어쩌면 가능했을지 모를) 벤야민과 에이젠슈테인의 그런 역사적 만남은 없었던 편이 더 나았다는 생각이다. 격동의 시대를 살아남은 두 저명인사의 뒤늦은 조우가 이 책에서 보게 될 순수하게 추론적인(conjectural) 대면에 비해 더 흥미로웠을 거라고 생각되지 않기 때문이다. 각자의 시대를 치열하게 살다 간 동시대인이었던 두 사람은 후대의 역사가 만들어주는 사후의 더 큰 만남에 어울리는 인물들이었다.

10 올랜도 파이지스, 『나타샤 댄스』, 채계병 옮김, 이카루스미디어, 2005, 836쪽.

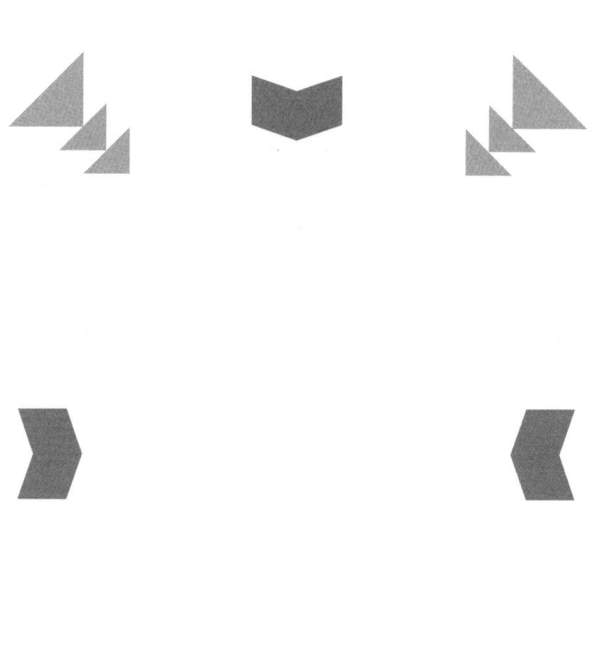

1부

1장.
유리 집의 문화적 계보학
: 영화-문학-건축

'유리 집(Glass House)'의 문화적 계보학은 20세기 유럽 지성사와 예술사의 가장 흥미로운 챕터 중 하나다. 19세기 중반에서 20세기 중반에 이르는 약 1세기 동안 다채롭게 변이되면서 지속되어온 이 독특한 계보학의 특징은 상이한 지역과 매체를 가로지르며 전개되었다는 것이다. 영국에서 시작된 유리 집의 계보학은 프랑스와 독일, 러시아에서 제각각의 고유한 서사와 신화적 모델을 만들어냈을 뿐 아니라 예술과 건축, 철학과 이념을 관통하면서 살을 덧붙여나갔다. 무엇보다 흥미로운 것은 이 계보에서 같은 시기를 살다 간 두 명의 위대한 이름을 발견할 수 있다는 점인데, 세르게이 에이젠슈테인과 발터 벤야민이 바로 그 동시대인이다.

각기 다른 이유로, 각기 다른 측면에서 두 사람의 관심을 끌었던 유리 집의 계보학은 '돌아보는 역사'라는 두 사람 특유의 사유 방식을 드러낸다는 점에서도 각별히 흥미롭다. 나는 양자 모두의 사상적 진화 과정에서 중요한 길목을 차지하고 있는 이 문제를 비교학적 조명 아래 스케치해보려고 한다.

〈글라스 하우스〉 프로젝트: 에이젠슈테인의 경우

1920년대 후반 에이젠슈테인은 유토피아적 색채를 띠는 세 개의 기획을 동시에 진행하고 있었다. 구상을 적은 몇십 쪽의 노트와 몇 개의 흥미로운 드로잉 보드로만 남아 있는 이 기획들은 에이젠슈테인의 이른바 "실현되지 못한 구상들" 중에서도 특별히 흥미로운 사례에 속한다. 제임스 조이스의 방식을 적용해 마르크스의 『자본』을 영화화하려던 시도가 그 첫번째라면, 영화 이론의 전체 지형을 바꾸려는 지향 아래 그가 쓰려고 했던 『구체(球體)의 책』이 두번째, 그리고 마지막 세번째가 유리로 된 집 〈글라스 하우스〉 프로젝트다.

에이젠슈테인이 〈글라스 하우스〉에 관한 최초의 아이디어를 갖게 된 것은 1926년 독일을 방문했을 때로 알려져 있다. 1927년 1월 초 영화 〈일반 노선〉(〈옛것과 새것〉으로 제목을 바꾸어 1929년 개봉)의 로케이션 촬영이 중단되어 북캅카스에서 모스크바로 되돌아온 에이젠슈테인은 1월 13일자 노트에 이렇게 적어놓았다.

오늘 생각해낸 것 — 미국 영화는 싱클레어와 작업해야 한다. 〈유리 집〉(1926년 4월 중순 베를린의 헤슬러 호텔 73호실에서 떠올린 착상) — 〈유리 마천루〉. 벽들을 통해서 본 미국.[1]

---

[1] 남겨진 아카이브를 토대로 나움 클레이만이 1992년에 정리한 목록에 따르면 염두에 두었으나 결실을 맺지 못한 구상은 총 서른다섯 가지에 이른다. Наум Клейман, "Неосуществленные замыслы Эйзенштейна," *Искусство кино*, No. 6, 1992. www.screenwriter.ru/cinema/62

헤슬러 호텔은 에이젠슈테인이 〈전함 포템킨〉 프리미어 행사에 참석하기 위해 베를린에 갔을 때 묵었던 숙소의 이름이다. 3월에 도착했지만 검열 문제로 상영이 미뤄지고 있었다. 갑작스럽게 주어진 자유 시간 동안 에이젠슈테인은 독일 예술계와 영화계 인사들을 소개받았는데, 영화감독 프리츠 랑도 그중 한 명이었다. 직접 현장에 가서 본 영화 〈메트로폴리스〉(1927)의 세트장과 거기 설치된 유리 돔은 에이젠슈테인에게 깊은 인상을 남겼다. 그는 4월 중순 호텔 방 73호실에서 〈글라스 하우스〉 프로젝트의 착상을 처음 떠올렸다.[2]

위 메모에 나타나듯, 에이젠슈테인은 이 영화를 미국에서 찍을 계획이었다. 〈글라스 하우스〉는 그가 1930년 미국에서 파라마운트 영화사 관계자들을 만났을 때 제일 먼저 제안한 작품 중 하나였다(다른 하나는 〈슈터의 황금(Sutter's Gold)〉이었다). 에이젠슈테인은 파라마운트사와 허버트 조지 웰스(Herbert George Wells)의 『우주 전쟁(The War of The Worlds)』을 비롯해 시오도어 드라이저(Theodore Dreiser)의 『미국의 비극(An American Tragedy)』, 블레즈 상드라르(Blaise Cendrars)의 『슈터의 황금(L'Or: la merveilleuse histoire du général Johann August Suter)』, 존 밴더쿡(John W. Vandercook)의 『흑인 폐하(Black Majesty)』

---

2 〈글라스 하우스〉에 관한 에이젠슈테인의 노트(Стеклянный Дом: С. М. Эйзенштейна)는 (「영화 〈자본〉을 위한 노트」와 마찬가지로) 나움 클레이만의 편집으로 소비에트 영화잡지 『영화예술』에 최초로 출판되었다. Наум Клейман(ed.), "Стеклянный Дом: С. М. Эйзенштейна. К истории замысла," *Искусство кино*, No. 3, 1979, pp. 94~114. 하지만 이것 역시 완전한 판본은 아니고 여기저기 흩어진 에이젠슈테인의 작업일지와 노트 메모 중에서 〈글라스 하우스〉 관련 주요 부분만을 발췌해 최소한의 주석을 붙인 것이다.

등 여러 작품의 영화화를 기획했지만 결국 모두 무산되었다. 파라마운트사는 〈슈터의 황금〉을 먼저 작업하길 원했지만, 에이젠슈테인이 내심 더 원했던 것은 〈글라스 하우스〉였다.

그에게서 유리 집은 미국(사회)의 건축적 이미지로 진화했다. 실제로 일기와 메모에는 이 기획이 독일어("Das Glashaus")와 영어("The Glass House")로 번갈아 표기되어 있음을 확인할 수 있다. 에이젠슈테인은 1930년에 잡지『뉴욕타임스』에 실린 프랑크 로이드 라이트(Frank Lloyd Wright)의 〈글라스 타워〉 사진을 오려내 일기에 붙이고는 그 밑에 이렇게 적어놓았다.

이게 바로 베를린에서 내가 고안해낸 유리 마천루다.[3]

그는 이 미국식 유리 마천루를 영화 〈메트로폴리스〉가 보여준 사회적 위계 구조의 상징화에 대한 응답으로 간주했다. 미국 자본주의의 계급 문제를 다뤄 명성을 얻은 작가 업튼 싱클레어(Upton Sinclair)가 이 작품의 각본을 담당할 적임자라고 에이젠슈테인이 생각했던 이유다. 에이젠슈테인의 의향을 전해 들은 싱클레어는 곧장 수락 편지를 보냈다고 하는데, 처음에 그는 에이젠슈테인이 자기 작

---

3   Наум Клейман(ed.), "Стеклянный Дом: С. М. Эйзенштейна. К истории замысла," p. 100.

품을 영화화할 것으로 생각했다. 싱클레어는 이후 〈글라스 하우스〉가 아닌 〈멕시코〉 프로젝트(〈멕시코 만세!〉)의 후원자가 된다.

에이젠슈테인은 이 계획을 여러 사람과 논의했다. 도스토옙스키 신봉자였던 파라마운트사 제작 총괄책임자 벤자민 슈버그(B. P. Schulberg)는 물론이고, 찰리 채플린도 그의 아이디어를 지지한 것으로 알려져 있다. 사실 에이젠슈테인은 유럽을 거쳐 미국에 당도하기 이전부터 이 계획을 외부인들과 공유했는데, 1928년 가을 모스크바를 방문했던 르코르뷔지에(Le Corbusier)도 그중 한 명이었다. 당시 에이젠슈테인은 아직 완성되기 전인 〈일반 노선〉의 약 40분 분량을 그에게 보여주었다. 거기엔 르코르뷔지에 계열의 구축주의 건축가 안드레이 부로프(Andrei Burov)가 설계한 유명한 '미래의 집단농장 세트' 장면이 포함되어 있었다. 르코르뷔지에는 "나는 창작할 때 에이젠슈테인이 자기 영화들에서 생각하는 방식으로 생각하고 있는 것 같다"[4]라고 말했다.

다른 할리우드 프로젝트들과 마찬가지로 이 계획 역시 실현되지 못한 채 '종이 위의 구상'으로만 남았다. 특기할 점은 그 이유가 제작사 측의 반대가 아니었다는 사실이다. 논의는 상당히 구체적인 지점까지 진행되었던바, 피츠버그에 위치한 한 공장에서 영화에 사용할 실제 유리 건물을 제작하기로 결정하기까지 했다. 그런데 무슨 이유

---

4   Oksana Bulgakowa, *Sergej Eisenstein—drei Utopien. Architekturentwürfe zur Filmtheorie*, Berlin, 1996, S. 113; 영어 번역본 Oksana Bulgakowa, "Eisenstein, the Glass House and the Spherical Book: From the Comedy of the Eye to a Drama of Enlightenment," *Rouge* 7, 2005. http://www.rouge.com.au/7/eisenstein.html에서 재인용.

1928년 모스크바에서 포즈를 취한
르코르뷔지에와 에이젠슈테인, 안드레이 부로프.

안드레이 부로프가 설계한, 〈일반 노선〉의 미래의 집단 농장 세트.

에선지 에이젠슈테인은 이 아이디어를 구체화시키지 못했다. 최초의 개요는 계속해서 변형되면서 끝없이 지연되었고, 수차례 개작되었음에도 결국 완성을 보지 못했다. 미국 체류 기간 동안 함께 작업했던 아이버 몬터규(Ivor Montagu)에 따르면, "그[에이젠슈테인]는 자기 아이디어를 다른 사람에게 설명할 수 없었는데, 그건 그 아이디어가 스스로에게도 여전히 명확하지 않았기 때문이다."[5]

외적 요인보다는 내적 요인에 기인한 것처럼 보이는 이 실패를 에이젠슈테인의 자전적 차원으로 소급시켜 설명하는 일은 물론 가능할 것이다. 가령, 당시 그가 미국에서 정신분석 치료를 받았다는 사실은 그런 식의 설명을 뒷받침하는 것처럼 보인다. 에이젠슈테인은 미국에서 상당한 금액을 지불하면서 저명한 정신분석의에게 분석 치료를 받았다. 페라 아타셰바(Pera Atasheva)에게 보낸 1930년 6월 17일자 편지에 그는 이렇게 썼다.

> 열흘 동안이나 우울증에 시달렸어. 이제 서서히 나아지는 중이야. [······] 3일간 미국에서 제일 저명한 의사 중 한 명(《『정신분석학 리뷰』 편집자이기도 하지)인 그레고리 스트라그넬(Gregory Stragnell) 박사에게 집중적으로 정신분석을 받았어. 아주 흥미로웠지. 우린 내 '의심' 콤플렉스의 50퍼센트 정도를 밝혀냈어. 과학적인 방법론을 적용했는데, 일반적인 돌팔이 요법과

---

5 А. Монтагю, "В Голливуде," *Эйзенштейн в воспоминаниях современников*, М., 1974, p. 235; Наум Клейман(ed.), "Стеклянный Дом: С. М. Эйзенштейна. К истории замысла," p. 111에서 재인용.

는 달라. 최근 히스테리 우울증(지금처럼 운이 좋은 상황에서!)에 시달리다 보니 너무나도 화가 난 나머지 내 신경의 죄의식 그룹을 아예 뿌리뽑기로 결심한 거야. [⋯⋯] 앞으로 내 의심강박이 어떻게 발달한 건지, 누구 잘못인지 보게 되면 흥미로울 거야. 상상해봐, 페라! 더 이상 끊임없이 확인할 필요가 없어질 거야! 꺼져버리라지! 이제 난 모든 걸 할 수 있게 될 테니!⁶

하지만 에이젠슈테인의 (아마도 아버지와의 관계로 소급될) 내밀한 콤플렉스 문제를 끌고 오기에 앞서 짚고 넘어가야 할 것이 있다. 유리 집이라는 토픽 자체를 둘러싼 역사적 함의, 그에 얽힌 문화적 신화의 두께가 그것이다. 유리 건축의 문제는 결코 영화 〈메트로폴리스〉에 한정될 수 없는 길고 다채로운 계보학을 요청하는바, 〈글라스 하우스〉 프로젝트를 온전히 이해하기 위해서는 이 계보학에 대한 검토가 필수적이다. 20세기 초반 유럽의 온갖 지적·예술적 운동을 관통하고 있는 이 흐름을 전체적으로 조망하는 것은 쉽지 않은 과제이지만, 적어도 그 계보학의 첫 자리가 어디여야 하는지에 관해서는 무난한 합의가 가능하다. "수정궁(Crystal Palace)"이라 불린 기념비적 유리 건축물이 바로 그 출발점이다.

---

6   Oksana Bulgakowa, "Eisenstein, the Glass House and the Spherical Book"에서 재인용.

수정궁의 신화: 러시아의 계보학

벤야민에 의해 "상품이라는 물신을 위한 순례지"로 불린 바 있는 만국박람회는 1851년 5월 1일 영국 런던에서 최초로 개막되었다. 바야흐로 상품의 "고객으로 전면에 떠오른 노동 계급"을 위한 이 "해방적 축제"[7]에서, 단연 화제의 중심은 철과 유리만을 사용해 하이드 파크 부지에 건설된 거대한 건축물, 수정궁이었다. 수정궁은 당대 최대 규모의 건축물이었을 뿐만 아니라, 최단 기간에 건설된 구조물이기도 했다. 길이 564미터, 높이 39미터, 너비 139미터, 전체 면적 92,000제곱미터를 자랑하는 이 초대형 건물은 4500톤의 주철로 만든 3300개의 기둥과 29만 3655장의 판유리로 조립해 불과 7개월 만에 완공되었다.

도시 건축에서 판유리를 대규모로 사용한 최초의 사례는 1820년대 후반 파리의 아케이드였다. 철제 프레임으로 감싼 유리판은 바깥이면서 동시에 실내이기도 한 양가적인 '실내 거리(interior street)'를 만들어냈는데, 이는 벤야민의 『아케이드 프로젝트(Passagen-Werk)』에 결정적인 영감을 주었다. 아케이드의 연장선상에 놓인 만국박람회는 벤야민에게 상품의 교환가치를 미화하는 "상품의 우주"이자 그것이 열어주는 "환등상(Phantasmagorie)"으로 간주되었던바, 이를테면 그것은 언젠가 마르크스가 상품의 "신학적 변덕스러움"이라 부른 것의

---

[7] 발터 벤야민, 「19세기의 수도 파리: 『파사주』 독일어판 개요(1935)」, 『발터 벤야민 선집 5: 역사의 개념에 대하여|폭력비판을 위하여|초현실주의 외』, 최성만 옮김, 도서출판 길, 2008, 194쪽.

1851년 영국 런던에서 열린 만국박람회에서 화제의 중심은 철과 유리만 사용해 하이드 파크에 건설된 수정궁이었다. 박람회 종료 후, 수정궁은 런던 남부 시든햄 힐로 이전되었다. 위의 사진은 시든햄 힐의 수정궁의 모습이다.

구현체에 해당했다.[8]

 만국박람회와 마르크스의 이러한 연결과 관련해 아감벤은 꽤 흥미로운 추론을 제기한 바 있다. 그에 따르면, 마르크스는 최초의 박람회가 열렸을 때 영국에 거주하고 있었다. "상품은 언뜻 보면 자명하고 평범한 물건으로 보인다. 그러나 상품을 분석해보면 그것이 형이상학적인 교활함과 신학적 변덕으로 가득 찬 매우 기묘한 물건임을 알게 된다"[9]라는 마르크스의 유명한 "상품의 물신적 성격과 그 비밀" 절(『자본』 1권 1장 4절)이 어쩌면 그가 수정궁으로부터 받은 인상 때문에 쓰였을지도 모른다고 가정하면서, 아감벤은 그 인상의 핵

---

8   같은 글, 196쪽.
9   카를 마르크스, 『자본 I-1』, 강신준 옮김, 도서출판 길, 2008, 133쪽.

심을 이렇게 요약했다.

이런 의미에서 상품이 베일을 벗고 최초로 자신의 비밀을 드러낸 하이드 파크의 수정궁은 스펙터클의 예언, 혹은 차라리 그 속에서 19세기가 20세기를 꿈꾼 악몽이었다.[10]

수정궁을 스펙터클-자본이 지배하는 20세기를 예견하는 악몽으로 바라보는 이런 관점은 물론 흥미롭다. 하지만 엄밀히 말해 그것은 수정궁을 둘러싼 유토피아적 꿈의 뒤집힌 판본(즉, 악몽)에 해당한다는 점을 간과할 수 없다. 유리 건축을 둘러싼 문화적 신화의 기원으로서 수정궁에는 애초부터 유토피아적 '낙원'의 이미지가 드리워져 있었다. 철과 유리로 만들어진 이 건물을 동시대인들은 '초대형 온실'로 받아들였던 것이다.

데본셔 공작의 책임 정원사로 일하던 조경 전문가 조셉 팩스턴(Joseph Paxton)이 기획한 이 대형 온실 안에는 정원과 조각상, 분수대와 야자수가 들어 있었다. 수정궁은 동화 속의 낙원, 그러니까 "크리스털로 만든 집에 사는 여왕님과 요정들이 나오는 옛날 동화에서 우리가 상상한 모든 것이 구현되는 것처럼"[11] 보이는 그런 장소였다.

---

10 조르조 아감벤, 『목적 없는 수단: 정치에 관한 11개의 노트』, 김상운·양창렬 옮김, 도서출판 난장, 2009, 85쪽. 아감벤은 상품이 행하는 최후의 변신을 '이미지 되기'로 보고, 이를 기 드보르의 스펙터클 사회 비판에 연결시킨다. 그에 따르면, 수정궁이 꿈꾼 '악몽'에서 깨어나는 것이야말로 상황주의자들이 스스로에게 부과했던 첫번째 임무였다.

11 수잔 벅 모스, 『발터 벤야민과 아케이드 프로젝트』, 김정아 옮김, 문학동네, 2004, 118쪽.

산업자본주의의 종주국인 영국에서 생겨난 이 낙원의 이미지에 '사회주의적 유토피아'의 색채를 확실하게 덧씌운 것은, 역설적이게도 19세기의 후발 근대 국가 러시아였다. 19세기 러시아의 급진적 인텔리겐치아였던 니콜라이 체르니솁스키(Nicolai Chernyshevsky)는 소설 『무엇을 할 것인가』(1863)에서 다름 아닌 수정궁의 이미지에 의거해 사회주의 유토피아 지상낙원을 공상했다. 꿈속에서 "장대하기 이를 데 없는 어마어마한 건축물"을 보게 된 여주인공 베라 파블로브나는 이렇게 말한다.

저게 무얼까? 그런데 저 건물은 왜 저렇게 생겼지? 어떤 건물일까? 도대체 무엇으로 지었을까? 저런 건물은 어디에도 없어. 아냐, 저런 비슷한 건물이 하나 있긴 있어. 시든햄 언덕에 세워져 있다는 궁전 말이야. 철근과 유리로 지었다는…… 그래 저 건축물은 철근과 유리로만 되어 있어. 그런데 저렇게 아름다운 빛이 나는 것은 무엇 때문일까? 맞아, 수정 때문이야. 아니면 수정처럼 빛이 나는 유리 말이야.[12]

"유리로 된 건축물이 전체를 덮개처럼 둘러싸고 있는" 이 공간은 이성과 수학의 법칙이 지배하는 완벽한 미래 사회의 유토피아다. 주목할 것은 이 유토피아에 '온실'로 표상되는 낙원의 이미지가 집요하게 유지되고 있다는 점이다. 베라는 꿈속에서 본 유리 건물 내부에

---

[12] 니꼴라이 체르니셰프스끼, 『무엇을 할 것인가』(하), 서정록 옮김, 열린책들, 2009, 601쪽.

"곡식들이 무르익고 있는 들판"이 자리하고 있다는 것을 확인하곤, "이렇게 밀 이삭이 크고 실하려면 온실 재배가 아니면 안 돼! [……] 이 궁전엔 도처에 열대성 수목과 관상용 작물들이 보기 좋게 놓여 있어. 정말 거대한 온실에 들어온 느낌이야"¹³라고 말한다. 이 거대한 온실 속에서는 모든 작업이 기계로 이루어지는데, 그곳에 거주하는 사람들은 적절한 노동과 여가를 즐기며 행복하게 살아간다. 원(原) 역사로서의 '태고'의 이상향이 미래에 실현될 사회주의 유토피아와 한 몸이 되어 등장하는 이런 모습은, 언젠가 푸리에가 '팔랑스테르(Palanstère)'라는 이름으로 고안했던 미래의 집단주거 공동체의 러시아식 판본에 다름 아니다.¹⁴

러시아에서 수정궁의 표상은 사회주의 유토피아의 이념과 뗄 수 없이 공고하게 결합되었다. 후자를 향한 비판 자체가 전자에 대한 비판의 형식을 취해야만 했다는 사실은 이를 잘 보여주는 극히 흥미로운 증거다. 소설 『무엇을 할 것인가』가 출간된 이듬해인 1864년, 도스토옙스키는 체르니솁스키식 사회주의 이념을 비판할 목적으로 다름 아닌 수정궁을 타격했다. 모두가 찬양하는 전 인류의 화합과 진보

---

13 같은 책, 600, 602쪽.
14 고대 그리스의 보병 밀집 대형을 의미하는 'phalange'와 수도원을 뜻하는 'monastère'가 합쳐진 것으로 알려진 용어인 '팔랑스테르'는 공동주택과 공공집회 장소, 온갖 복지 시설을 갖춘 네모꼴 주거단지를 말한다. 그곳에는 총 1620명(남성과 여성 각 810명)이 거주하는데, 이는 인간이 대략 810가지의 특성을 갖는다는 푸리에의 판단에 근거한 것이다. 팔랑스테르에서는 인간이 지닌 모든 특성이 자유롭게 발휘되고 상호 연결되기 때문에, 이곳 주민들은 억압의 산물인 무질서에서 벗어나게 된다. 샤를 푸리에, 『사랑이 넘치는 신세계』, 변기찬 옮김, 책세상, 2007, 155쪽 참조.

의 상징인 수정궁에서 도스토옙스키는 불편한 획일화의 그림자를 느꼈고, 디스토피아적인 악몽을 예감했다.

> 그때가 되면 — 이건 모두 여러분이 하는 얘기다 — 새로운 경제적 관계, 즉 완전히 준비되고 역시나 수학적 정확성을 뽐내며 계산된, 완전히 기성품 같은 관계들이 나타날 것이고, 본질적으로 모든 질문에 대한 모든 가능한 대답이 제시되기 때문에 모든 가능할 법한 질문이 한순간에 사라질 것이다. 그때야말로 수정궁이 건설되는 것이다.[15]

도스토옙스키의 중편소설 『지하로부터의 수기』(1864)의 화자에 따르면, 수정궁이란 그 어떤 의혹과 부정도 불가능한 확고부동한 논리의 승리를 상징한다. 그런데 이 승리, 곧 부정의 불가능성이란 사실상 인간 자체의 불가능성을 의미한다. 인류의 꿈이 최종적으로 실현되고 모든 문제가 해결되어 더 이상의 갈등도 도전도 없어질 때 인간의 실존도 끝날 것이기 때문이다.[16]

흥미롭게도, 1860년대 초반에 수정궁의 이념을 둘러싸고 거

---

15 표도르 도스토옙스키, 『지하로부터의 수기』, 김연경 옮김, 민음사, 2010, 42쪽 참조.
16 도스토옙스키의 유럽 여행과 수정궁의 의미에 관해서는, 석영중, 『매핑 도스토옙스키』, 열린책들, 2019, 178~95쪽 참조. 어떤 점에서, 체르니솁스키를 향한 도스토옙스키의 공격은 푸리에를 향한 간접적인 비판이기도 하다. 도스토옙스키는 1849년 '페트라솁스키 사건'에 연루되어 사형선고를 받게 되는데, 당시 외무부 통역관이었던 페트라솁스키(Mikhail Petrashevsky)가 결성했던 모임 '금요회'는 다름 아닌 푸리에의 저작을 연구하는 독회였다.

의 동시에 출현했던 이 두 가지 판본의 예언은 1900년대 초반 매우 비슷한 양상으로 또 한 차례 반복되었다. 알렉산드르 보그다노프(Aleksandr Bogdanov)의 사회주의 유토피아 소설『붉은 별』(1908)은 이미 수백 년 전에 사회주의 혁명이 발생해 고도의 기술 문명을 이룩한 화성을 배경으로 하는데, 그곳의 거주자들은 지붕 대신에 "푸른 유리"로 덮인 집에서 산다. 지붕과 바닥이 모두 유리로 되어 있는 그곳의 풍광은 영락없이 수정궁을 떠올리게 한다. 주인공 레오니드가 화성인 메니와 함께 방문한 "공장은 십자 형태로 된 커다란 건물 다섯 개로 구성되어 있다. 이것들은 완전히 똑같은 모양으로 설계되었고, 각 건물은 몇십 개의 긴 타원형의 어두운 기둥들로 지탱되는 투명한 유리 금고를 가지고 있었다."[17]

한편, 예브게니 자먀틴(Yevgeny Zamyatin)은 1920년대 중반에 발표된 소설『우리들』(1924)에서 보그다노프식 유토피아의 이미지를 자신의 고유한 반(反)유토피아의 정식 속에서 변형시켰다. 200년간의 끔찍한 전쟁에서 살아남은 인간들이 지구 위에 구축한 가공의 "단일 제국," 이 완벽한 미래 도시는 빛나는 크리스털을 연상시킨다. 주인공 D-503은 마치 살균된 듯한 완벽한 하늘을 바라보면서 말한다. "이런 날에는 전 세계가 '녹색의 벽'처럼, 그리고 우리의 다른 모든 건축물들처럼 저 확고부동하고 영원한 유리로 주조된 듯이 여겨진다."[18] 자먀틴이 그려낸 완벽한 미래 세계는 그 옛날 도스토옙스키가

---

17 알렉산드르 보그다노프,『붉은 별: 어떤 유토피아』, 김수연 옮김, 아고라, 2016, 78쪽.
18 예브게니 자먀찐,『우리들』, 석영중·이현숙 옮김, 열린책들, 1996, 12쪽.

예언했던 반유토피아의 모습 그대로다. 그 세계에는 단 하나의 오차도 없이 일체화된 단일 세계의 주민들(즉, 번호들)이 살아간다.

머리맡에서 들리는 활기차고 투명한 종소리. 7시다. 일어나야 한다. 좌우의 유리 벽을 통해 보이는 것은 나, 내 방, 내 옷, 수천 번 반복되어온 나의 움직임과 똑같은 이웃 번호들의 모습이다. 그 사실이 나의 원기를 북돋워준다. 나는 저 거대하고 강력한 단일체의 한 부분으로서 나 자신을 인식한다. 그토록 정확한 미가 또 있을까. 단 하나의 몸짓도, 굴곡도 회전도 불필요한 것이 없다.[19]

1920년대 말에서 1930년대 초까지 에이젠슈테인이 〈글라스 하우스〉 프로젝트를 추진하면서, 위에서 약술한 유리 건축의 러시아 계보학을 염두에 두었을 거라는 사실은 의심의 여지가 없다. 독일에서 처음 떠올린 〈글라스 하우스〉의 아이디어는 미국식 자본주의의 상징일 뿐만 아니라 무엇보다 먼저 비전(vision), 즉 '보는/보이는 것'에 관한 이야기였다.[20] 에이젠슈테인은 자신이 구상한 최초의 각본을

---

19 같은 책, 47쪽.
20 "각본의 최초 판본(1926~27년)은 움직이는 카메라와 주인공에 해당하는 엘리베이터로 이루어진 실험적인 추상영화의 스토리보드로 되어 있다. 엘리베이터가 천장과 벽, 바닥을 따라 움직이면서 관찰자(카메라)의 시점을 조정한다. 오직 카메라만이 건물 전체를 볼 수 있다. 투명성과 시점의 변화 가능성이 그 자체로 시각적 드라마를 만들어낸다. 에이젠슈테인은 이를 카메라의 다양한 입지와 그것의 가변적인 시점이 만들어내는 시추에이션 코미디로 정의했다." Oksana Bulgakowa, "Eisenstein, The Glass House and The Spherical

"눈을 위한, 눈의 코미디"라고 불렀는데, 그것은 사방(천장, 벽, 바닥)이 모두 유리로 된 집 안에 살면서 서로의 모습을 보거나 혹은 보지 못하는 사람들의 이야기였다. 내부와 외부의 구별 없이 모든 게 훤히 들여다보이는 세계, 아무것도 숨길 게 없고 그 무엇도 숨길 수 없는 〈글라스 하우스〉에서 '투명성(transparency)'의 문제는 유토피아와 반유토피아를 넘나드는, 결코 피해 갈 수 없는 핵심 테마를 이룬다.

  하지만 유리 건축과 관련된 러시아식 계보학과 더불어 절대 간과해서는 안 될 또 하나의 중대한 라인이 존재한다. 영국과 프랑스에서 발원한 유리 집의 문화적 신화는 20세기 초반 독일에서 아주 새롭고 강력한 방식으로 창궐했다. 그리고 바로 이 독일식 라인에서 에이젠슈테인과 벤야민은 절묘하게 교차한다.

Book." https://www.rouge.com.au/7/eisenstein.html180

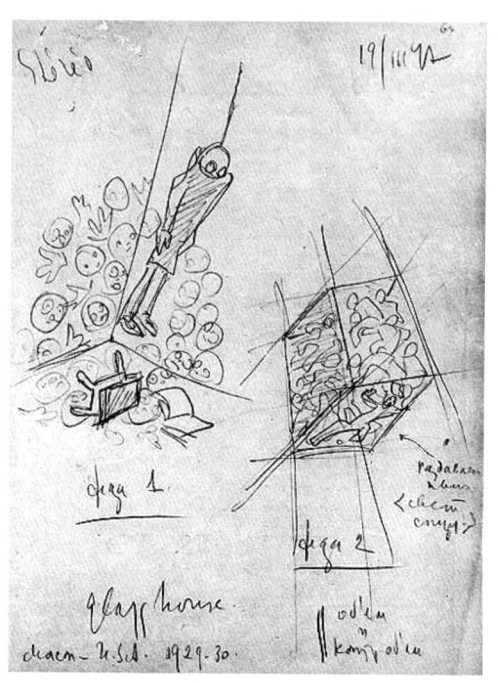

〈글라스 하우스〉를 위한 에이젠슈테인의 드로잉. 이 영화는
부르주아의 도덕 및 규범에 대한 풍자를 위해 벽과 천장, 바닥이 모두
유리로 된 집에서 촬영할 계획이었다.

'유리의 예언자' 셰어바르트: 벤야민의 경우

지난 세기 전환기 독일에는 진정한 '유리의 예언자'가 살았다. 독일 신낭만주의나 표현주의와 관련해 언급되곤 하는 파울 셰어바르트(Paul Scheerbart)가 바로 그 예언자다. 지금이라면 SF 소설로 불릴 법한 기발하고 엉뚱한 이야기들을 썼던 이 작가는, 죽고 난 뒤 오히려 사상의 영향력이 증대되어 은밀한 숭배의 대상이 되었다. 벤야민은 가난과 무관심 속에서 1915년에 삶을 마감한 셰어바르트의 작업에 관심을 기울였던 최초의 인물 가운데 하나였다. 1917년 4월 벤야민이 베를린에서 결혼식을 올릴 때 그의 절친한 친구였던 숄렘이 책 한 권을 선물했는데, 그 책이 바로 셰어바르트가 쓴 환상소설 『레사벤디오』(1913)였다. '팔라스(Pallas)'라고 불리는 자발적 공동체 사회, 사적 소유가 사라진 유토피아 소행성을 무대로 한 이 책에 감명을 받은 벤야민은 「파울 셰어바르트: 레사벤디오」라는 짧은 리뷰 논문을 쓰기도 했다.[21]

셰어바르트라는 이름이 본격적으로 벤야민 텍스트의 중심에 등장하게 된 것은 그로부터 16년이 지난 1933년이었다. 삶에서 가장 어려운 시기 중 하나였던 그해 여름, 벤야민은 이비자 섬에서 「경험

---

21   하워드 아일런드·마이클 제닝스, 『발터 벤야민 평전: 위기의 삶, 위기의 비평』, 김정아 옮김, 글항아리, 2018, 131쪽.

과 빈곤」이라는 제목의 짧막한 글을 쓴다. 이 글에서 그는 놀랍게도 (제1차 세계대전 이후) 인류의 경험 전체가 빈곤해진 동시대의 상황을 절망스런 비극의 사태가 아니라 오히려 "처음부터 새롭게 다시 시작"할 수 있는 긍정적 조건, 이를테면 "일종의 새로운 야만성(Barbarentum)"으로 규정한다. 바로 이런 '영점의 조건'하에서 전승되어온 기존의 "휴머니즘적 인간상"을 단호히 거부하며 철저한 새로움을 대의로 택한 사람들, 벤야민의 인상적인 표현을 빌리자면, 인정사정 보지 않고 "일단 판을 엎어버리는 일부터 시작하는 건설자(Konstrukteur)"들이 등장하는데, 셰어바르트도 그중 한 명이다. 벤야민의 설명에 따르면, 셰어바르트적 사람들은 "인간성을 없앤(entmenscht) 인간성," 곧 비(非)인간[22]의 대변자이다. "왜냐하면 인간과의 유사성, 이 휴머니즘적 원칙을 그 사람들은 거부하기 때문이다. 심지어 그들의 이름도 그러하다. 그의 책에 등장하는 사람들은 페카, 라부, 소판티, 또는 그와 유사하게 불리며, 그[셰어바르트]의 책도 주인공의 이름을 따서 『레사벤디오』라는 제목이 붙었다."[23]

그런데 우리에게 진정 흥미로운 대목은 그 뒤에 이어진다. 셰어바르트는 자기가 그린 인물들을 "적절한 숙소"에 투숙시키는 데 큰 비중을 두었는데, 그 숙소란 "로스와 르코르뷔지에가 나중에 제시하

---

[22] '비인간(Unmensch)'이라는 용어는 벤야민의 반(反)휴머니즘적 경향을 잘 보여주는 또 다른 에세이 「카를 크라우스」(1931)에서 사용된 것이다. 영어판에서는 이를 'monster(괴물)'이라고 옮겼으나, 국역본에서는 부정을 뜻하는 접두사 'Un'의 의미를 살려 '비인간'으로 번역했다고 밝히고 있다. 발터 벤야민, 「카를 크라우스」, 『발터 벤야민 선집 9: 서사·기억·비평의 자리』, 최성만 옮김, 도서출판 길, 2012, 324쪽 참조.

[23] 발터 벤야민, 「경험과 빈곤」, 『발터 벤야민 선집 5』, 176쪽.

게 된 것과 같은 밀어서 움직일 수 있는 유리로 된 집"이다. 유리로 된 집은 내부가 투명하게 보인다는 점 외에도 중요한 특징 하나를 갖는다. 그 위에 아무런 흔적을 남기지 않는다는 것, 즉 '아우라'가 없다는 점이다.

유리가 그 위에는 아무것도 부착하지 않는 단단하고 매끄러운 재료인 것은 이유가 있다. 또한 유리는 차갑고 냉철한 재료이다. 유리로 된 사물들은 '아우라'가 없다. 유리는 보통 비밀의 적이다. 유리는 소유의 적이기도 하다. [······] 셰어바르트와 같은 사람들이 유리 건물에 관해 꿈꾸는 것은 그들이 새로운 빈곤을 신봉하는 사람들이기 때문일까?[24]

유리를 '비밀'과 '소유'의 적으로 규정하는 이런 관점으로부터 제일 먼저 떠올려야만 할 것은 4년 전에 발표된 벤야민의 글 「초현실주의」(1929)다. 거기서 벤야민은 브르통의 책 『나자』를 논하는 와중에 (다소 느닷없이) 자기가 모스크바의 한 호텔에서 목격했던 상황을 '도취'와 '노출증'에 연결시킨다.

그 외에도 브르통의 이 책은 이 '범속한 각성'의 몇 가지 기본 특성을 설명하기에 아주 적합하다. 그는 『나자』를 "문이 쾅 하며 닫히는 책"이라고 칭한다. (모스크바에 있을 때 나는 어느 호텔에 묵은 적이 있는데, 그곳의 거의 모든 방에는 불교도 연합대회에

---

24 같은 글, 177쪽.

참여하러 모스크바에 온 티베트 라마승들이 투숙해 있었다. 나는 복도에 있는 수많은 방문들이 열려 있는 것을 알게 되었다. [……] 나는 그 방들에는 결코 폐쇄된 공간에 머물지 않기를 권하는 어느 종파의 승려들이 거주하고 있다는 것을 알았다. [……]) 유리로 된 집에 산다는 것은 최고의 혁명적 미덕이다. 그것 역시 도취이고, 우리가 정말로 필요로 하는 도덕적 노출증이다.[25]

라마승들이 묵었던 모스크바 호텔의 '열린 방문'을 "도덕적 노출증"으로 연결시키는 이 대목, (셰어바르트의 이름을 명기하지 않은 채로) "유리로 된 집"에 사는 것의 "혁명적 미덕"을 말하는 저 수수께끼 같은 구절의 의미는 4년 후에 발표된 글(「경험과 빈곤」)을 통해 비로소 명확해진다. 소유와 비밀의 적인 유리로 만든 집, 모든 것이 훤히 들여다보이는 그곳은 결국 「초현실주의」에서 말했던 "안락한 방"이 더 이상 불가능해지는 장소에 다름 아니다. 닫힌 방문을 열어젖혀 스스로를 외부로 노출하는 일은 "도취(Rausch)를 통해 자아를 느슨하게 만드는 일"[26]과 일맥상통한다. 자아와 개성은 고립에서 벗어나 느슨해져야만 하는데, 왜냐하면 새롭게 창출될 공간에는 관조적 자아를 위한 "안락한 방" 따위는 존재하지 않기 때문이다. "안락한 방이라는 게 없는" 전면적인 이미지 공간, 그것이야말로 "보편적이고 완전한 현재성의 세계"이자 공유된 "신체공간"에 해당한다.

25 발터 벤야민, 「초현실주의」, 『발터 벤야민 선집 5』, 148쪽.
26 같은 글, 146쪽.

그 이미지 공간은 '안락한 방'이라는 게 없는, 보편적이고 완전한 현재성의 세계이며, 한마디로 정치적 유물론과 신체적 피조물이 내적 인간, 영혼(psyche), 개인 또는 우리가 그것들에게서 비난하고자 하는 그 밖의 것을 [……] 서로 공유하는 공간이다. 그럼에도—아니 바로 그와 같은 변증법적 파괴 뒤에—그 공간은 여전히 이미지 공간이며, 더 구체적으로 말해 신체공간(Leibraum)일 것이다.[27]

공적 공간과 구별되는 내밀한 사적 공간의 문제는 벤야민에 의해 구체적인 역사성을 부여받으며 흥미롭게 지속되었다. 벤야민은 거의 같은 시기에 쓴 세 편의 글(「경험과 빈곤」[1933], 「사유이미지」[1934], 「19세기의 수도 파리」[1935])에서 사실상 동일한 문장들을 반복하면서 1880년대 부르주아 거주 공간의 실내장식에 나타난 '흔적'의 문제를 거듭 논한다. 예를 들면, 「경험과 빈곤」의 해당 부분은 「사유이미지」에서 "흔적 없이 거주하기"라는 항목으로 별도로 분리되어 거의 그대로 전재되었고, 「19세기의 수도 파리」에서는 4절 "루이-필립 또는 실내"로 변주되었다. 관조적 개인이 기거하는 "안락한 방"은 "1880년대 부르주아의 방," 더 정확하게는 "루이-필립 치하 사적 개인의 실내장식"으로 구체화되고, 초현실주의자들이 처치해버린 "휴머니즘적으로 낡아빠진 자유의 이상"은 방의 거주자가 남겨놓은 온갖 종류의 "흔적들"로 변주된다. 그에 따르면, 거주한다는 것은 곧 흔적을 남긴다는 것을 의미한다.

27 같은 글, 166쪽.

사적 개인에게 처음으로 거주 공간이 작업장과 대립된 위치에 서게 된다. 거주 공간은 실내(Interior)에서 형성된다. [······] 여기서 실내장식의 판타스마고리아가 생겨난다. 실내장식은 사적 개인에게 우주를 나타낸다. [······] 거주한다는 것은 흔적을 남긴다는 뜻이다. 실내장식에서 그 흔적들은 강조된다. 사람들은 가장 일상적인 용품의 흔적이 찍히는 덮개와 보호커버, 함과 케이스를 다양하게 고안해낸다. 또한 그 집에 사는 사람도 자신의 흔적들을 실내장식 속에 남긴다."[28]

언젠가 브레히트가 했던 멋진 말이 이 숨 막히는 "실내장식의 판타스마고리아"[29]로부터 벗어나는 데 도움을 준다. "흔적을 지워라!"[30] 그리고 마침내 여기서 셰어바르트는 '흔적의 제거자'로 등장한다. 흔적을 남길 수 없는 공간을 창조하는 것, 이는 '아우라 없는' 예

---

28 발터 벤야민,「19세기의 수도 파리:『파사주』독일어판 개요(1935)」,『발터 벤야민 선집 5』, 199쪽.
29 같은 글, 202쪽.
30 발터 벤야민,「경험과 빈곤」,『발터 벤야민 선집 5』, 177쪽에서 재인용. 한편, 르코르뷔지에의 모던 건축의 핵심은 이런 내부 공간을 '외부화'함으로써 사생활의 흔적을 지우는 데 있었다. "19세기 가정은 공적 공간과 사적 공간을 선명하게 구분했다. 가정은 두터운 커튼과 어두운 조명을 통해 외부와 단절되었으며, 무엇보다도 사적인 곳이었다. 르코르뷔지에의 빌라는 확실하게 실외로 통했으며, '사생활'은 구식이 되었다. 지난 세기의 유리 천장 아래에서 꽃들이나 정원 전체가 실내로 옮겨졌다. 반면에 '오늘날의 구호는 자리바꿈이 아니라 투명성이다'(르코르뷔지에!)." 수잔 벅 모스,『발터 벤야민과 아케이드 프로젝트』, 387쪽.

술을 향한 길일뿐 아니라 그곳에서 태어날 완전히 '새로운 인간'을 위한 환경을 조성하는 일이기도 하다.

이렇게 발전하도록 길을 튼 것은 셰어바르트가 유리를 가지고, 그리고 바우하우스(Bauhaus)가 강철을 가지고서였다. 그들은 흔적을 남기기 어려운 공간들을 만들어냈다. 이미 20년 전에 셰어바르트가 이렇게 선언했다. "여기서 말했던 것을 두고 볼 때 우리는 아마 '유리 문화'라는 표현을 쓸 수 있을 것이다. 새로운 유리 환경은 이제 인간을 완전히 바꿔놓을 것이다. 그리고 이 새 유리 문화가 그에 반대하는 적들을 너무 많이 만들어내지 않기를 바랄 뿐이다."[31]

위 문단에 등장하는 "바우하우스"와 "유리 문화"라는 두 단어는 각별히 의미심장하다. 왜냐하면 이 단어들은 (비록 벤야민에 의해 단 한 번도 직접 거론된 적은 없지만, 그럼에도) 유리 집의 문화적 신화의 계보학에서 의심할 바 없는 중심적 위상을 차지하고 있는 또 한 명의 독일인을 직접 떠올리게 만들기 때문이다. 종이 위에만 존재했던 셰어바르트의 이념(idea)을 물리적 실체로 구현해낸 인물, 〈유리 집(Glashaus)〉[32]의 창조자 브루노 타우트(Bruno Taut)가 바로 그다.

---

31 발터 벤야민, 「경험과 빈곤」, 『발터 벤야민 선집 5』, 178쪽.
32 영미권에서는 대개 〈글라스 파빌리온(Glass Pavilion)〉이라고 부른다.

〈유리 집〉: '유리 사슬'에서 바우하우스로

브루노 타우트가 파울 셰어바르트를 처음 만난 것은 1912년이었다. 새로운 질료와 기술을 향한 커다란 관심을 품고 있었던 젊은 건축가는 셰어바르트의 유리 유토피아 이념에 즉각 빠져들었다. 두 사람 사이에 열정적인 편지 교환이 시작되었고(편지는 하루에도 몇 통씩 오고 간 것으로 전해진다), 타우트는 셰어바르트를 사실상의 멘토로 삼게 된다. 젊은 건축가는 셰어바르트에게 그의 미친 기획이 현실화될 수 있다는 믿음을 계속해서 불어넣었고, 결국 종이 위의 계획은 실물로 구현되기에 이른다.

처음 만난 지 2년 후인 1914년, 근대 건축사의 획기적 사건으로 기록되는 제1회 독일공작연맹 박람회(Deutsche Werkbund Ausstellung)가 쾰른에서 개막되었다. 이 박람회는 근대 건축의 발전 과정에서 새로운 전기를 마련한 두 개의 건축물로 기억된다. 발터 그로피우스(Walter Gropius)의 〈표본공장(Musterfabrik)〉과 브루노 타우트의 〈유리 집〉이 그것이다. 타우트의 〈유리 집〉은 애초 독일제철협회와 교량 및 철 건설공장협회의 유리 산업 홍보를 위한 전시관으로 기획된 것이다. 한 해 전에 열린 라이프치히 국제건축전(Internationale Baufachausstellung)에서 이미 철강연합회 전시관, 일명 '철의 기념비'를 통해 새로운 질료의 유토피아적 차원을 실험한 바 있던 그가, 이듬해 쾰른에서 셰어바르트의 건축적 환상을 실현시킨 전대미문의 유리 건축물을 선보이게 되었다. 소설 『레사벤디오』에서 '팔라다'라고 불리는 소행성에 주인공 기술자가 건설하려던 거대한 유리 탑이 건축가 타우트를 만나 현실 속으로 걸어 나오게 된 것이다.

제1회 독일공작연맹 박람회에 소개된
브루노 타우트의 〈유리 집〉.

셰어바르트는 타우트의 영향하에서 이제는 거의 종교적 믿음에 가까워진 새로운 건축 신화의 법칙들을 아포리즘 형태로 기술한 책 『유리 건축(Glasarchitektur)』(1914)을 썼고, 그것을 타우트에게 헌정했다. 서두에 제시된 책의 핵심은 '문화는 건축에 의해 창조된다'는 믿음으로 집약된다. 셰어바르트는 개인의 외적 세계와 내적 세계 사이의 직접적인 관련성을 믿었기에 주위 환경의 형식적 구조가 실제로 사유의 변화를 야기할 수 있다고 생각했다. 상대적으로 폐쇄적인 환경(벽들로 둘러싸인 방)에 거주해온 우리의 사유는 그만큼 좁고 닫혀 있는데, 무엇보다 벽돌 건축이 바로 그런 협소함을 상징한다. 만일 우리가 문화를 개선하길 원한다면, 가장 먼저 건축을 바꿔야만 한다. 유리 건축은 우리를 이 감금으로부터 해방시켜줄 대안이다.[33]

---

33 Paul Scheerbart, Glasarchitektur, Berlin, 1914; 영어 번역본 Dennis Sharp

셰어바르트의 이런 명제에 응답이라도 하듯이, 쾰른 박람회에 처음 모습을 드러낸 〈유리 집〉은 건물 외벽의 14개 면에 셰어바르트가 쓴 아래 경구들을 새겨 넣었다. 이중으로 된 외피의 유리 돔은 개막식에 직접 참석한 셰어바르트에게 공식 헌정되었다.

빛은 세계를 관통하여 크리스털 속에서 삶을 얻으리라.
벽돌 문화는 악을 가져다줄 뿐, 유리가 새 시대를 열어줄 것이다.
유리로 된 궁전 없는 삶은 짐일 뿐이다.
색유리는 증오를 파괴한다.[34]

멀리서 보면 마치 꽃봉오리나 죽순처럼 생긴 이 기이한 유리 건축물은 크게 세 부분으로 구성되었다. 먼저 콘크리트 기단부가 맨 아래에 있고, 그 위로 유리 블록과 기둥이 14개의 면을 감싸고 있는 몸체부가 자리하며, 맨 윗부분에는 크리스털 모양의 유리 쿠폴로 된 원개부가 올라가 있었다. 내부는 세 개의 층으로 이루어져 있는데, 1층 기단부에는 기계실과 추상적 패턴이 흐르듯 펼쳐진 후면의 만화경(kaleidoscope)적 공간이, 2층 몸체부에는 연못을 중심에 둔 색유리 및 장식유리 전시실이, 최상층인 3층 원개부에는 주 전시 공간이 자리

(ed.), *Glass Architecture by Paul Scheerbart and Alpine Architecture by Bruno Taut*, James Palmes and Shirley Palmer(trans.), New York/Washington, 1972.

34 Rosemarie Haag Bletter, "Paul Scheerbart's Architectural Fantasies," *Journal of the Society of Architectural Historians*, Vol. 34, No. 2(May, 1975), p. 96에서 재인용.

했다.

이 특별한 건축물이 셰어바르트 유리 건축의 이념을 구현한 것일 뿐만 아니라 유리 집의 오래된 계보학, 즉 수정궁의 유토피아를 잇는 것이기도 하다는 사실은 내부에 흐르는 물에서 확인된다. 바닥과 벽, 천장이 모두 유리로 마감된 2층의 장식유리 공간은 연못에서 샘솟는 물이 계단을 따라 흘러내리는 계단식 폭포로 이어지는데, 이것이 야기하는 인상은 그 옛날 19세기 조경전문가 팩스턴이 의도했던 '낙원으로서의 정원'의 이미지와 다르지 않다. 실제로 셰어바르트는 이 건축물의 사실상의 설계도라 할 『유리 건축』의 서두에서 독일의 베를린-달렘 식물원을 사례로 들면서, 그곳의 단일 유리창이 단열에 취약하기 때문에 새로운 유리 집에는 이중 유리창을 도입할 것을 제안하고 있다.[35] 유리의 문화적 신화를 특징짓는 크리스털, 빛, 영성, 식물과 물 등의 요소는 타우트가 구현해낸 〈유리 집〉에 고스란히 담겨 있다.

브루노 타우트의 〈유리 집〉 내부.

35 같은 글, p. 88.

그런데 여기서 또 한 가지 주목할 것은 유리 집 신화의 우주론적 차원이다. 굳이 보그다노프의 소설 『붉은 별』이나 "소행성 소설(Ein Asteroidenroman)"이라는 부제를 단 셰어바르트의 『레사벤디오』를 떠올리지 않더라도, 이미 수정궁에서부터 유리 건축은 우주 공간 혹은 우주 혼과의 합일 속에서 세계를 환상적으로 변형시킨다는 사고와 깊은 관련을 맺고 있다. 실제로 셰어바르트는 19세기 우주론적 자연철학으로부터 큰 영향을 받았는데, 특히 "라이프니츠 대학 교수였던 구스타프 페히너(Gustav Theodor Fechner), 프랑스의 천문학자 카밀 플라마리옹(Camille Flammarion), 독일의 철학자이자 심령학자였던 카를 뒤프렐(Carl Du Prel)의 영향이 컸다. 세 사람 모두 세기말에 아주 유명했는데, 공히 영혼과 우주의 관계에 관심을 기울였다."[36]

우주론과의 관련성이 건축학적 구조와 건물 내부 공간의 체험에 반영되어 있다는 점 역시 주목할 만하다. 당대의 많은 관람객들은 〈유리 집〉 내부에서 마치 중력 없이 떠 있는 듯한 공간 체험을 했다고 밝힌 바 있는데, 이는 바닥과 천장, 벽이 모두 반투과성의 균일한 유리로 마감되었기 때문에 단일한 초점화가 불가능해져 공간의 방향성이 모호해지는 효과가 발생했기 때문이었다.[37] 뿐만 아니라 골조선이 비스듬한 나선으로 연결되는 상층부 유리 원개의 구조는 전례를 찾기 힘든 매우 독창적인 형식이었는데, 이는 당시 일반에도 널리 알

---

36 Михаил Ямпольский, *Наблюдатель Очерки истории видения*, Москва, 2000, p. 144.
37 이재익, 「1914년 독일공작연맹 전시회 유리산업전시관의 근대건축사적 의미: 브루노 타우트(Bruno Taut)의 유리집(Glashaus)」, 『建築歷史研究』, 제13권 4호 통권 40호(2004, 12월), 83쪽.

려졌던, 은하계의 모습을 촬영한 사진의 소용돌이 형태 이미지가 영향을 끼쳤을 것으로 추정된다. 즉, 우주 공간의 초월적이고 영속적인 속성을 건축 공간에 반영하고자 했을 가능성이 크다.[38]

그렇다면 셰어바르트의 유리 신화를 "일단 판을 엎어버리는" 새로운 인간의 상징으로 지목했던 벤야민에게서도 혹시 우주론의 흔적을 확인할 수 있을까? 별도의 면밀한 고찰을 요하는 토픽이지만, 당장 분명하게 떠올릴 수 있는 대목이 존재한다. 1928년에 출간한 『일방통행로』의 마지막 단편 「천문관 가는 길」이 그것이다. 이 단편에서 벤야민은 "우주적 경험에 온전히 자신을 맡기는" 일, "도취의 상태에서 우주를 경험"하는 일은 반드시 "공동체 안에서만 가능하다"고 말하면서 이렇게 적고 있다. "우주를 향한 거대한 구애는 처음으로 전 지구적 규모로 시행되었다. 기술의 정신 속에서 말이다."[39] 우주적 위력과 결합한 대규모 기술 전쟁인 제1차 세계대전을 암시하는 위의 언급 이후에, 수수께끼 같은 아래의 유명한 구절이 이어진다.

종(種)으로서의 인간은 수천 년 전에 시작하여 그 발전의 끝에 도달해 있다. 그러나 종으로서의 인류는 발전의 시작에 있다. 기술을 통해 인류에게 어떤 하나의 신체(Physis)가 조직되고 있다. 이 신체 속에서 인류가 우주와 맺는 관계는 새롭게, 그리고 민족들이나 가족들에서와는 다른 방식으로 형성되고 있다.[40]

38 같은 글, 84쪽.
39 발터 벤야민, 「사유이미지」, 『발터 벤야민 선집 1: 일방통행로ㅣ사유이미지』, 김영옥·윤미애·최성만 옮김, 도서출판 길, 2007, 163쪽.
40 같은 글, 164쪽.

인류가 우주와 맺는 새로운 관계, 민족들이나 가족들 사이의 관계와는 다른 방식의 그 새로운 관계는 기술을 통해 조직되는 신체, 곧 새로운 (제2의) 자연과 무관하지 않다. "인간이 자연을 착취한다는 낡은 원시적 관념을 내던지는 것, 그리고 기술이 인간을 해방시킴으로써 창조물 전체를 형제애에 입각해(fraternally) 해방시킬 것이라는 확신"[41]은 벤야민이 셰어바르트의 이념에서 발견한 중대한 두 가지 전제였다. 그리고 이는 어째서 그가 셰어바르트를 두고 "때로 그는 푸리에의 쌍둥이처럼 보인다"고 말했는지를 설명해준다.

조화로운 공동체 세계에 관한 푸리에의 화려한 공상들은 현행 인류에 대한 조롱이기보다는 미래 인류에 대한 믿음에 해당하는 것들이다. 독일의 시인[셰어바르트]에게서 우리는 같은 정도로 그런 요소들을 발견한다. 이 독일의 유토피아주의자가 프랑스의 상대자를 알았을 것 같지는 않다. 하지만 우리는 공동체인

---

41 Walter Benjamin, "On Scheerbart," *Walter Benjamin Selected Writings, Volume 4: 1938-1940*, Howard Eiland and Michael W. Jennings(eds.), Cambridge: Harvard University Press, 2006, p. 386. 벤야민 생전에 출간되지 않은 불어로 작성된 된 이 글은 1930년대 말이나 1940년에 쓰인 것으로 추정된다. "창조물 전체를 형제애에 입각해 해방시킨다"는 구절에서 등장하는 '박애(fraternity)'의 개념은 벤야민 후기의 '구제(redemption)' 개념과 더불어 20세기 초반 러시아 우주론(cosmism) 특유의 불멸과 부활(resurrection) 개념을 곧장 떠올리게 한다. 하지만 벤야민이 러시아 우주론의 영향을 직접 받았다는 증거는 아직까지 밝혀진 바 없다. 러시아 우주론에 관해서는 김수환, 『혁명의 넝마주이: 벤야민의 『모스크바 일기』와 소비에트 아방가르드』, 문학과지성사, 2022, 259~308쪽 참조.

들(Harmonians)[푸리에가 상상한 유토피아 공동체의 거주민—인용자]에게 모국어를 가르치는 수성(Mercury)의 이미지가 파울 셰어바르트를 기쁘게 했으리라고 확신할 수 있다."[42]

이쯤 되면 새삼스레 궁금해지는 것은 어째서 벤야민이 타우트를 거론하지 않았을까 하는 점이다. 푸리에와 셰어바르트를 함께 묶었던 그는 타우트를 건너뛴 채 바우하우스와 르코르뷔지에로 곧장 넘어갔다. 어쩌면 이 '생략'의 원인은 〈유리 집〉 건설 이후 타우트의 행보에서 찾아야 할런지도 모른다.

제1차 세계대전이 끝나자 타우트는 뜻을 공유하는 주변의 젊은 이들을 불러 모아 셰어바르트의 이념을 더욱더 과감하게 실현시키고자 했다. 바이마르 공화국을 출범시킨 '11월 혁명'이 일어난 1918년은 정치 혁명에 뒤이은 건축 혁명의 해이기도 했다. 바로 그해 11월 베를린에서 소비에트 노동자평의회를 모델로 한 독일 예술노동평의회(Arbeitsrat für Kunst)가 설립되었던 것이다. "새로운 예술적 가치와 국가 구조를 창출하기 위해 모든 예술이 건축의 지시하에 연합할 것"을 모토로 삼은 이 그룹의 리더는 브루노 타우트였다. 당시 그룹의 중심 이론가 중 한 명이었던 아돌프 베네(Adolf Behne)는 이렇게 썼다.

> 세계는 회화도 아니고 조각도 아닌, 무엇보다 먼저 건축이다. 건축은 세계의 예술이다. [……] 건축은 지구적 의미에서의 인간적인 것으로부터 전적으로 자유롭다. [……] 그것은 우주적인 것

---

42 Walter Benjamin "On Scheerbart," pp. 387~88.

을 표현할 수 있다. 건축이 단순하고 직접적으로 우주적 건물을 이어가고 있다면, 회화나 조각은 이미 우주에서 형성된 것을 탐구할 수밖에 없다.[43]

건축가뿐만 아니라 예술가와 작가, 미술사가와 언론인을 포괄했던 이 조직은 자신들의 프로그램을 선보이는 전시를 기획하는가 하면 표현주의 스타일로 작성된 선언문들을 출판했다. 타우트 주위로 모여든 각양각색의 사람들을 묶어준 공통분모는 건축과 창조를 동일시하는 입장, 무엇보다 '유리'를 향한 강한 열의였다. 이 공통의 파토스는 이후 '유리 사슬(Glässen Kette)'이라는 이름을 내건 느슨한 서신교환 공동체를 통해 계속 이어지게 된다.

1918년 이후 폭발한 유리 건축을 향한 관심은 크게 두 가지 요인으로 설명이 가능하다. 우선 전후 시기 패전 독일의 상황은 실제의 건축을 허락하지 않았던바, 종이 위의 건축, 다분히 유토피아적 색채를 띠는 '상상의 건축'이 성행할 수밖에 없었다. 두번째로 전쟁의 참사는 자연스럽게 예술가들로 하여금 전 세계적인 단일성, 즉 보편적 천국을 향한 이념적 지향을 활성화했다. 그와 더불어 타우트의 대표작들이 줄지어 출간된 것도 바로 이 시기인데, 1917년에 구상을 시작해 1919년에 선보인 『도시의 왕관(Die Stadtkrone)』, 같은 해에 나온 『알프스 건축(Alpine Architektur)』, 이듬해에 출판된 『도시의 해체

---

43 Adolf Behne, *Die Wederkehr der Kunst*, Leipzig, 1919, pp. 43~44; Михаил Ямпольский, *Наблюдатель Очерки истории видения*, pp. 160~61 에서 재인용.

(Die Auflösung der Städte, oder: die Erde, eine gute Wohnung, oder auch: Der Weg zur Alpinen Architektu)』가 그것들이다. 이들 저작을 아우르는 일관된 주장은 대도시를 해체하는 대신 중앙부에 거대한 크리스털 사원을 갖춘 유토피아 군락을 조성하자는 것이었다.

브루노 타우트의 『도시의 왕관』 『도시의 해체』.

11월 혁명의 산물인 예술노동평의회는 새로운 사회주의 국가 건설의 열기와 더불어 지나치게 비대해졌다. 조직이 너무 방대해지자 타우트는 관료주의화를 우려하여 3개월 남짓의 짧은 임기를 끝내고 1919년 2월 리더의 자리를 내놓는다. 그리고 이때 타우트의 후임으로 조직의 책임을 맡은 사람이 바로 발터 그로피우스였다. 그해 4월 그로피우스는 예술노동평의회가 주최한 '무명건축가 전시회'의 개회사를 발표했는데, 이 개회사 원고는 얼마 후 그가 바우하우스 학장으로 취임하면서 내놓은 바우하우스 강령과 사실상 같은 텍스트였다. 잘 알려진 것처럼, 그것은 "예술의 궁극적 목표는 미래의 대성당이라는 창조적 이념이며, 이를 위해 예술 각 분야가 공동의 전우가 되어 연합해야만 한다"는 주장으로 요약된다.

그로피우스가 발표한 무명건축가 전시회 개회사의 결론 부분은 셰어바르트의 크리스털 상징주의를 분명하게 연상시켰다. "우리 함께 미래의 새로운 구조를 욕망하고 감지하고 창조하기로 하자. 그 새로운 구조는 건축과 조각, 그리고 회화를 하나의 통일체로 포괄할 것이고, 언젠가 새로운 믿음의 크리스털 상징과 같이 수백만 노동자들의 손으로 천상을 향해 세워질 것이다."[44] 당시 타우트가 편집장을 맡았던 『여명(Frühlicht)』이라는 표현주의 건축잡지의 기고자 중에는 훗날(1930년) 바우하우스 3대 학장에 오르는 루트비히 미스 판 데어 로에(Ludwig Mies Van der Rohe)도 포함되어 있었다.

벤야민이 이비자 섬에서 쓴「경험과 빈곤」의 마지막 문단을 "바로 이것을 지금 셰어바르트가 유리로써, 그리고 바우하우스가 강철로써 실현시켰다. 즉 그들은 흔적을 남기는 것 자체가 어려운 공간을 만들어낸 것이다"라고 시작했을 때, 어쩌면 그는 바우하우스 초대 교장 그로피우스의 바로 앞자리에 셰어바르트의 멘티 브루노 타우트가 있었다는 사실을 몰랐을 수도 있다. 이 글을 썼을 때 셰어바르트는 이미 전설적인 '유리의 예언자'로 자리매김했고, 바우하우스는 모던의 새 장을 여는 강력한 동시대의 예술운동이 됐지만, 타우트는 일선에서 물러나 새로운 인생 2막을 준비해야 하는 상황이었기 때문이

---

44 Rosemarie Haag Bletter, "Paul Scheerbart's Architectural Fantasies," *Journal of the Society of Architectural Historians*, Vol. 34, No. 2(May, 1975), p 97에서 재인용.

다. 벤야민이 「경험과 빈곤」을 썼던 해인 1933년, 일본 건축가 우에노 이사부로(上野伊三郞)의 초대를 받은 타우트는 나치를 피해 일본으로 건너가 군마현 다카사키에 정착했다. 우리에게 비교적 잘 알려진, 일본 전통문화 및 건축 전문가로서의 타우트의 삶이 그때부터 시작된다. 3년 후인 1936년 그는 터키 이스탄불 국립조형예술대학의 교수로 초빙되어 또다시 떠나게 된다.

브루노 타우트(왼쪽)와 발터 그로피우스(오른쪽).

벤야민이 타우트의 존재와 활동을 알았는지의 여부와 무관하게 분명하게 말할 수 있는 사실이 있다. 벤야민이 엮어낸 계보학, 푸리에에서 시작해 셰어바르트를 거쳐 바우하우스와 르코르뷔지에로 연결되는 저 특별한 성좌는 묻혀버린 과거가 예기치 못한 방식으로 현재와 만나 섬광을 일으키며 만들어낸 찰나의 '변증법적 이미지' 같은 것이 결코 아니다. 그것은 실제의 지적·인적 영향관계에 바탕을 둔 엄연한 역사적 흐름이었다. 비록 그 계보학에는 '러시아 라인'이 빠져

1장. 유리 집의 문화적 계보학

있지만, 바실리 칸딘스키가 1922년부터 바우하우스의 교편을 잡았던 것이나 르코르뷔지에가 소비에트 건축 디자인에 실제로 관여했다는 사실을 떠올린다면, 이 누락 역시 얼마든지 채워질 수 있을 거라 예상할 수 있다.

그렇다면 이제 비로소 궁금해지는 것이 있다. 1920년대 후반 자신의 〈글라스 하우스〉 프로젝트를 준비하면서 에이젠슈테인은 타우트를 염두에 두었을까? 1915년에 사망한 셰어바르트와는 달리 엄연한 동시대인이라고 볼 수 있는 두 사람은 혹시 직접 만난 적이 없었을까?

〈글라스 하우스〉 프로젝트: 실패의 역사 혹은 상상의 채석장

1920년대 중반에 이르면 유리 건축 신화의 유토피아적 차원은 눈에 띄게 약화되어 소멸하기에 이른다. 유리의 도입에서 기대됐던 정신적 혁명은 발생하지 않았다. 무엇보다 타우트 자신이 재빨리 유리 숭배로부터 벗어나 실용적 기능주의자로 변모했다. 그가 1920년대에 마그데부르크 시의 건축국장이 되어 건설했던 주거단지는 과거에 주창했던 건축적 유토피아와 거의 공통점이 없다. 유리의 '환상'은 전후의 진짜 '현실'과 만나 사그라들고 말았다. 그렇게 보자면 총체적인 보편성과 투명성의 유토피아가 '건축'에서 벗어나 말 그대로 '환영'을 다루는 전문 영역인 '영화'로 옮겨 간 것은 어쩌면 자연스러운 이행이라고도 볼 수 있다.[45]

에이젠슈테인의 〈글라스 하우스〉 프로젝트는 그가 남긴 노트의 악명 높은 모호함과 파편성으로 인해 재구하기 극히 까다롭다. 천장, 벽, 바닥이 전부 유리로 된 거대한 〈글라스 하우스〉 세트를 제작해 그곳에서 촬영한다는 원칙만은 분명했지만, 그것이 다루게 될 모티프와 구체적인 스토리라인은 끊임없이 변형되고 추가되었다. 그럼에도 불구하고 프로젝트의 이념적 전제들이 지금껏 살펴본 유리 건축의 문화적 신화, 특히 그것의 유토피아적 차원을 어떻게든 반영하고 있다는 사실은 의심의 여지가 없다. 어쩌면 에이젠슈테인은 브루노 타우트나 아돌프 베네를 직접 만났을지도 모른다. 당시 베네는 '새로운 러시아의 친구들 협회'[46]의 지도부였고, 1923년에 소비에트를 방문했다. 타우트 또한 이 협회의 적극적인 회원으로서 1926년부터 여러 차례 소비에트를 방문했던 것으로 알려져 있다.

에이젠슈테인과 타우트의 연결고리라는 측면에서 무엇보다 의

---

45 에이젠슈테인 영화미학에서 건축이 여러 차례 결정적인 영감의 원천이 되었다는 사실은 잘 알려져 있다. 그는 아크로폴리스 건축을 몽타주 양식으로 분석한 「몽타주와 건축」이라는 글을 썼을 뿐만 아니라 작가 '고골의 문제'를 신전의 모습으로 형상화한 안드레이 벨리를 따라 '영화의 방법(method of cinema)'을 형상화한 건물 스케치를 직접 그리기도 했다. 후기 에이젠슈테인의 핵심 개념인 '파토스'와 '엑스터시'는 고딕적인 것, 특히 피라네시(Giovanni Battista Piranesi)의 에칭 시리즈의 영향 아래 만들어졌다. 이에 관해서는, 스베틀라나 보임, 『오프모던의 건축』, 김수환 옮김, 문학과지성사, 2023, 176~82쪽 참조.

46 '새로운 러시아의 친구들 협회(Общество Друзей новой России)'는 1923년 6월에 창립된, 소비에트와 독일 바이마르 공화국 간 친선 조직으로, 알베르트 아인슈타인, 토마스 만, 베른하르트 켈러만(Bernhard Kellermann) 등을 비롯한 많은 예술인과 학자 들이 참여했다.

미심장한 것은 에이젠슈테인 박물관에 남겨져 있는 아카이브 자료들이다. 에이젠슈테인이 읽었을 것으로 추정되는 그 자료들 중에는, 셰어바르트의 이념과 타우트의 활동을 상세히 소개한 루트비히 힐베르지머(Ludwig Hilbersiemer)의 에세이 「유리 건축(Glasarchitektur)」을 비롯하여, '파울 셰어바르트 협회'의 창립 소식을 다룬, 아돌프 베네가 간행한 독일 잡지 『신베를린(Das Neue Berlin)』이 포함돼 있다.[47]

에이젠슈테인이 이런 자료들을 읽었다는 것, 그러니까 그가 수정궁에서 시작된 유리 건축의 러시아식 계보학뿐만이 아니라 셰어바르트에서 출발한 독일식 계보학에도 익숙했다는 사실을 확인하는 일은, 〈글라스 하우스〉 프로젝트를 둘러싼 우리의 이해에 적지 않은 차이를 만들어낼 수 있다. 우선, 그 사실을 염두에 두지 않았을 때와 비교해 에이젠슈테인의 "실현되지 못한 구상"이 갖는 문화정치적 함의가 엄청나게 두터워질 수밖에 없음은 자명하다. 특히 해당 기획을 추진하던 1920년대 말에서 1930년대 초까지 그 "문지방의 시간"이 갖는 특별한 의미론적 하중을 고려했을 때,[48] 당대 소비에트의 정치적

47　Михаил Ямпольский, *Наблюдатель Очерки истории видения*, Москва, 2000, pp. 166~67.

48　실험적 아방가르드로 대변되는 1920년대와 스탈린식 예술 통치가 본격화되는 1930년대의 '사이'에 놓인 이 시기는 한 시대가 종말을 고하고 그것을 대체하게 될 또 다른 시대가 목전에 이른 상황, 크라카우어의 표현에 따르면, "끝에서 두번째 세계"로서의 "대기실의 풍경"에 해당한다. 지그프리드 크라카우어, 『역사: 끝에서 두번째 세계』, 김정아 옮김, 문학동네, 2012. 1920년대 중후반 소비에트는 모든 면에서 '중간계'의 특징을 보여주는 문지방의 시공간이었다. 나는 역사의 "대기실의 풍경"을 가리키는 크라카우어의 이 용어에 기대어 1926~27년 벤야민의 모스크바 방문을 새롭게 읽어보려 시도한 바 있다. 김수환, 『혁명의 넝마주이: 벤야민의 『모스크바 일기』와 소비에트 아방가르

상황 속에서 유리 집을 둘러싼 오랜 계보학이 품게 된 미묘한 함의들이 주목을 끌지 않을 수 없다. 하지만 가장 직접적인 차이는 에이젠슈테인의 실패, 결국 종이 위의 구상으로 끝날 수밖에 없었던 그의 악전고투를 조금 더 잘 이해할 수 있게 된다는 데 있을 것이다.

미국식 자본주의 계급 사회의 효과적인 은유라는, 어쩌면 단순하게 출발했을지 모를 애초의 구상(유리 마천루)은 유리 건축에 얽힌 유럽적 신화의 모티프와 연상들이 따라붙는 순간 걷잡을 수 없이 분기, 확장될 수밖에 없었고, 결국 이는 끝없는 개작과 변형으로 이어지게 되었을 것이다.[49] 지금껏 살펴본 것처럼, 1851년 런던의 수정궁에서 출발한 유리 집의 문화적 신화는 세기 전환기의 파국적 상황(전쟁과 혁명)을 배경으로, 유토피아적 태고의 꿈을 재생시키고 자본주의적 근대를 넘어설 수 있는 새로운 세계 그리고 그 세계 속에서 살아갈 새로운 인간의 청사진을 모색하기 위한 유력한 내러티브로 사용되어왔다. 그와 더불어 우주 혼을 담지하는 세계 모델로서 유리 집이 표상하는 전 인류적인 화합 및 그에 수반되는 '투명성'의 이상은 정확하게 그에 반대되는 전체주의적 감시와 스펙터클의 악몽과 맞물리면서, 유토피아와 반유토피아, 메시아니즘과 아포칼립스의 두 얼굴로 진화해갔다.[50]

드』, 문학과지성사, 2022 참조.
[49] 나움 클레이만이 정리해 출판한 에이젠슈테인의 노트에 따르면, 플롯의 변주는 크게 두 가지로 요약될 수 있다. 종말론적 색채를 띤 '신약의 모티프'(사람들의 눈을 뜨게 만드는 그리스도/메시아와 그의 자살로 귀결되는 파국)와 유리 집의 파괴 이후 최종적으로 살아남은 새로운 인간의 대표자로서의 '인조인간(로봇)의 모티프'(결국 그는 가면을 쓴 건축가로 판명된다)가 그것이다. 이 의미심장한 플롯의 변주에 관한 본격적인 탐구는 별도의 지면을 요한다.

이런 점에서 에이젠슈테인의 다른 실현되지 못한 구상들이 그런 것처럼, 〈글라스 하우스〉 프로젝트 또한 실패의 역사가 실패 자체보다 더 많은 것들을 말해주는 경우에 속한다. 가령, 이 글에서 다루지 못한 중요한 토픽으로 영화매체의 혁신과 관련된, 특히 '다중 프레임' 및 '광역 스크린'과 연관된 에이젠슈테인의 문제의식이 있는데, 〈글라스 하우스〉와 동시에 진행되었던 〈자본〉 프로젝트와 뗄 수 없이 연결된 이 문제의식은 '영화 이론'에 초점을 둔, 별도의 논의가 필요하다.[51]

알렉산더 클루게가 에이젠슈테인의 〈자본〉 프로젝트를 두고 했던 명민한 표현을 빌리자면, 그것은 우리 앞에 놓인 "상상의 채석장"[52] 같은 것이다. "역사적 잔해의 무더기 속에 파묻혀 있는 최고의 텍스트들," 그 잔해를 파헤치다 보면, 그 텍스트의 작성자가 사용했던 "분석적 장비와 기계들"뿐 아니라 그 아래에 흐르고 있는 더 깊고 광대한 흐름의 '지층'을 볼 수 있게 된다.

격동의 동시대를 살다 간 에이젠슈테인과 벤야민의 사유와 그들

---

50 영국 출신의 동시대 예술가 조이 벨로프(Zoe Beloff)는 에세이 영화 〈글라스 하우스〉(2015)에서 에이젠슈테인의 미완성 프로젝트의 잠재적 에너지를 현대의 디지털화된 '글로벌 감시 체제(global surveillance)'와 연결시키는데, 사실 이런 접근의 유효성은 유리 건축 신화에 담긴 양가적 특성, 즉 투명성에 걸려 있던 유토피아적 함의를 함께 고려할 때만 온전히 담보될 수 있다. 벨로프의 영화에 관해서는 http://mediacommons.org/intransition/reimagining-glass-house(검색일 2010년 5월 10일) 참조.
51 본서의 2부 4장을 보라.
52 알렉산더 클루게, 「이데올로기적 고대로부터 온 소식」, 세르게이 에이젠슈테인·알렉산더 클루게, 『〈자본〉에 대한 노트』, 김수환·유운성 옮김, 문학과지성사, 2020, 161쪽.

이 남긴 텍스트는 우리에게 그와 같은 '광맥'을 탐사하기 위한 최적의 이정표에 해당한다. 우리가 그들의 사유를 계속해서 다시, 때로는 '겹쳐서' 읽어보아야 하는 이유가 거기에 있다.

2장.
에이젠슈테인의 디즈니와 벤야민의 미키마우스
: 태곳적 원형 혹은 포스트휴먼적 예형

월트 디즈니와 미키마우스는 벤야민과 에이젠슈테인의 사유가 겹치고 갈라졌던 또 하나의 교차점이다. 1928년 5월 15일 〈미친 비행기(Plane Crazy)〉라는 제목의 짧은 흑백 애니메이션을 테스트 상영으로 처음 선보인 이래로, 미키마우스 캐릭터는 미국의 대중문화를 대표하는 기호를 넘어 20세기 문화의 강력한 상징으로 자리 잡아왔다. 지난 세기가 낳은 독특한 문화적 산물 중 하나인 미키마우스는 어떻게 해서 두 사람의 사유와 실천에 그 흔적을 남기게 된 것일까?

1929년 9월 19일 에이젠슈테인은 서구 영화의 사운드 기술을 시찰한다는 명목으로 특별허가를 받아 해외 출장을 떠났다. 촬영감독 에두아르드 티세와 조감독 그리고리 알렉산드로프가 동행했던 이 여정은, 1932년 5월 스탈린의 즉각 귀환 명령을 받고 황급히 귀국길에 오르기까지 약 3년간 이어졌다. 베를린에서 시작해 취리히, 겐트, 런던, 파리, 암스테르담으로 이어지는 숨 가쁜 일정 가운데 그는 당대 유럽 예술계의 저명인사들을 직접 만나 교류할 수 있었다.

하지만 모스크바를 떠나던 순간부터 에이젠슈테인이 염두에 두었던 진짜 목적지는 따로 있었다. 바로 유성영화의 탄생지, 미국의 할리우드다. 뉴욕에 도착하고 한 달쯤 지난 1930년 6월 중순, 디즈니 스튜디오를 찾아간 에이젠슈테인은 현관 앞에서 저 유명한 미키마

세르게이 에이젠슈테인과 월트 디즈니.

우스의 사진을 찍었다. 모스크바의 페라 아타셰바(Pera Atasheva)에게 이 사진을 보내면서 에이젠슈테인은 다음과 같은 서명을 남겼다. "소비에트의 가장 친한 친구에게, 미국 할리우드의 가장 친한 친구와 함께."

당시 디즈니 스튜디오는 최첨단의 사운드 기술의 실험이 이루어지는 현장이었다. 1928년 11월에 개봉한, 미키마우스 3탄에 해당하는 〈증기선 윌리호(Steamboat Willie)〉는 1년 전 공개되어 전 세계 영화인을 깜짝 놀라게 만든 세계 최초의 유성영화 〈재즈 싱어(Jazz singer)〉 못지않은 엄청난 파장을 몰고 왔다. 이렇다 할 내러티브가 없는 6분짜리 만화, 미키마우스의 천방지축 소동을 그려낸 이 사운드 애니메이션은 "단지 사운드를 곁들인 만화영화가 아니라 사운드와 영상이 혼연일체가 되는 만화영화였다."[1] 시각적 리듬과 음성적 리듬

---

1   닐 개블러, 『월트 디즈니 1』, 김홍옥 옮김, 여름언덕, 2008, 245쪽.

의 완벽한 일치를 통해 관객을 리듬으로 온통 사로잡는 이 기법을 두고 당시 할리우드에서는 '미키마우징(mickey mousing)'이라는 신조어가 만들어졌을 정도였다.

하지만 디즈니 만화를 향한 에이젠슈테인의 관심과 지향은 결코 사운드 기술에 국한된 것이 아니었다. 에이젠슈테인은 본격적인 집필을 시작한 1940년 9월부터 1948년 2월 심장마비로 사망하기까지 거의 8년 동안 『디즈니』 원고를 손에서 놓아본 적이 없었다. 불가피한 외적 요인으로 인해 계속해서 집필을 중단해야 했음에도 불구하고 그는 끊임없이 이 주제로 되돌아왔다. 그렇게 해서 특유의 난삽한 스타일로 휘갈겨 쓴 수백 쪽의 메모가 미래의 책을 위한 '서랍 속 폴더'에 쌓여갔다. 디즈니 관련 원고가 에이젠슈테인 창작의 마지막 시기를 온전히 함께했다는 사실은 해당 텍스트가 지니는 특별한 위상을 말해준다.

이 텍스트는 후기 에이젠슈테인의 집중적인 성찰, 훗날 그가 예술 창조의 "방법(Метод, method)"이라 부르게 될 거대 프로젝트의 일부를 이룬다. 저명한 에이젠슈테인 연구가이며 아카이브 관리자인 나움 클레이만은 흩어져 있던 관련 원고들을 정리한 『디즈니』를 처음 출간하면서 「서문」에 이렇게 썼다. "그에게 디즈니의 영화들은 하나의 문제를 탐구하기 위한 구실에 해당했다. [······] 예술 일반의 이론과 실천에 있어 중심이 되는 그 문제를, 에이젠슈테인은 독일어를 사용해 Grundproblem[근본문제]이라고 불렀다."[2] 요컨대 『디즈니』

---

2 Сергей М. Эйзенштейн, "Дисней," Сергей М. Эйзенштейн, *Метод*, М: Музей кино, Эйзенштейн Центр, Т. 2, 2002, p. 5.

텍스트는 『방법』을 쓰던 시기 에이젠슈테인의 변화된 문제의식을 엿볼 수 있게 하는 최적의 텍스트, 그가 애용했던 표현을 빌리자면, "pars pro toto[전체를 대신하는 부분]"에 해당한다.

그렇다면 벤야민의 경우는 어떠했을까? 디즈니를 향한 벤야민의 관심과 그것이 낳은 결과물이 양적인 면에서 에이젠슈테인과 대등한 수준을 보여주고 있다고 말하기는 어렵다. 에이젠슈테인이 전적으로 디즈니에 할애한 거의 100쪽에 달하는 원고를 남긴 반면, 벤야민은 1931년에 쓴 한 쪽짜리 에세이 「미키마우스에 대해」를 포함해 여기저기에 단편적 구절들을 남겨놓은 것이 전부이기 때문이다. 하지만 언제나 그렇듯이 문제는 텍스트의 양이 아니라 그에 담긴 사유의 밀도와 위상이다.

벤야민에게 미키마우스라는 상징은 결코 일회적이고 지엽적인 관심 대상에 머물지 않았다. 그것은 1920년대 후반 이후, 그러니까 모스크바에서 돌아온 이후 1930년대 내내 벤야민을 사로잡았던 몇몇 지향들의 교차점을 드러내는 특별한 표상이었다. 이른바 '기술'과 연동된 대안적 세계와 그 속에서 살아가게 될 '새로운 종으로서의 인류'를 향한 지향이 그것이다. 하지만 이런 추론은 그 자체로 자명하게 공인된 명제라기보다는 다각도의 병치와 연결을 통해 개념적으로 재구축되어야 할 과제에 더 가깝다. 그리고 어쩌면 그 과제는 동일한 대상을 사이에 둔 또 다른 사유와의 겹쳐 읽기를 통해 더욱 효과적으로 달성될 수 있을지 모른다.

이 장에서는 디즈니/미키마우스라는 교차점에 집중해 에이젠슈테인과 벤야민 사유의 비교학적 읽기를 시도해볼 것이다. 양자 모두의 창작과 사유의 진화 과정에서 중요한 길목을 차지하고 있는 이 문제를 비교학적 조명 아래 고찰해보는 작업은, 일차적으로 미키마우스라는 상징 그 자체에 투사된 다채롭고 풍부한 문화철학적 함의를 드러내는 계기가 될 것이다. 다른 한편으로, 태곳적 물질성의 원형이자 도래할 포스트휴먼의 예형(豫型, prefiguration)으로서 미키마우스를 흥미롭게 재전유하는 이 작업은, 역으로 두 사람의 고유한 사유 스타일과 상이한 지향점을 드러내는 좋은 기회가 될 것이다. 상호 조명을 통한 이런 겹쳐 읽기가 두 사람에 관한 우리의 이해를 더욱 깊게 만들어주는 동시에 기술과 관련된 우리 시대 상상계의 좌표, 즉 기술적 가능성과 철학적 사변이 다시금 긴밀하게 몸을 섞으며 만들어내는 동시대 기술 문명의 성좌에 유용한 시사점을 제공해줄 수 있기를 기대한다.

미키마우스: 동화적 꿈의 세계

미키마우스 캐릭터의 이례적인 성공 비결과 특별한 호소력에 관한 갖가지 분석들에서 변함없이 지적되는 성공의 핵심요인은 그것이 꿈꾸기, 곧 "소망 충족의 완벽한 모델"[3]을 제시했다는 것이다. 디즈니는 집요하게 소망 충족의 가치를 구체화했던바, 작품 속에서 마음속 소망에 가장 근접한 세계, 모든 소원이 이루어지는 이상적인 세계를 그려냈다. 이 소망 충족의 꿈꾸기가 불안으로 얼룩진 1930년대 미국의 대공황 상황과 결부되어 있음은 쉽게 짐작할 수 있다.

3 닐 개블러, 『월트 디즈니 1』, 15쪽.

에이젠슈테인과 벤야민의 디즈니/미키마우스론에서 가장 먼저 눈에 띄는 것은 두 사람 모두 이런 꿈꾸기의 측면을 지적하고 있다는 점이다. 여기서 꿈꾸기는 낮에 펼쳐지는 일상적 삶의 비참함을 배경으로 하여 그것을 보상하거나 대체하는 기제로서 나타난다.

> 피로 뒤에는 잠이 온다. 그리고 꿈이 낮 동안의 슬픔과 무력감을 보상해주고 깨어 있을 때는 힘이 없는 매우 단순하면서도 참으로 위대한 삶을 실현시켜 보여주는 것은 전혀 보기 드문 경우가 아니다. 미키마우스의 삶은 오늘을 살아가는 사람들의 그러한 꿈이다.[4]

에세이 「경험과 빈곤」에서 벤야민은 미키마우스의 삶이 "오늘을 살아가는 사람들의 꿈"과 같다고 말한다. 마치 "피로" 뒤에 쏟아지는 "잠"과도 같은 그것은 "낮 동안의 슬픔과 무력감을 보상해"준다. 비록 깨어 있는 낮 동안에는 힘에 부치지만 "기적들로 가득 찬" 꿈속에서는 "매우 단순하면서도 참으로 위대한 삶"이 실현될 수 있다. 그렇다면 깨어 있는 '낮'의 상황, 미키마우스라는 꿈의 배경을 이루는 구체적인 역사적 맥락은 무엇일까?

> 글뤼크와 바일과의 대화에서. 미키마우스 영화에서 소유 상황: 여기서 처음으로 사람들이 자신의 팔, 아니 자신의 몸뚱이를

---

4 발터 벤야민, 「경험과 빈곤」, 『발터 벤야민 선집 5: 역사의 개념에 대하여ㅣ폭력비판을 위하여ㅣ초현실주의 외』, 최성만 옮김, 도서출판 길, 2008, 179쪽.

도둑맞을 수 있다는 점이 드러난다.

관청에서 한 서류가 거쳐 가는 길은 마라톤 선수가 거쳐 온 길보다는 미키마우스가 밟아온 길들 중 하나와 더 많이 유사하다.[5]

벤야민식 글쓰기의 비범함이 여실히 드러나는 대목이다. 그는 「미키마우스에 대해」라는 짧은 글의 첫 문단을 대뜸 "소유 상황"에 대한 언급으로 시작한다. 자신의 팔이나 몸뚱이를 도둑맞을 가능성, 즉 신체의 도난 가능성은 즉각적으로 '절단'과 '소외'라는 두 가지 모티프를 끌어들인다. 우리의 몸은 이제 더 이상 우리 자신에게 속하지 않으며, 이 절단된 부분 신체의 자족성은 유기체의 기관(organ)이라기보다는 대체 가능한 기계 부품이라는 인상을 준다. 여기저기 잘리고 제멋대로 재결합된 "관청 서류"는 "마라톤 선수"가 거쳐 가는 선형적이고 연속적인 노선(길)을 따르지 않는다. 이 두 가지 모티프의 배후에 놓인 직접적인 역사적 맥락이란 말할 것도 없이, 기계화와 자동화로 대변되는 급속한 자본주의적 근대성, 그리고 우리 몸의 일부분을 실제로 상실하거나 대체하도록 만든 "세계사적으로 끔찍한 경험"이다.

20세기 초 인류가 겪은 전 세계적 규모의 전쟁(제1차 세계대전)은 기술의 파괴력을 적나라하게 드러낸, 그래서 기술적 진보의 신화를 재고하지 않을 수 없도록 만든 계기였다. 뿐만 아니라 그것은 수 세기 동안 익숙하게 여겨져온 가치의 전통적 좌표들을 해체하는 인

---

5   발터 벤야민, 「미키마우스에 대해」, 『발터 벤야민 선집 2: 기술복제시대의 예술작품ㅣ사진의 작은 역사 외』, 최성만 옮김, 도서출판 길, 2007, 259쪽.

류사적 사건이기도 했는데, 그로 인해 최소 두 가지의 가치가 결정적으로 하락했다. '경험'과 '이야기'가 그것이다. 잘 알려진 것처럼, 벤야민은 바로 이런 상황을 배경으로 하여 1930년대 초반 일련의 짧지만 심오한 에세이들을 작성했다. 1933년에 쓰기 시작해 이듬해 발표된 「경험과 빈곤」 역시 그중 하나다. 여기서 벤야민은 인류가 처한 새로운 상황을 이렇게 요약한 바 있다.

> 아직 마차를 타고 학교에 다니던 그 세대는 맨 하늘 아래, 구름 말고는 변치 않고 남겨진 것이 하나도 없는 풍경 속에 서 있고, 그 가운데에 파괴적인 흐름들과 폭발들의 역장(力場) 속에 왜소하고 부서지기 쉬운 인간의 몸뚱이가 있다.[6]

떠 있는 구름을 제외하고는 하늘 아래 모든 것이 완전히 뒤바뀌어버린 세계, 그 풍경 속에 자리한 "인간의 몸뚱이"는 연약하고 초라하다. 기술에 의해 장악된 그 신세계는 "파괴"의 흐름과 "폭발"의 역장 아래 있다. 주목할 것은, 이런 상황에서 미키마우스의 절단된 신체를 바라보는 벤야민의 시선이 결코 우울하거나 복고적이지 않다는 점이다. 제멋대로 절단되고 탈구된 미키마우스의 신체가 주는 감각은 비극적 소외보다는 오히려 '파괴적 자유'에 더 가까워 보인다. 그에 따르면, "일찍이 그 어느 경우보다 급진적으로 모든 경험을 부인"하는 것처럼 보이는 미키마우스는,

---

6 발터 벤야민, 「경험과 빈곤」, 『발터 벤야민 선집 5』, 173쪽.

피조물이 인간과 유사한 점을 모두 탈각할지라도 건재하리라는 점을 표현한다. 미키마우스는 인간을 중심으로 구상된 피조물의 위계질서를 폭파시킨다.[7]

그러니까 미키마우스의 형상은 오늘을 사는 인간들에게 주어진 '꿈'이되, 그저 위안과 보상으로서의 꿈은 아니라고 할 수 있다. 그것은 현존하는 어떤 질서를 파괴하는 힘이며, 그런 점에서 인간을 넘어선 무언가를 가리키는 표지이기도 하다. 그것이 '동화'와 같은 세계이지만 그럼에도 그저 평범한 우화가 아닌 것은 바로 그 때문이다.

동화 이래로 가장 중요하고 생생한 사건들이 그처럼 비(非)상징적이고 분위기 없이 체험된 적이 없다. 마테를링크와 비그만과의 엄청난 대조. 모든 미키마우스 영화들은 두려움을 배우기 위해 떠나는 모티프가 들어 있다.[8]

만일 마키마우스 영화가 동화라면, 그것은 그림 형제의 '두려움을 배우기 위해 떠난 젊은이에 관한 이야기' 같은 것에 해당한다. 두려움이 무엇인지 모르는 '바보' 둘째아들이 익숙하고 안락한 집에서 쫓겨나 모험을 떠나는 이야기. 낯선 곳('마법의 성')에서 무시무시한 괴물과 악령을 만나, 특유의 거칠 것 없는 무모함(혹은 동화답지 않은 잔혹함)으로 그것들을 전부 물리치고, 결국 공주와 황금을 얻는

---

7 발터 벤야민, 「미키마우스에 대해」, 『발터 벤야민 선집 2』, 259~60쪽.
8 같은 글, 260쪽.

이야기. 2년 후에 발표한 「이야기꾼: 니콜라이 레스코프의 작품에 대한 고찰」(1936)에서 벤야민은 "두려움을 배우기 위해 떠나는" 그림 형제 동화의 모티프를 재차 언급한다. "동화는 바보의 형상을 통해 어떻게 인류가 신화에 맞서 '바보인 척했는지'를 보여주고 [……] 두려움을 배우기 위해 떠난 사람의 모습을 통해 우리가 두려움을 갖는 사물들의 정체를 꿰뚫어 볼 수 있다는 것을 [……] 보여준다."[9] 동화는 신화적 세계의 폭력에 대처하기 위해 인류가 마련한 가장 오래되고 소중한 조치인바, 그 핵심에는 "무모함"이 있다.

두려움을 모르는 무모함, 저 파괴적 자유의 세계를 지탱하는 낙관주의의 정체는 과연 무엇일까? 분명 그것을 파악하는 일은 「미키마우스에 대해」에 나오는 다음과 같은 핵심 구절을 이해하는 과제와 직결되어 있을 것이다. "이 영화들에서 인류는 문명보다 더 오래 살아남을 길을 준비한다."[10] 하지만 이를 본격적으로 고찰하기에 앞서 먼저 살펴볼 것이 있다. 디즈니라는 꿈의 형식, 저 특별한 동화적 세계가 벤야민의 동시대인 에이젠슈테인에게서도 대단히 유사한 방식으로 개념화되고 있다는 사실이다.

---

9 발터 벤야민, 「이야기꾼: 니콜라이 레스코프의 작품에 대한 고찰」, 『발터 벤야민 선집 9: 서사(敍事)·기억·비평의 자리』, 최성만 옮김, 도서출판 길, 2012, 448쪽.
10 발터 벤야민, 「미키마우스에 대해」, 『발터 벤야민 선집 2』, 259쪽.

디즈니: 플라스마적 신체

에이젠슈테인이 본격적으로 『디즈니』 원고 집필을 시작한 것은 1940년 9월부터였다. 작업은 빠르게 진척되어 대략 전체 원고의 5분의 1가량이 이때 완성되었다. 그러던 중 1941년 1월 이반 뇌제에 관한 영화를 찍으라는 스탈린의 요청을 받게 되고, 이후 석 달간 시나리오 집필에 매달린다. 그해 7월 발발한 전쟁(제2차 세계대전)은 『디즈니』 원고 집필을 또다시 중단시켰고, 급기야 10월에는 러시아 영화계 전체가 알마아타(현 카자흐스탄의 알마티)로 이주하게 된다. 에이젠슈테인은 한 달 후인 11월 16일에 글쓰기를 재개할 수 있었다. 당일 원고는 이렇게 시작된다.

> 1941년 11월 16일, 알마아타. 이렇게 시작하자. "이 거장의 작품은 미국인이 예술에 기여한 것 가운데 가장 위대하다. 세계 문화에 끼친 미국인의 가장 커다란 공헌이다." [……] 실제 만남이 이루어지기 훨씬 전부터 칭송하는 자와 칭송받는 자 사이에 우정의 관계가 수립되어 있었다. 러시아인과 미국인 사이에, 다시 말해 나와 디즈니 사이에 말이다. 실제로 만났을 때 우린 마치 오래 알아온 사이 같았다.[11]

11 Sergei Eisenstein, *Disney*, Oksana Bulgakowa and Dietmar Hochmuth (eds.), Dustin Condren(trans.), San Francisco: Potemkin Press, 2013, p. 35. 『디즈니』 텍스트의 최초의 영어 번역본은 에이젠슈테인의 '미국인 제자' 제이 레이다가 편집해 1988년에 출간되었다. Sergei Eisenstein, *Eisenstein on Disney*, Jay Leyda(ed.), Alan Upchurch(trans.), London: Methuen

10년 전에 있었던, 월트 디즈니와의 실제 만남의 기억을 떠올리면서 디즈니 창작의 본질을 "모든 범주와 관례로부터 벗어난 절대적 자유"로 묘사한 후에 에이젠슈테인은 그것의 '사회적' 차원에 관한 이야기를 본격적으로 끌어들인다.

디즈니 — 그것은 고통받고 불운한 사람들, 박탈당하고 억압받는 자들을 위한 멋진 자장가다. 그것은 노동 시간과 정해진 몇 분간의 휴식 시간처럼 시계의 수학적 정확성에 매여 있는 사람들, 삶이 달러와 센트의 지배를 받는 사람들을 위한 것이다. 그들의 삶은 매일매일 잿빛만이 드리워진 [……] 체스판의 사각형처럼 구획되어 있으며 [……] 시카고 도살장의 해체된 돼지 사체들처럼, 포드의 컨베이어벨트 위 부품들처럼 조립되는, 기계화된 유기체들.[12]

잿빛 체스판 위의 삶, 도살장에서 해체되는 동물 사체나 컨베이어벨트에서 조립되는 기계부품과도 같은 그러한 삶은 (미국식) 자본주의 근대성의 전형적인 풍경들이다. 이것은 앞서 살펴본 벤야민

> Paperback, 1988. 최근의 증대된 관심에 힘입어 지난 2013년에 새로운 영어 번역본 Sergei Eisenstein, *Disney*, Oksana Bulgakowa and Dietmar Hochmuth(eds.), Dustin Condren(trans.), San Francisco: Potemkin Press 이, 이듬해에는 러시아어본 Сергей Эйзенштейн, *Дисней*, Москва: Ад Маргинем Пресс, 2014이 새로 출판되었다. 이후 인용은 2013년의 영어 번역본을 따른다.
> 12 같은 책, p. 38.

의 묘사, 기계화와 자동화로 요약되는 '절단'과 '소외'의 모티프와 다르지 않다. 벤야민이 미키마우스가 "오늘을 살아가는 사람들을 위한 꿈"이라고 주장했다면, 에이젠슈테인은 디즈니의 영화가 박탈당한 삶 속에서 지쳐버린 사람들을 위한 "멋진 자장가," 더 나아가 그에 대한 "시적인 반란"이라고 주장한다.

> 디즈니의 영화들이 그토록 컬러로 불타는 이유가 여기에 있다. [……] 그들의 환상이 그토록 끝이 없는 이유도 여기에 있다. 디즈니의 영화들이 파편화와 편리함, 시체 같음에 맞서는 반란이기 때문이다. 하지만 이것은 시적인 반란(lyrical revolt)이다. 꿈에 의한 반란(revolt by dream)이다.[13]

디즈니의 세계가 "잿빛" 현실의 무기력과 소외에 맞서는 환상적인 꿈이자 "시적인 반란"과 같다는 말은 어렵지 않게 납득할 수 있다. 그런데 정작 그 꿈을 묘사하는 에이젠슈테인의 이어지는 설명은 (벤야민 못지않은) 수수께끼 같은 비유로 가득 차 있다. 그는 그것이 "꿈을 현실로 끌어오기 위해 [대중의(en masse)] 손을 들어 올리게 만드는" 종류의 꿈과는 다르다고 말하면서, "황금의 꿈"이라는 독특한 표현을 쓴다.

> 모든 것이 완전히 다른 곳, 당신이 온갖 족쇄로부터 풀려나고, 마치 창조의 흥겨운 날에 자연 스스로가 농담을 하듯 당신도 농

---

13 같은 책, p. 37.

담을 할 수 있는 그런 다른 세계로 진입하는 것 같은 '황금의 꿈(golden dreams)'이다. 말하자면 논리적인 닭과 함께 있는 부조리한 타조, 선한 의도를 가진 고양이와 함께 있는 불가능한 기린, 미래의 마돈나를 패러디하는 캥거루 같은 것!¹⁴

"문명보다 더 오래 살아남을 길을 준비한다"는 벤야민의 앞선 언급만큼이나 예사롭지 않은 위 구절들에 담긴 심오한 함의를 잠시 뒤로 미루고, 우선 지적할 것이 있다. 앞서 벤야민이 그랬듯이, 에이젠슈테인의 관심 또한 다른 무엇보다도 디즈니 만화 속 캐릭터의 '몸,' 그들의 특별한 '신체'에 집중되어 있다는 사실이 그것이다. 에이젠슈테인의 경탄을 불러일으키는 것은 그 몸들이 보여주는 특별한 능력이다.

그의 창작의 잊을 수 없는 상징물이 지금 내 앞에 있다. 바로 문어 가족이다. 네 개의 다리로 서서 꼬리 같은 다섯번째 다리, 코끼리 코 같은 여섯번째 다리를 갖고 놀고 있는. 얼마나 많은 상상이 그 안에 있는가! 신성한 전능함이여! 자기만의 제멋대로의 환상에 따라 세계를 재구성하는 마법적인 능력이라니! 만들어진 세계. 선과 색채로 된 세계. 너는 명령을 내린다. 만들어져라, 그러면 만들어진다. 산을 향해 움직이라고 말하면 산이 움직인다. 문어에게 코끼리가 되라고 말하면 코끼리가 된다. 태양에게 가만히 있으라고 명령하면 태양이 멈춘다.¹⁵

14   같은 책, p. 38.
15   같은 책, p. 37.

여기서 에이젠슈테인은 디즈니 캐릭터의 자주 언급되는 두 가지 특징을 지적하고 있다. 어떤 형태로든 변형이 가능한 무한 변신(metamorphosis)의 능력, 그리고 만물 속에 깃든 생명을 전제하는 애니미즘적 속성이 그것이다. 그는 "환상에 따라 세계를 재구성하는" 이런 능력을 "마법적인 능력"이라 부르고 있다. 이런 평가는 물론 그 자체로도 흥미롭기에 고찰을 얼마든지 더 이어갈 수 있을 것이다. 하지만 에이젠슈테인의 논의를 조금만 더 깊게 살펴보면 그의 관심사가 인간동형적 변신의 문제 일반이 아니라 디즈니 캐릭터의 아주 구체적인 '속성' 하나에 집중되어 있음을 곧바로 알아볼 수 있다. 바로 신체의 "펴졌다 줄어들었다 하는 성질"이다. 디즈니 캐릭터의 특별한 매력은 그 형상의 "탄(력)성(elasticality)"에 있다.

고대의 이미지들에서 끝없이 늘려진 목, 다리, 코 따위가 목적 없이 서로 유희하는 장면. 이것은 신화적 존재의 종 전체의 특징이다. 게다가 내가 기억하기로, 수 세기에 걸쳐 서커스 장터가 가졌던 불가해한 매력이 수백만의 사람들이 숨을 죽인 채 인간적 가능성의 영역을 바라보도록 만들었다. 그들 앞에는 "인간-뱀"이라는 뼈 없는 탄성의(elastic) 존재가 서 있다.
이런 것들이 존재한다는 사실은 놀랍지 않다.
놀라운 것은 이것들이 우리를 매혹한다(attract)는 사실이다.[16]

---

16   같은 책, p. 14.

신화나 서커스의 사례가 보여주듯이, 에이젠슈테인은 이러한 탄성의 존재를 디즈니가 만들어낸 현대의 발명품이라고 보지 않는다. 이는 그가 디즈니 캐릭터의 사촌 격의 사례로 들고 있는 것들만 봐도 알 수 있는데, 주인공 소녀의 목이 길어졌다가 줄어들었다 하는 루이스 캐럴의 소설 『이상한 나라의 앨리스』(1865), 한없이 늘어난 팔을 가진 소년 아르투어의 모험을 그린 독일 삽화가 발터 트리어(Walter Trier)의 캐리커처, 손님을 향해 길게 늘어진 팔을 뻗는 게이샤를 그린 18세기 일본 에칭화 등 그 사례는 시기와 지역을 가리지 않는다.[17]

그렇다면, 다분히 '고대적인' 성격을 띠는 이런 이미지들의 어떤 측면이 우리를 그토록 매혹하는 것일까? 형식의 "변이성과 유동성, 혹은 의외성"[18] 같은 이 이미지들의 현상적인 특징들은 그것들의 계보학적 본질을 포괄하지 못한다는 점에서 한계가 있다. 기원적 본질을 담아낼 수 있는 최적의 개념은 따로 있다. '플라스마(plasma),' 즉 원형질의 개념이 바로 그것이다.

> 이 모든 것을 관통하는 매혹의 전제는, 영원히 고착된 형식이라는 제한의 거부, 즉 골화(骨化, ossification)로부터의 자유, 역동적으로 어떤 형태든지 취할 수 있는 능력이다.
>
> 바로 이것이 내가 '원형질성(plasmaticity)'이라고 부르는 것이다. 특정한 외양을 취하기는 하지만 마치 태곳적 원형질처럼 고정된 형식을 갖지 않은 채로 진화론적 사다리를 따라 동물적 삶

---

17   같은 곳.
18   같은 책, p. 15.

의 모든 형태를 취할 수 있다.[19]

    결국, 디즈니 캐릭터의 마법적인 매력은 무엇이든 될 수 있는 그것의 다형성(polymorphic)과 가소성(plasticity), 그러니까 항구적인 자기해체 상태에 놓인 형식에 있음이 판명된다. 그리고 이런 절대적인 자유의 계보학적 기원에 자리하는 원형적 이미지는 특정하게 고착된 형태 없이 "진화적 사다리를 따라 동물적 삶의 모든 형태를 취할" 수 있는 "태곳적 원형질(primordial protoplasm)"이다. 그렇다면 이런 자유를 앞서 살펴본 벤야민의 자유와 비교해보면 어떨까? 특유의 무모함으로 무장한 벤야민의 파괴적 자유, "인간을 중심으로 구상된 피조물의 위계질서를 폭파시킬" 그 자유는 미분적이고 무정형적인 에이젠슈테인의 플라스마적 자유와 얼마나 같고 얼마나 다를까? 어쩌면 질문을 이렇게 바꿔 물어야 할지 모른다. 애초에 거의 동일한 전제(즉, 자본주의적 근대성에서 소외되고 파편화된 신체)에서 출발했다고 볼 수 있는 두 사람의 노선을 이토록 흥미롭게 갈라놓은 요인은 무엇이었을까? 이 질문에 답하려면, 아무래도 각자가 놓여 있던 역사적 배경과 사상적 맥락을 좀더 깊고 상세하게 살펴보지 않을 수 없다.

야만성과 유토피아

    미키마우스로 대표되는 디즈니 만화 캐릭터들이 신체의 사용

---

[19] 같은 곳.

계단과 프로펠러로 자유롭게 변형되는 미키마우스의 몸.

에 있어 눈에 띄는 '탈인간적' 속성을 보여준다는 사실은 벤야민과 에이젠슈테인에만 국한된 관찰이 아니다. 이미 〈미친 비행기〉에서부터 제멋대로 절단, 결합하면서 자유롭게 변형되는 몸, 특히 고무처럼 늘어나는 사지(limb)라는 특징은 디즈니 캐릭터의 전형적인 식별기호(trademark)였다. 신체를 비비 꼬아 프로펠러로 사용하고, 몸을 계단으로 바꾸는가 하면, 순간적으로 멜빵바지를 낙하산으로, 자동차를 비행기로 바꿔버리는 놀라운 변신술. 타조의 목을 길게 뽑아 끈으로 사용하고, 음악적 열정에 사로잡혀 다른 동물들의 몸을 악기로 바꿔버리는 이 애니메이션의 반(反)경험적인 활기(anti-empirical exuberance)"는 그 도발적인 과감함으로 인해 눈길을 끌었다. 1933년 『타임』지는 "미키는 모든 자연법칙을 초월할 수 있고 [……] 순간에 충실한 삶을 살지만 금기가 거의 없다"고 썼으며, 리처드 시켈(Richard Schickel)은 "잽싸고 건방지고 잔인한 미키는 좋게 말하면 신선하고 당돌한 녀석이고 나쁘게 말하면 콩알만 한 가학적 괴물이다"[20]라고 적었다. 이런 자유로움의 특징을 애니메이션이라는 매체 자체의 속성과 연결시키는 견해[21]는 당대부터 존재해왔다.

재차 환기해둘 것은, 벤야민과 에이젠슈테인에게 디즈니와 미키마우스는 분명 그것 자체보다 더 큰 어떤 '국면'이나 '문제'를 드러내는 징표이자 상징으로 받아들여졌다는 점이다. 바로 이것이 디즈니 만화를 둘러싼 당대의 수많은 반응들과 두 사람의 진지한 관심을 구분짓는 결정적인 차이다. 벤야민의 경우에 그 관심은 「초현실주의」(1929)에서 「기술복제시대의 예술작품」(1936)에까지 이르는 '1930년대의 토픽'을 관통하는 몇몇 개념들의 성좌를 배경으로 한다. 잘 알려진 것처럼, 벤야민은 에세이 「경험과 빈곤」에서 훗날 이 짧은 글을 유명하게 만들 놀라운 주장을 내놓은 바 있다. 그는 문화의 현 상태를 인류의 경험 전체가 빈곤해진 상태로 진단하면서, 놀랍게도 이런 새로운 빈곤으로부터 출현하는 것이 절망이 아니라 "긍정적 의미의 야만"이라는 주장을 폈다.

> 야만성? 실제로 그렇다. 우리는 새로운 긍정적인 개념의 야만성을 도입하기 위해 그렇게 부르기로 한다. 그도 그럴 것이 경험의 빈곤이 야만인을 어디로 데려간단 말인가? 경험의 빈곤은 그를 처음부터 다시 시작하는 데로 이끈다. 새롭게 시작하기, 적은 것으로 견디어내기, 적은 것으로부터 구성하고 이때 좌도 우도 보지 않기이다.[22]

---

20 닐 개블러, 『월트 디즈니 1』, 291쪽.
21 김남시, 「미키마우스와 집합적 꿈」, 샌드페이퍼스(권세정·우한나·이유성·정희민), 『키티 데카당스』, 샌드페이퍼스, 2017, 27~35쪽.
22 발터 벤야민, 「경험과 빈곤」, 『발터 벤야민 선집 5』, 174쪽.

벤야민의 미키마우스는 "일단 판을 엎어버리는 데서 시작했던" 위대한 "건설자(konstrukteur)"들의 대열에 합류한다. 철학과 과학 분야에서는 데카르트와 아인슈타인이, 화가 중에는 클레가, 건축가 중에는 로스(Adolf Loos)와 르코르뷔지에가 거론되지만, 누구보다 중요한 인물은 유리 건축의 예언자 셰어바르트다. 이 모더니즘의 파괴자들을 묶어주는 중대한 공통점은 그들이 전승되어온 기존의 "휴머니즘적 인간상"을 단호히 거부했다는 데 있다. 그들의 새로움은 "통찰[분별]과 체념 위에 구축"되어 있기에, 필요하다면 "문화보다 더 오래 살아남는" 일도 마다하지 않는다. 이로써 벤야민이 "사람들이 지쳤다고" 표현한 상태의 진상이 드러나는데, 사람들은 무지한 것도 경험이 없는 것도 아니다. 그 반대로 그들은 지나치게 많이 먹었기 때문에, 그러니까 "모든 것을 '삼켜버렸고,' '문화'와 '인간'을 삼켜버렸"기 때문에, "그것들로 너무 배가 불러"[23] 지쳐버렸던 것이다.

한 차례의 야만(세계대전)을 겪고 나서 이제 바야흐로 또 다른 야만(파시즘)의 도래를 예감하고 있었던 1933~34년의 벤야민에게, 기존의 규범적 휴머니즘은 더 이상 수호해야 할 가치나 대안으로 여겨지지 않았다. 그가 보기에, "거짓 보편주의"에 근거를 둔 부르주아식 휴머니즘의 이념은 단호히 거부해야 할 썩은 토양에 불과했다. 여기서 주목할 것은 이런 상황을 대하는 벤야민의 태도다. 그는 새로운 긍정적 개념을 발명하려면 문명과 문화의 낡은 개념으로 되돌아가서는 결코 안 되며, 반대로 "'잘못된' 야만주의로부터 야만(주의)의 에너지를 훔쳐올 필요가 있다"[24]고 생각했다.

23　같은 글, 179쪽.

이런 태도는 적들(부르주아 휴머니즘과 파시즘)의 야만주의에 맞서 고결한 휴머니즘을 내세우기보다는 오히려 그들에 비해 '더 나아간 야만주의'를 실행해야 한다는 것, 이를테면 "자본주의적 소외와 빈곤의 경험을 부르주아 자유주의 휴머니즘의 지평을 초과해버리는 지점까지 급진화하려는"[25] 태도에 가깝다.[26] 아마도 지금이라면 가속주의(accelerationism)적인 입장이라고 (잘못) 불렸을 법한 이런 태도는 긍정적 야만의 가장 중요한 특징이라 할 '웃음'의 문제와 관련시켜 볼 때 한층 더 흥미롭다.

벤야민에 따르면, "문화보다 더 오래 살아남으려고 대비"하는 자들은 "그 일을 웃으면서 한다."[27] 여기서 웃음은 그들의 야만스러움의 증거이기도 할 텐데, 이를테면 그들의 인간성은 "인간성을 없앤

---

24 Carlo Salzani, "Surviving Civilization with Mickey Mouse and a Laugh: A Posthuman Constellation," Nassima Sahraoui and Caroline Sauter(eds.), *Thinking in Constellations: Walter Benjamin and the Humanities*, Newcastle Upon Tyne: Cambridge Scholars Publishing, 2018, p. 168.

25 Daniel Mourenza, "On Some Posthuman Motifs in Walter Benjamin: Mickey Mouse, Barbarism and Technological Innervation," *Cinema 7: Journal of Philosophy and the Moving Image*, 《Posthumanism: Human and Nonhuman: Links, Continuum》, IFILNOVA: NOVA University of Lisbon, 2015, pp. 40~41.

26 그렇게 초과해버렸을 때 나올 수 있는 형상 중 하나가 바로 에세이 「카를 크라우스」에 나오는 '비인간(Unmensch)'이다. 이것은 니체 식의 '초인(übermensch)'보다는 오히려 섬뜩한 '괴물'에 더 가까운 형상으로, "사람들에게 뭔가를 줌으로써 행복하게 하기보다 오히려 그들에게서 뭔가를 걷어냄으로써 해방시키는" "새로운 천사"에 해당한다. 발터 벤야민, 「카를 크라우스」, 『발터 벤야민 선집 9』, 348쪽.

27 발터 벤야민, 「경험과 빈곤」, 『발터 벤야민 선집 5』, 180쪽.

(entmenscht) 인간성"이라고 할 수 있다. 상실과 포기의 비극적 음조와는 거리가 먼 이런 명랑한 낙관성은, 일차적으로 어째서 미키마우스가 이 새로운 야만인들의 '젊은 조카'가 되어야 하는지를 설명해준다. 온갖 모험과 시련에도 불구하고 마지막엔 항상 웃으며 끝나는 이야기, 그걸 보는 관객들에게 "집단적 웃음"을 불러일으키는 존재가 바로 미키마우스이기 때문이다(미키마우스의 매 에피소드는 화면 전체에서 활짝 웃는 미키마우스의 모습으로 끝난다). 그런데 벤야민에게서 이 문제는 기술 발전을 배경으로 한 영화라는 뉴미디어와 관련해 아주 특별한 함의를 보태게 된다. 1936년에 쓴 「기술복제시대의 예술작품」에세이 2판 16절은 이 문제에 온전히 바쳐져 있다.

우리가 기술적 발전이 얼마나 위험한 긴장 관계들을 ─ 이 긴장 관계들은 위기의 단계에서는 정신병적 성격을 띠는데 ─ 대중에게 몰고 왔는지를 고려한다면, 우리는 똑같은 기술화가 영화를 통해 그러한 대중의 정신이상에 대해 정신적 예방접종의 가능성을 제공했다는 사실을 인식할 수 있다. 즉 영화는 사디즘적 또는 마조히즘적 망상들이 과장되게 발전한 모습들을 보여줌으로써 현실에서 그러한 에너지들이 자연스럽고 위험한 방식으로 성숙하는 것을 막아줄 수 있다. 그와 같은 대중적 정신이상의 에너지가 미리 앞질러, 그리고 유익한 방식으로 분출하는 형태들 가운데 하나가 집단적 웃음이다.[28]

28 발터 벤야민, 「기술복제시대의 예술작품(2판)」, 『발터 벤야민 선집 2』, 84~85쪽.

벤야민은 여기서 영화가 "정신적 예방접종"에 해당한다고 말하고 있다. 즉 대규모의 기술화가 대중의 정신병을 야기하는 동시에 (똑같은 기술화의 결과인) 영화를 통해 그에 대한 예방책 역시 제공한다는 것이다. 말하자면 여기서 "사디즘적 또는 마조히즘적 망상들이 과장되게 발전한 모습들을 보여"주는 영화들은 일종의 백신 역할을 수행하게 된다. 예방접종은 단지 항생제의 처방만을 뜻하는 것이 아니라 자연적인 면역 시스템을 활성화하기 위해 "인공적인 방식으로 감염을 촉발한다는 것"을 의미한다. 그러니까 백신으로서의 영화는 "대중적 정신병에 대한 선제적이고 치료적인 발산"[29]에 해당하는 것으로, 이때의 "집단적 웃음"은 그 면역이 처리되는 과정이라고 할 수 있다.

쉽게 드러나듯이, 더 나쁜 결과를 피하려면 차라리 '앞질러' 감염되는 편이 더 낫다는 이런 입장은, 적들보다 '더 나아간' 야만주의를 실행해야 한다는 앞선 태도와 일맥상통한다. 이러한 벤야민의 태도는, 잘 알려진 것처럼 아도르노를 비롯한 여러 지인들의 맹렬한 이견을 불러일으키게 된다. 영화라는 백신의 효력에 대해 아도르노는 전혀 다른 견해를 갖고 있었다. 그가 보기에, 디즈니의 미키마우스는 벤야민이 말하듯이 "무의식의 세계를 심리치료적(psychotherapy)의미에서 폭파하는 효과"[30]를 가져오기는커녕 "순진한 리얼리즘"[31]에

---

29 Carlo Salzani, "Surviving Civilization with Mickey Mouse and a Laugh," p. 173.
30 발터 벤야민, 「기술복제시대의 예술작품(2판)」, 『발터 벤야민 선집 2』, 85쪽.
31 테오도르 W. 아도르노·발터 벤야민, 『아도르노-벤야민 편지』, 이순예 옮김,

속할 뿐이며, 영화관 방문자들의 (집단적) 웃음은 "선하거나 혁명적"이기는커녕 오히려 "가장 나쁜 의미에서의 부르주아적 새디즘으로 가득 차 있을 뿐"[32]이었다.

일반적으로 정본으로 간주되는 「기술복제시대의 예술작품」 3판(1939)에는 웃음의 백신 효과를 논하는 이 부분(16절)이 통째로 빠져 있다. 벤야민이 이 부분을 삭제한 이유에 관해서는 다각도의 추론이 가능할 것이다. 정말로 아도르노의 비판 때문이었을 수도 있고, 웃음의 "어두운 전환(dark turn)"을 감안한 자발적인 조치였을 수도 있다.[33] 어찌 됐든 분명한 사실 하나는, 미키마우스 형상에 투사된 벤야민의 문제의식이 "긍정적 야만성"이나 "집단적 웃음"만으로 전부 소진되지는 않는다는 점이다. 그가 그리는 미키마우스의 세계에는

    도서출판 길, 2019, 201쪽.
32 같은 곳.
33 웃음의 '어두운 면'에 대한 우려는 「기술복제시대의 예술작품」 2판의 주석("이러한 영화들을 총체적으로 분석할 때 그것들의 역기능을 은폐해서는 안 될 것이다")과 「「기술복제시대의 예술작품」 관련 노트들」("디즈니의 방법이 파시즘을 위해 이용될 가능성")에서 실제로 표명되고 있다. 발터 벤야민, 「기술복제시대의 예술작품(2판)」, 『발터 벤야민 선집 2』, 85쪽 및 「「기술복제시대의 예술작품」 관련 노트들」, 『발터 벤야민 선집 2』, 216쪽. 「기술복제시대의 예술작품」의 주요한 목적이 "파시즘의 목적을 위해서는 전혀 쓸모가 없는" 예술 이론을 정초하는 것이라는 점을 고려한다면, 이 삭제는 납득할 만한 것이다. 실제로 벤야민의 우려는 어느 정도 사실로 판명되었던바, 미키마우스와 파시즘의 연결고리는 지금껏 이미 여러 각도에서 고찰된 바 있다. Mariam Hansen, *Cinema and Experience Siegfried Kracauer, Walter Benjamin, and Theodor W. Adorno*, University of California Press, 2011, pp. 181~182와 Tsuka Eiji, "An Unholy Alliance of Eisenstein and Disney: The Fascist Origins of Otaku Culture," *Mechademia*, Volume 8, 2013, pp. 251~77 참조.

(어쩌면 그것들보다 훨씬 더 중요한) 또 한 가지 특징이 존재한다. 기계장치 없이 그려지는 "기술적인 기적들"이 그것이다.

> 즉 그 기적들에서 가장 독특한 것은, 그것들이 모두 기계장치 없이, 즉흥적으로, 미키마우스와 그의 신봉자들 및 그의 추격자들의 몸에서, 나무나 구름이나 바다에서와 마찬가지로 가장 일상적인 가구들에서 나온다는 점이다. 자연과 기술, 원시성과 안락함은 여기서 완전히 하나가 된다. [⋯⋯] 그런 삶 속에서 자동차는 밀짚모자보다 더 무겁지도 않고, 나무에 열린 열매는 어떤 기구의 풍선처럼 빠르게 둥그렇게 익는다.[34]

밀짚모자보다 더 가벼운 자동차와 기구의 풍선처럼 빠르게 익는 열매를 이야기하는 마지막 구절은 이후 「기술복제시대의 예술작품」을 통해 유명해지게 될 "기술 나라의 푸른꽃"이라는 독특한 표현을 곧장 떠올리게 한다. 하지만 "자연과 기술, 원시성과 안락함은 여기서 완전히 하나가 된다"는 바로 앞 문장은, 이 문단에 담긴 벤야민의 문제의식이 '이후'로 뻗어 나간 것일 뿐만 아니라 '이전'을 이어가고 있는 것이라는 점을 분명하게 보여주고 있다. 왜냐하면 그 세계는 그냥 자연이 아니라 에세이 「초현실주의」(1929)에서 그가 이미 이야기한 바 있는 "피시스(Physis)"의 상황이기 때문이다. 그것은 기술이 현실 속에 고도로 침투해 들어와 이미 자연과 기술이 구별되지 않을 정도로 뒤섞여 있는 "제2의 자연"을 가리킨다. 피시스라는 용어는 「초

---

[34] 발터 벤야민, 「경험과 빈곤」, 『발터 벤야민 선집 5』, 179쪽.

현실주의」 이전에 이미 사용된 적이 있다. 「천문관 가는 길」이라는 제목을 단 『일방통행로』의 유명한 마지막 단락에서다.

> 종(種)으로서의 인간은 수천 년 전에 시작하여 그 발전의 끝에 도달해 있다. 그러나 종으로서의 인류는 발전의 시작에 서 있다. 기술을 통해 인류에게 어떤 하나의 신체(Physis)가 조직되고 있다. 이 신체 속에서 인류가 우주와 맺는 관계는 새롭게, 그리고 민족들이나 가족들에서와는 다른 방식으로 형성되고 있다.[35]

여기서는 같은 단어 Physis[피시스]가 '자연'이 아니라 '신체'로 옮겨졌는데, 이런 혼란은 대단히 흥미롭다. 왜냐하면 그를 통해 피시스 개념과 관련된 결정적인 두 가지 계기, 즉 공간(/자연)과 신체가 고스란히 드러나고 있기 때문이다. 더욱더 흥미로운 것은 "자연과 기술, 원시성과 안락함이 완전히 하나가 되는" 이런 (피시스적) 세계의 표상이 (『일방통행로』 직전에) 그가 방문했던 또 다른 세계에서 제일 먼저 나타난 바 있다는 사실이다. "기술적 경영과 원시적 실존의 모습이 철저히 서로 침투"[36]해 있는 도시 모스크바가 바로 그곳이다.[37]

---

[35] 발터 벤야민, 『발터 벤야민 선집 1: 일방통행로 l 사유이미지』, 최성만·김영옥·윤미애 옮김, 도서출판 길, 2007, 164쪽.

[36] 발터 벤야민, 『발터 벤야민 선집 14: 모스크바 일기』, 김남시 옮김, 도서출판 길, 2015, 283쪽.

[37] '원시와 기술의 결합'을 비롯한 1930년대 벤야민 사유의 전반적인 특징, 특히 영화(매체)론과 관련된 사유에 있어서 모스크바가 갖는 '기원적' 성격에 관해서는 김수환, 『혁명의 넝마주이: 벤야민의 『모스크바 일기』와 소비에트 아방가르드』, 문학과지성사, 2022, 4장 참조.

그렇다면 기술 속에서 새롭게 조직되는 이 자연 형상이 왜 그토록 의미심장할까? 바로 그것을 통해 미키마우스 형상 속에 투사된 벤야민의 유토피아적 지향을 가늠할 수 있기 때문이다. 자연을 "지배"하는 대신에 "자연과 인류의 어울림(Zusammenspeil)을 지향하는"[38] "제2의 기술"이 갖는 중요한 특징은, 그 안에서 "옛것과 새것의 뒤섞임"이 확인된다는 것이다. 과격한 단절을 표방하는 '야만성' 개념과 유토피아적 색채를 띠는 '새로운' 자연 형상은 이렇게 교차하는바, "역설적이게도 집단적 상상력은 가까운 과거와 혁명적으로 단절할 동력을 얻기 위해 신화들과 유토피아적 상징들을 담고 있는 훨씬 더 오래된 원과거의 문화적 기억을 환기한다."[39] 새것에서 '추진력'을 얻은 후에 사회적 유토피아를 향한 집단적 '소망'을 나타내는 고대적 이미지를 환기함으로써 혁명적 잠재력을 보유하게 되는 이런 상들을 가리켜 벤야민은 "소망 이미지(Wunschbilder)"라고 불렀다.

한 시대에는 그 시대에 이어지는 다음 시대의 이미지들이 꿈속에 등장하는데, 이 꿈속에서 다가올 시대는 원사(原史, Urgeschichte)의 요소들, 다시 말해 계급 없는 사회의 요소들과 혼융되어 나타난다. 이 계급 없는 사회에 대한 경험들은 집단적 무의식 속에 저장되어 있고, 이 경험들은 새로운 것과 상호 침투하여 유토피아를 빚어낸다.[40]

---

38 발터 벤야민, 『발터 벤야민 선집 2』, 57쪽.
39 수잔 벅 모스, 『발터 벤야민과 아케이드 프로젝트』, 김정아 옮김, 문학동네, 2004, 158쪽.

새것의 출현에 수반되는 유토피아적 이미지가 언제나 "원과거"로 거슬러 올라가는 역사적 복원의 형식을 띠게 된다는 것, 새것이 언제나 옛것의 옷을 입고 나타난다는 이 역설은, 가령 ('구제[redemption]' 개념을 필두로 한) 벤야민 역사철학의 관점에서 볼 때 그리 새로운 소식이 아니다. 하지만 벤야민의 미키마우스를 에이젠슈테인과 겹쳐 읽고자 하는 우리의 관점에서 보면, 그것은 또 하나의 예기치 못한 교차점을 마련해준다. 원형질이라는 개념이 보여주듯이, 에이젠슈테인에게 디즈니 캐릭터는 미분화된 원시적(혹은 원형적) 상태의 강력한 표상이었다. 이 교차점을 통해서 벤야민의 미키마우스는 (디즈니론을 포함한) 에이젠슈테인 후기 사유의 핵심 하나로 곧장 연결된다. 예술적 '퇴행(regression)'이라는 개념이 바로 그것이다.

퇴행과 원시성

앞서 에이젠슈테인은 디즈니의 창작을 가리켜 "황금의 꿈"이라는 표현을 사용한 바 있다. 이제 우리는 이 표현에 담긴 함의를 좀더 깊게 살펴볼 준비가 되었다. "모든 족쇄로부터 풀려나 완전히 다른 세계로 진입하는 것" 같은 꿈의 세계, 이런 꿈 세계의 창작은 모종의 "원초적인 심층 지대"에서 이루어진다고, 에이젠슈테인은 주장한다.

---

40 발터 벤야민, 『발터 벤야민 선집 5』, 187쪽.

그[디즈니]는 가장 순수하고 가장 원초적인 심층 지대 근처에서 창작을 한다. 그곳에서는 우리 모두가 자연의 자식들이다. 그는 아직 논리, 지성 혹은 경험을 통해 족쇄가 채워지기 이전 상태의 인간의 개념의 차원에서 창조한다. 그것은 나비가 자신의 비행을 만드는 방식이다. 그것은 꽃들이 자라는 방식이다. 그것은 시냇물이 자신의 물결로 스스로 유희하는 방식이다. 그것은 안데르센과 『이상한 나라의 엘리스』가 우리를 매혹하는 방식이다.[41]

논리나 지성의 족쇄가 채워지기 이전의 상태, 모두가 "자연의 자식들"인 저 원초적인 세계는 흔히 말하는 '황금 시대'를 가리키는 것일까? 주목할 것은 에이젠슈테인이 이런 황금 시대를 인류가 이미 상실해버린 태초의 낙원(즉, '실낙원')이 아니라 '되찾은 낙원,' 그러니까 (디즈니의 마법을 통해) 순간적으로 회복할 수 있는 꿈의 상태로 보고 있다는 점이다. 흥미롭게도 이점은 채플린과 비교할 때 잘 드러난다. 에이젠슈테인은 인류가 영원히 잃어버린 황금 시대로서의 실낙원을 채플린의 세계로, 되찾은 낙원으로서의 "황금의 꿈"을 디즈니의 세계에 각각 할당한다. 두 세계는 아이와 같은 천진함을 공통적으로 갖고 있지만, "어딘가 저 바닥에서 상실된 유년의 황금 시대에 대한 비극적 신음이 울려 퍼지는 영원히 고통받는 자"에 해당하는 채플린의 서사시가 "동시대의 '실낙원'"에 해당한다면, "디즈니의 서사시는 '되찾은 낙원' 바로 그것이다."[42] 다분히 생물학적인 뉘앙스를

---

41 Sergei Eisenstein, *Disney*, p. 37.
42 같은 곳.

띤 그의 표현을 빌리자면, 그 되찾은 낙원은 "진화론적 사다리를 따라 동물적 삶의 모든 형태를 취하면서" 도달할 수 있는 모종의 '인류학적' 상태에 해당한다. 그가 말하는 "황금의 꿈"은 단순히 지상천국의 유토피아적 약속이 아니다. 그것은 영원한 유동성과 생성의 상태가 될 자유, "가장 순수하고 가장 원초적인 심층 지대"로 회귀할 수 있는 가능성에 더 가까워 보인다.

후기 에이젠슈테인 사유에서 관건이 되는 중요성을 갖는 이런 회귀의 충동은 나름의 맥락과 배경을 지닌다. 많이 알려진 것처럼, 에이젠슈테인은 창작의 황혼기에 예술 일반의 미학적 실천에 있어 중심이 되는 "근본문제"에 집요하게 천착했다. 최대한 간단히 말해 그것은 '합리적-논리적인 것과 감각적인 것 사이의 관계'라는 문제였다. 회귀의 충동, 그 자신의 용어에 따르자면 퇴행의 이념은 이 관계 가운데 후자에 해당하는 "전(前)논리적(prelogical) 또는 감각적 사고(sensual thinking)"의 차원에 직접적으로 연결된다.

에이젠슈테인이 도달한 통찰의 핵심은 개인(즉, 개체)의 발화에서 시작해 충분히 성숙한 문화(즉, 계통)의 원리에 이르기까지, 그것들 속에는 소위 말하는 "감각적 사고의 초기 형식들"이 완강하게 살아남아 여전히 작동하고 있다는 것이다. 어떻게 보면 퇴행이란 바로 이런 작동의 메커니즘을 가리키는 것으로, 그에 따르면, 예술을 포함한 창조적 활동 일반이 갖는 특별한 호소력의 바탕에는 "가장 심오한 감각적 사고의 지층들 속으로 침투하는 움직임"이 깔려 있다. 후기 에이젠슈테인에게, "초기의 사고 과정 형식들로 인위적으로 퇴행"[43]

---

43 "예술이란 심리의 영역 내에서 초기의 사고 과정 형식들로 인위적으로 퇴행

하는 이런 현상은 거의 '예술' 자체의 동의어로 간주될 만큼 지대한 의미를 지닌다.

흔히 '엑스터시'로 표현되곤 하는 '정동적 형식(affective form)'의 본질을 밝히려는 지향은 창작 초기부터 에이젠슈테인의 사유를 관통하는 일관된 특징이었다. 이 집요한 지향이 1930년대 들어 모든 장르와 매체를 아우르는 일반 양식(general mode)으로서의 '방법'을 찾고자 하는 후기의 경향과 맞물리게 되면서, 몽타주 이론을 주창했던 혁명적 영화감독은 차츰 신화학과 예술학, 인류학을 가로지르는 보편 미학 이론가로 변모하기 시작했다.

에이젠슈테인의 퇴행의 개념이 벤야민의 "집단적 소망 이미지"와 공명하는 지점을 갖고 있음은 의심의 여지가 없다. 벤야민의 "제2의 기술"과 에이젠슈테인의 "감각적 사고"는 공히 꿈과 깨움의 변증법, 다시 말해 무계급 사회의 원형들에 깃든 유토피아적 차원의 환기 작용을 동반하는바, 바로 그 점에서 인간과 자연의 (새로운) 관계를 둘러싼 문제의식을 공유한다. 이런 공통분모를 보여주는 가장 확실한 증거 가운데 하나가 바로 두 사람이 공히 기대고 있는 푸리에다. 『아케이드 프로젝트』 관련 메모에서 벤야민은 푸리에의 유토피아적 비전을 직접 미키마우스와 연결시켜 묘사한 바 있다.

> 하려는 것에 다름 아니다. 이를테면 마약, 알코올, 샤머니즘, 종교 따위의 형식들과 동일한 현상인 것이다. [······] 예술 작품의 변증법은 그것의 가장 흥미로운 '이원-일체성(dual-unity)'에 기초한다. 예술 작품의 감응력은 그 안에서 이원적 과정이 발생한다는 사실에 기초한다. 의식의 극도로 명징한 움직임을 따르는 충동적이고 진취적인 상승과, 형식의 구조에 힘입어 가장 심오한 감각적 사고의 지층들 속으로 침투하는 움직임이 동시에 발생한다." Sergei Eisenstein, 같은 책, p. 144.

푸리에의 기발한 발상을 설명하기 위해 미키마우스를 원용할 수 있을 텐데, 미키마우스에서는 푸리에의 발상에 딱 맞게 자연을 도덕적으로 동원하고 있기 때문이다. 미키마우스에게서는 유머가 정치를 검증한다. 미키마우스는, 마르크스가 푸리에 속에서 무엇보다 먼저 위대한 유머가의 모습을 본 것이 얼마나 정당한지를 확증해준다. 자연 목적론의 분쇄(cracking open of natural teleology)는 유머를 꾀함으로써 이루어진다.[44]

언뜻 미키마우스와 푸리에를 연결하는 고리가 '유머'인 것처럼 보이지만, "자연의 도덕적 동원"이나 "자연 목적론의 분쇄" 같은 구절들은 그 연결고리의 핵심에 단지 유머가 아니라 자연과 인간, 노동과 유희가 자연스러운 방식으로 뒤섞여 있는 푸리에식 유토피아의 비전이 놓여 있음을 분명하게 보여준다. 푸리에식 유토피아는 인간과 자연이 '유희적인 어울림'의 관계로 맺어지는 세계, 기술적인 것과 자연적인 것이 분리 불가능하게 뒤섞임으로써 결국 "자연 목적론"에 균열을 내게 되는 세계를 뜻한다. 그러니까 여기서 말하는 자연 목적론이란 "생물학적인 운명, 자연적인 고정불변성과 완결성에 대한 규범적인 생각"을 가리키는 것으로, 이를테면 "레모네이드로 된 바다, 보충적인 달, 인간에게 복무하는 안티-사자, 안티-곰들" 따위가 등

---

44 Walter Benjamin, The Arcade Project, Howard Eiland and Kevin McLaughlin(trans.), The Belknap Press of Harvard University Press, 1999, p. 635; 우리말 번역본은 발터 벤야민, 『아케이트 프로젝트 3: 도시의 산책자』, 조형준 옮김, 새물결, 2008, 214쪽.

장하는 푸리에의 제멋대로인 유희적 세계가 그러하듯이, 미키마우스의 세계 또한 각종 규범적 경계들을 비활성화시킴으로써 인간과 기술, 그리고 자연 사이의 색다른 관계를 발명할 필요성을 제기한다는 의미로 해석되어야만 한다. 한마디로 그것은 "기술과의 상호 침투를 통해서 재형성되고, 향상되고, 재발명된 자연"[45]을 향한 요청에 다름 아니다.

벤야민에게 푸리에는 사랑이나 죽음과 같은 제1의 자연의 문제들이 제2의 자연 속에서 새롭게 제기하는 유토피아적 요구를 대변하는 이름이기도 하다. 제1의 자연의 유토피아는 제2의 기술을 통해서 새롭게 깨어나기 마련인바, "푸리에의 저작은 이러한 요구에 대한 최초의 역사적 증거물이다." 이와 같은 벤야민의 생각은 '아이가 물건을 잡는 법을 배우면 공을 잡듯이 달을 향해서도 손을 뻗기 마련'[46]이라는 유명한 아포리즘 속에 무엇보다 잘 표현되고 있다.

그렇다면 에이젠슈테인의 경우는 어떨까? 에이젠슈테인의 텍스트 전반에서 푸리에의 이름이 벤야민의 경우처럼 빈번하게 등장하는 것은 아니지만, 그가 『디즈니』 텍스트를 작성하면서 푸리에와의 유비 관계를 의식했다는 사실만은 분명해 보인다.

III. 사춘기(Pubertät): 계급 분화로부터 자기-정의 및 사회적 이상과 결부된 계급투쟁으로서 자신의 투쟁을 인식하는 단계로.

---

45 Carlo Salzani, "Surviving Civilization with Mickey Mouse and a Laugh," p. 170.
46 발터 벤야민, 『발터 벤야민 선집 2』, 57~58쪽, 원주 8. 이 아포리즘에 담긴 심오한 의미는 본서의 3장에서 논의한다.

무계급 사회: 실제로, 계획에 따라 선행하는, 그리고 유토피아적인 것이 아니라 반복적이고 퇴행적이며 뒤를 향한 것으로서(모어, 캄파넬라, 루소, 푸리에 등등). 예컨대, 모건과 마르크스의 정식화 속에서.[47]

인류 문화의 진화를 단계별로 정식화하고 있는 이 대목에서, 푸리에는 실제로 선행했던 무계급 사회로서뿐만이 아니라 그것을 향한 반복적이고 퇴행적인 되돌림의 사례 가운데 하나로서 제시되고 있다. 이 대목에 달린 옥사나 불가코바의 역주에 따르면, 비슷한 시기에 썼던 또 다른 책 『방법』에서 에이젠슈테인은 루이스 모건(Lewis Morgan)의 책 『고대 사회(Ancient Society)』[48]를 인용하면서, "토마스 모어, 토마소 캄파넬라, 장 자크 루소, 샤를 푸리에 같은 유토피아주의자들에 관한 책을 쓸 것을 꿈꾸었다"고 적기도 했다.[49]

이처럼 퇴행의 이념을 동반하는 에이젠슈테인 후기 사유에서 흔히 엥겔스와 푸리에로 대표되는 서구 마르크스주의 유토피아와의 연결을 확인하는 것은 어렵지 않다.[50] 하지만 언제나 그렇듯이, 공통분

47　Sergei Eisenstein, *Disney*, p. 112.

48　미국의 사회이론가인 루이스 모건이 1877년 출간했다. 에이젠슈테인에 따르면, 이 책은 평등과 박애의 미래 사회를 보여주는 일종의 예형(prefiguration)으로서 선사(先史) 시대의 사회를 다루고 있다.

49　Sergei Eisenstein, *Disney*, p. 171.

50　예컨대, 퇴행의 이념을 "유토피아적 관람성"의 문제와 접목시켜 고찰한 필립 로젠에 따르면, "계급 없는 관객성의 유토피아를 만드는 것은 바로 이런 퇴행적 호소력이며," 이때의 계급 없는 유토피아란 "프레드릭 제임슨이나 에른스트 블로흐의 저작에서 발견되곤 하는 [······] 충동적인 소망이나 욕망"으로서의 유토피아주의와 다르지 않다. Philip Rosen, "Eisenstein's Marxism,

모 너머에 자리하는 특징적인 차이를 찾아내는 일은, 그런 차이를 전제로 한 또 다른 차원의 공통성을 사유할 수 있게 한다는 점에서 긴요하고 유의미하다. 반복하건대, 에이젠슈테인의 태곳적 원형질 개념은 벤야민의 자연사 개념에 비해 훨씬 더 뚜렷한 생태인류학적 뉘앙스를 띠고 있으며, 그 점에서 일반적인 원사(原史)와 차별화된다. 이 독특한 개념의 기원, 그것의 계보학적 맥락을 좀더 따져 묻고 싶어지는 이유가 거기에 있다.

능히 짐작할 수 있듯이, 원형질(플라스마) 개념의 탄생지는 멕시코였다. 이 용어는 1932년, 그러니까 에이젠슈테인이 멕시코에서 막 돌아온 해부터 그의 저작에서 중심적인 것으로 등장한다(에이젠슈테인 창작의 분기점으로 흔히 지목되는 해는 1935년이다). 1932년에 작성한 노트에서 에이젠슈테인은 원형질 개념의 '발견'을 앞으로 자신이 만들어갈 '방법'(이라는 전체 시스템)과 관련시키면서, 그것을 공공연히 멕시코와 연결짓고 있다.

> 올해의 발견 중 하나: 원형질. 이것은 생물학에서의 사회적 국면이다. 두 개의 세포로부터 사회적인 것이 출현한다. 이것은 이미 이해관계의 충돌이다! [……] 우리는 모든 걸 가지고 있다. 이제 전체 시스템을 창조할 때다. 그래야만 한다. 반드시. 멕시

Marxism's Eisenstein: Utopian Spectatorship and Aesthetic Collectivity," *Journal of Literature and Art Studies*, Vol. 7, N. 4, 2017, p. 486. 그는 이런 공통분모에 기대어 퇴행 개념을 요체로 한 후기 에이젠슈테인의 새로운 탐구가 (흔히 생각하듯이) 스탈린주의 미학에 굴복한 증거가 아니라 서구 마르크스주의와의 연결고리로 간주될 수 있음을 시사한다.

(좌) 멕시코 시절의 에이젠슈테인(1932년경).
(우) 〈멕시코 만세!〉의 한 장면.

코?!!! 나는 나 자신에게 도전한다! 도전이 수락되었다.[51]

창작의 원숙기에 이른 백인 남성이 토착 문화의 '원시적 생기'를 자기-갱신을 위한 도전("나는 나 자신에게 도전한다")으로 받아들이는 이런 상황은 — 에이젠슈테인이 양성애자였다는 이슈와는 별개로 — 다분히 인종주의적 혐의를 불러일으킬 만하다. 전혀 다른 맥락이지만 그것은 벤야민이 초현실주의를 논하면서 이야기했던 "도취를 통해 자아를 느슨하게 만드는 일," 즉 개성을 "벌레 먹은 치아처럼 느슨하게" 만들어서 "관조적 개인"이라는 "안락한 방"에서 탈출

---

51 Masha Salazkina, *In Excess: Sergei Eisenstein's Mexico*, University of Chicago, 2009, p. 125에서 재인용. 물론 멕시코에서의 이국적 경험에 개념적이고 논리적인 틀을 제공한 원천들은 따로 존재한다. 에이젠슈테인은 미국으로 떠나기 직전 유럽에서 레비-브륄(Lucien Lévy-Bruhl)의 저서 『원시적 멘탈리티(La mentalité primitive)』(1922)를 읽었다. "선사(先史)"나 "감각적 사고" 같은 용어들의 출처가 이 책이라는 점은 의심의 여지가 없다.

하는 과제를 떠올리게 한다.[52] 두 경우 모두에서 토속 문화나 집단적 신체 같은 '타자적인 것'을 향한 모종의 신비화가 개입되어 있음을 감지하기란 어렵지 않다.

그러나 벤야민의 '느슨해진 자아'가 단지 부르주아적 개체의 사적인 문제가 아니라 "집단적 신경감응(innervation)"으로 충전된 집단적이고 정치적인 이미지-신체의 창출이라는 과제를 품고 있었던 것처럼, 에이젠슈테인의 경우에도 사정은 다르지 않았다. 그는 개체의 의식과 발화에 담긴 이원일체성의 역동성이 그것의 가장 전형적인 발현체(manifestation)인 예술적 형식을 거쳐, 결국에는 엑스터시를 동반하는 집단적, 사회적 변형의 과정, 곧 혁명을 통해 완벽하게 실현될 수 있다고 생각했다. 당연히 이것은 예술가 개인의 타협적 생존전략이나 방법적 후퇴 따위로 환원될 수 없는, 훨씬 더 근본적인 유토피아적 지향을 나타낸다고 보아야 할 것이다. 다만 그 지향이 '유토피아가 이미 구현되었다'고 공식 선언된 땅에서, 하필이면 그 선언의 가장 캄캄한 국면이 펼쳐지던 시기(1930년대 중후반)에 나타났다는 사실은, 별도로 깊게 곱씹어봐야 할 문제다.

이전과 이후: 태고와 미래

지금껏 살펴보았듯이, 디즈니와 미키마우스를 둘러싼 에이젠슈테인과 벤야민의 사유는 주목할 만한 공통점과 흥미로운 차이점을

---

52 발터 벤야민, 「초현실주의」, 『발터 벤야민 선집 5』, 146쪽.

동시에 보여준다. 공히 '황금 시대'와 '유토피아'의 차원을 겨냥하고 있는 두 사람의 시선은, 과거와 미래의 마주침의 변증법을 경유하면서 인간과 자연 간의 새로운 관계 가능성으로 수렴된다. 반면 간과할 수 없는 차이점도 존재하는데, 가령 벤야민이 미키마우스 형상에서 현존하는 세계를 파괴하면서 도래(시켜야)할 미래, 이를테면 예측 가능성의 한계를 뛰어넘는 포스트휴먼적인 예형을 보았다면, 가소성과 무한 변신을 특징으로 하는 디즈니의 세계 속에서 에이젠슈테인은 발전의 단계마다 반복적으로 퇴행하는 모종의 원초적 사태, 말하자면 태곳적 원형질로 대변되는 존재의 본연적인 전(前)인간적 상태를 보았다. 미래를 가리키는 전자의 사유가 정신분석학과 뇌신경학에 의해 추동되었다면, 과거를 향한 후자의 사유는 고고학과 민족지학에 뿌리를 두고 있다. 마지막으로, 이 모든 차이들의 배후에는 두 사람이 마주해야만 했던 각자의 고유한 정치적 조건들이 도사리고 있을 것이다.

그렇다면 두 사람의 사유는 각각 '이전(pre)'과 '이후(post)'를 향해 서로 반대편으로 나아갔다고 보아야 할까? 반드시 그런 것만은 아니다. 어쩌면 가장 흥미로운 순간은 두 사람의 사유가 결정적인 지점에서 교차하는 두 개의 광맥처럼 드러날 때다. 가령, 젠더적 정체성의 문제는 이에 해당하는 지점 중 하나일 것이다. 유기체와 기계, 살아 있는 것과 죽은 것, 아이와 어른을 구분하는 경계를 흐려놓는 미키마우스의 몸은, 애초부터 남성적인 것과 여성적인 것 사이의 모호함을 특징적으로 보여주었다. 미리엄 한센(Mariam Hansen)이 지적했듯이, 벤야민은 미키마우스를 지칭할 때 외양의 남성적 특징들에도 불구하고 여성대명사를 사용했다(독일어 단어 쥐[Maus]는 여성명사다). 또한 최초의 토키 버전에서 월트 디즈니 본인이 직접 연기한 미키마우스의 팔세토 목소리가 이런 젠더적 불명확성(양가성)에 한몫을 했다는 사실 역시 잘 알려져 있다.[53]

한편, 에이젠슈테인이 말하는 미분화된 원형질 상태에서 젠더는 정확하게 전(pre)-젠더인 동시에 포스트(post)-젠더로서 존재한다. 그 세계에서 "성적, 젠더적 정체성이란 단지 가장(disguise)과 의장(clothing)의 문제에 불과한바, 그 모든 것은 변화될 수 있고 교환 가능한, 그러니까 정확하게 그가 1933년에 '태곳적 물질의 원형질성(plasmaticity)'이라고 불렀던 것의 발현으로서 행동한다."[54] 특정한 외양을 취하기는 하지만 인간적 젠더 분화 이전의 원형적 물질을 연상시키는 디즈니의 미분화된 플라스마적 세계는 "인간을 중심으로 구성된 피조물의 위계질서를 폭파"시키는 미키마우스의 포스트 세계에 가깝게 접근한다. '원시'와 '미래'가 의외의 교차점에서 합류하면서, 현행하는 상태와 조건들(인간 중심의 공고한 젠더 분류 체계)을 의문에 부치는 유사한 역할을 수행하게 되는 것이다.

1930년대 말에 이르면 예술가와 지식인 사이에서 디즈니의 명성은 결정적으로 몰락한다. 초창기 디즈니 미학에 깃든 아방가르드적인 측면, 기존의 고착된 범주와 경계를 뒤흔드는 과잉의 환상성은 공공연히 폐기(혹은 포기)되었고, 아도르노가 말한 "순진한 리얼리

---

53 Carlo Salzani, "Surviving Civilization with Mickey Mouse and a Laugh," p. 165.
54 Masha Salazkina, In Excess: Sergei Eisenstein's Mexico, pp. 127~28. 에이젠슈테인에 따르면, 양성애는 이런 미분화된 상태의 자취다. 그것의 흔적은 전근대 문화적 의례들과 개인의 의식 속에서도 찾아볼 수 있다.

즘" 쪽으로 퇴행했다. 1937년에 개봉한 최초의 장편 애니메이션 〈백설 공주(Snow White and Seven Dwarfs)〉는 이런 전환을 공표한 선언과도 같았다. 벤야민이 세상에 없던 1940년대에, 여전히 디즈니 미학에 긍정적 평가를 내렸던 사람은 어쩌면 에이젠슈테인이 유일했다.

이런 예외성을 정보의 '시차(時差)'에 따른 에이젠슈테인의 무지 탓으로 돌리기보다는, 같은 대상을 바라보는 특별한 '시차(視差, parallax)'의 문제로 생각해보고 싶어지는 이유가 있다. 『디즈니』 텍스트에서 처음부터 끝까지 집요하고 줄기차게 환기되는 '자유'라는 주제는, 이 글을 쓰던 당시 에이젠슈테인이 처해 있던 상황을 떠올리지 않을 수 없게 만든다. 사실상 명령이나 다름없는 요청에 꼼짝없이 사로잡혀 있던 시간, 심지어 무소불위의 독재자(이반 뇌제)마저도 그 속에서 자유로울 수 없었던 시절들에 관한 영화를 찍고 있던 그에게, 어쩌면 디즈니에 대한 글쓰기는 유일하게 허락된 자유의 공간이었을지도 모른다.

이 특별한 자유의 열망은 글쓰기의 형식과 스타일에 고스란히 반영되어 있다. '연상적 몽타주'의 원칙에 따라 작성된 이 텍스트의 모든 언어들은 흡사 "태곳적 비-통사론적 상태"에 처해 있는 듯하다. 『디즈니』 텍스트를 새롭게 편집해 번역 출간한 불가코바에 따르면, "동사들이 생략되어 문장들은 삽입구, 대시, 하이픈들로 동강이 나 있다. [······] 그는 이를 '대상 언어'로, 명사들의 장식적인 시퀀스로 받아들였고, 이는 '순수한 리듬적 즐거움'을 부여했다."[55] 러시아어, 영어, 독일어, 프랑스어가 한 문장에 등장하고, 잡지에서 오려낸

---

55 Sergei Eisenstein, *Disney*, p. 141.

기사와 삽화, 빽빽한 여백의 메모와 직접 그려 넣은 그림들이 공존하는 이 전례 없는 텍스트는, 당연하게도, 벤야민의 미완성 작품 『아케이드 프로젝트』를 떠올리게 한다. 이런 특이한 몽타주로 글을 쓸 수밖에 없었던 벤야민의 시간과 에이젠슈테인의 시간, 그 두 개의 '끝의 시간'을 비교하는 또 다른 흥미로운 작업은 별도의 자리를 기약해야 할 것이다.

3장.
채플린 커넥션
: 소비에트의 그림자와 다른 세계로부터의 신호

이 장에서는 벤야민과 에이젠슈테인의 집중적인 관심을 끌었던 또 한 명의 인물, 찰리 채플린이라는 교차점을 다룬다. 채플린은 20세기 초중반을 대표하는 대중문화의 아이콘이었을 뿐만 아니라 특유의 연기술과 연출 기법을 통해 유럽 아방가르드 및 소비에트 초기 영화 미학에 커다란 영감을 제공했다. 벤야민과 에이젠슈테인 역시 예외가 아니어서, 두 사람 모두에게서 (개인적 인연을 포함하여) 채플린과의 중대한 연결고리를 찾아볼 수 있다.

한편, 이런 연결고리들은 두 사람 각기 따로보다는 비교학적 조망 속에서 나란히 고찰될 때 미처 생각하지 못했던 지형과 윤곽을 드러낼 수 있다. 상호 조명을 통한 이런 겹쳐 읽기가 해당 토픽을 둘러싼 역사·문화적 함의의 두께를 증명하는 가운데 예술과 기술, 철학과 이념이 긴밀하게 몸을 섞으며 다채로운 성좌를 형성해갈 수 있었던 20세기 초반 지성사의 사례를 통해, 동시대 기술 문명의 현황에 유용한 시사점을 제공할 수 있게 되기를 기대한다.

'채플린 컬트'와 소비에트 아방가르드

채플린을 직접 다룬 벤야민의 글은 1929년에 쓴 두 편의 짧은 에세이 「채플린」과 「채플린을 회고하며」가 전부다. 둘 중 후자만이 생전에 출판되었는데, 당시 독일에서 개봉했던 채플린의 영화 〈서커스〉가 남긴 깊은 인상이 녹아 있다. 1929년은 라치스가 소개해준 브레히트와의 교제가 시작된 해로, 그해 이 영화는 두 사람의 주요한 토론거리 중 하나였다.[1] 이 밖에도 채플린의 이름은 벤야민의 글 여기저기에서 산발적으로 발견되는데, 미키마우스의 경우가 그랬듯이 그 이름은 단순한 고유명사라기보다는 1930년대 내내 벤야민을 사로잡았던 중대한 문제의식을 집약하는 상징의 역할을 했다. 가령, 「기술복제시대의 예술작품」 2판 16절에서 벤야민은 이른바 "집단적 웃음"의 맥락에서 미국의 슬랩스틱 코미디나 디즈니의 영화들이 "무의식

---

1 "5월에 아샤 라치스가 벤야민을 브레히트에게 소개하면서 두 사람의 관계는 완전히 다른 양상으로 발전했다. 라치스와 함께 동물원 근처 브레히트의 아파트에서 만난 두 사람은 프티부르주아 계급을 히틀러가 먼저 차지하기 전에 좌파 편으로 끌어들이는 것이 얼마나 중요한지에 관해, 그리고 1929년 초 베를린에서 개봉해 벤야민에게 '영화예술의 첫번째 성숙한 작품'으로 깊은 인상을 남긴 찰리 채플린의 교훈적인 사례에 관해 오랫동안 토론을 벌었다. 브레히트는 벤야민의 라디오 활동을 격려하고, 이후 벤야민이 『아케이드 프로젝트』에서 광범위하게 인용하게 될 철학자 카를 코르쉬(Karl Korsch) 같은 동료 마르크스주의자들에게 그를 소개했다." Walter Benjamin, "Chronology, 1927-1934," *Walter Benjamin: Selected Writings, Volume 2: Part 1 1927~1930*, Roodney Livingstone and Others(trans.), Michael W. Jennings, Howard Eiland, and Gary Smith(eds.), The Belknap Press of Harvard University, 2005, p. 833.

의 세계를 심리치료적 의미에서 폭파하는 효과를 가져온다"고 지적하면서 채플린을 언급한다.

이러한 영화들의 전신은 괴짜(Excentrik)들이었다. 괴짜들은 영화를 통해 생겨난 새로운 유희공간(Spielraum)을 최초로 이용한 인물들이었고 나중에 입주할 주인들에게 자리를 내주기 전에 임시로 그 공간에 거주했던 세입자들이었다. 이런 연관에서 채플린은 역사적 인물로서 자신의 위치를 차지하고 있다.[2]

여기서 "괴짜들"의 계보에 놓인 채플린은 영화, 대중, 유희가 만들어내는 특별한 삼각 구도 속에 자리하는 "역사적 인물"로서 등장한다. 채플린 캐릭터의 이런 '유희적' 특성에 관해서는 이후 상세히 살펴보게 될 것이다. 그런데 우리의 관점에서 논의를 시작하기에 보다 적절한 벤야민의 텍스트는 따로 있다. 「「기술복제시대의 예술작품」 관련 노트들」이라는 제목으로 묶인 단편들 가운데 "영화의 변증법적 구조"를 설명하는 대목으로, 다소 길지만 전문을 인용할 가치가 있다.

---

[2]   발터 벤야민, 「기술복제시대의 예술작품(2판)」, 『발터 벤야민 선집 2: 기술복제시대의 예술작품 | 사진의 작은 역사 외』, 최성만 옮김, 도서출판 길, 2007, 85~86쪽. 영화가 대중에 미치는 특별한 영향력(즉, 대중적 정신이상에 대한 정신적 예방접종의 역할)을 다루는 이 대목은 제1의 기술과 제2의 기술, 집단의 신경감응, 계급투쟁과 파시즘을 논하는 몇몇 부분들과 함께, 독일어로 발표한 최종판인 1939년 3판에서 모두 삭제되었다.

영화의 변증법적 구조는 그 기술적 측면에서 보자면 불연속적 영상들이 연속적 순서에 따라 교체된다는 공식으로 표현된다. 영화 이론은 이 공식의 두 측면에 모두 합당해야 할 것이다. 우선 연속성을 두고 보자면 생산과정에서 결정적인 역할을 하는 흘러가는 띠[컨베이어벨트]가 소비의 과정에서는 어찌 보면 필름 띠[필름 롤]를 통해 대변된다는 점을 간과할 수 없다. 그 두 가지는 거의 동시에 등장했을 것이다. [······] 그러나 다른 요소, 즉 불연속성의 요소는 사정이 똑같지 않다. 우리는 그것의 의미에 관해 아주 중요한 시사점을 하나 갖고 있다. 그 시사점이란 바로 채플린의 영화가 모든 영화들 가운데 지금껏 가장 큰 성공을 거두었다는 점이다. 그 이유는 지극히 명백하다. 채플린의 제스처(Gestus)는 본래 연극적 제스처가 아니다. 그의 제스처는 무대 위에서는 맞지 않았을 것이다. 채플린의 제스처가 갖는 독특한 의미는 바로 그가 사람을 그의 제스처에 따라—즉 그의 신체적인 태도와 정신적인 태도에 따라—영화에 조립해 넣는다는 점에 있다. 채플린의 제스처에서 새로운 점은 이것이다. 즉 그는 인간의 표현 동작을 일련의 작은 신경감응(Innervation)들로 쪼갠다. 그가 보여주는 일련의 각각의 동작은 잘게 부순 동작 파편들로 이루어진다. 사람들이 그가 걷는 모습을 보든, 아니면 그가 지팡이를 다루거나 모자를 벗었다 쓰는 방식을 보든, 그것은 항상 동일한 지극히 미세한 충격적 동작들의 연쇄이다. 이 연쇄가 바로 영화의 영상들이 이어지는 법칙을 인간 운동학 법칙으로 고양시킨다.[3]

위 인용문에는 벤야민이 앞으로 전개해나갈 고찰의 핵심이 되는 세 개의 키워드가 등장한다. 첫번째로 '컨베이어벨트.'[4] 영화 이론이 다루어야 할 공식의 한쪽 측면인 "연속적(continuous)" 시퀀스와 관련해 벤야민은 생산과정과 소비과정을 각각 (공장의) "컨베이어벨트"와 (영화의) "필름 롤"에 대응시킨다. 그 두 가지, 그러니까 자동화된 산업생산 구조와 영화는 "거의 동시에 등장"했기에, "그중 하나의 사회적 의미는 다른 하나의 사회적 의미 없이는 완전히 이해될 수 없다"는 것이다.

두번째로 영화의 "불연속적(discontinuous)" 이미지와 관련해 벤야민은 채플린식의 특별한 비연극적 '제스처'를 거론하면서, 그것이 인간의 표현적 동작을 일련의 작은 "신경감응"으로 쪼갠다고 설명한다. 다시 말해 채플린이 보여주는 각각의 동작은 "잘게 부순 동작 파편들," 이를테면 "지극히 미세한 충격적(ruckatige) 동작들"[5]의 연쇄

---

3   발터 벤야민, 「「기술복제시대의 예술작품」 관련 노트들」, 같은 책, 209~10쪽 (번역 일부 수정).
4   우리말 번역본에서 "흘러가는 띠"로 번역한 컨베이어벨트를 영역본에서는 "어셈블리 라인(assembly line)"으로 옮겼다. Walter Benjamin, "The Formula in Which the Dialectical structure of Film Finds Expression," *Walter Benjamin: Selected Writings, Volume 3: 1935~1938*, Roodney Livingstone and Others(trans.), Michael W. Jennings, Howard Eiland, and Gary Smith(eds.), The Belknap Press of Harvard University, 2005, p. 94.
5   '갑작스러운(abrupt)'에 가까운 의미를 갖는 독일어 "ruckartig"를 영역본에서는 "jerky"라고 옮겼는데, 이는 벤야민도 설명하고 있듯이, 걸을 때 혹은 지팡이와 모자를 다룰 때 채플린 캐릭터가 보여주는 특유의 '끊어지듯 움직이는' 분절적 동작을 가리킨다. 마치 구체 인형처럼 '덜컥거리는' 몸짓이라고도 불리는 이 동작은 채플린 연기술의 트레이드마크가 되었다.

에 해당한다는 것이다. 이런 기이하고 인위적인 제스처가 영화의 편집 방식 자체에 대응된다는 사실은 쉽게 짐작할 수 있다("사람을 그의 제스처에 따라 영화에 조립해 넣는다"는 의미가 이것이다). 마지막으로 이런 특별한 동작들의 연쇄, 혹은 바로 그와 같은 방식으로 이어지는 영화 영상 시퀀스의 최종적 함의를 집약하는 개념으로 등장하는 것이 '인간 운동학의 법칙'[6]이다.

컨베이어벨트, 신경감응, 그리고 (인간) 운동학. 이 세 개의 키워드가 벤야민의 텍스트에 등장하게 된 연유는 다각도의 병치와 연결을 통해 치밀하게 재구축될 필요가 있다. 그러나 이미 이 단계에서 우리는 다음과 같이 말해볼 수 있다. 우선 스크린 위에서 펼쳐지는 채플린의 독특한 동작 방식(제스처)에 주목하는 벤야민의 관심은 결코 영화(매체)에 국한되지 않는다. 그에게 영화의 문제는 그것의 안쪽과 바깥쪽에 공히 관계하는바, 영화는 자신의 동시대적 산물인 기계식 생산구조(컨베이어벨트)와 연결될 뿐만 아니라 그것이 재현하는 인간 자체, 곧 인간의 내적 생체구조(신경감응)와도 필연적으로 연결되어 있다. 한편, 여기서 산업과 영화, 그리고 인간을 관통하는 공통의 기제는 '모토,' 즉 (자동화된) 움직임이다. 조금 더 간명하게 바꿔 말해보자면, 영화를 뉴미디어로 지칭할 때 그 새로움은 필히 산업적 변혁을 그 배경에 깔고 있기 마련이며, 그것은 다시 주체

6 영역본에서는 "운동학의 법칙(der menschlichen Motorik)"을 "인간의 운동(신경)적 기능(human motorial functions)"으로 옮겼다. 독일어와 영어에서 공통 어근은 (기계적) 움직임을 가리키는 단어 "motor"다. 또한 국역본에서 "채플린의 제스처"로 옮긴 "Chaplins Gestus"를 영역본에서는 "채플린의 움직이는 방식(Chaplin's way of moving)"으로 풀어 번역했다.

이자 대상으로서의 인간 자신의 변형을 수반하지 않을 수 없다. 요컨대, 매체론은 정치경제학을 우회할 수 없고 그와 동시에 새로운 인간(인류)학으로 귀결되지 않을 수 없다.

이런 정식화가 그 자체로 별반 새롭지 않은 것처럼 보일 수도 있다. 벤야민 스스로 '영화적 수용의 리듬'과 '컨베이어벨트 생산의 리듬' 간의 불가분의 상관관계[7]를 지적한바 있거니와 "어셈블리라인 기술에 대한 미메시스적 신경감응, 즉 인지적이고 신체적인 파편화(fragmentation) 경험을 제스처(gestic)로 표현"하는 문제는 벤야민이나 크라카우어를 위시한 당대 바이마르 (좌파)지식인 그룹의 공통 관심사였다.[8]

하지만 앞선 두 개의 키워드가 '모토'로까지 연결되는 이 라인에

---

[7] "이처럼 기술은 인간의 지각기관이 복합적 성격을 띤 어떤 훈련을 받도록 강요한다. 어떤 새롭고 절박한 자극을 원하는 욕구에 부응하여 드디어 영화라는 것이 등장하였다. 영화에 이르러서는 충격의 형식을 띤 지각이 일종의 형식적 원리가 되었다. 컨베이어벨트에서 생산의 리듬을 결정짓고 있는 것이 영화에서는 수용의 리듬을 결정하는 기초가 되고 있다." 발터 벤야민, 「보들레르의 몇 가지 모티프에 관하여」, 『발터 벤야민의 문예이론』, 반성완 편역, 민음사, 1983, 143쪽.

[8] "크라카우어는 슬랩스틱 영화를 찬미하는 수많은 유럽 아방가르드 예술가 및 지식인(다다이스트, 초현실주의자 등) 중 한 명에 불과했던바, 채플린이 이 장르를 특별히 변형시키면서 그 수가 증가했다. 벤야민 역시 슬랩스틱 코미디에 급진적인 사회적, 정치적 의미를 부여했는데 [……] 그가 채플린을 모범적인 인물로 여긴 이유는 다음과 같다. 채플린은 어셈블리라인 기술에 대한 미메시스적인 신경감응, 즉 인지적이고 신체적인 파편화 경험을 제스처로 표현했다." Miriam Hansen, *Cinema and Experience: Siegfried Kracauer, Walter Benjamin, and Theodor W. Adorno*, University of California Press, 2011, p. 47.

는 상대적으로 주목받지 못한, 어떤 점에서 상당 부분 억압되었다고 까지 볼 수 있는 특정한 지적 원천이 개입되어 있다는 점 또한 간과 할 수 없다. 가령, 이 라인에 대한 검토는 「「역사의 개념에 대하여」 관련 노트들」(1940)을 통해 잘 알려진 벤야민의 유명한 정의, '역사의 비상 브레이크로서의 혁명'에 비해 훨씬 덜 알려진 또 다른 혁명의 정의에 담긴 심오한 함의를 추적해가는 과정과 다르지 않을 것이다.[9] 「기술복제시대의 예술작품」 2판 주석에 나오는, "혁명은 집단의 신경감응, 더 정확히 말해서 역사적으로 일회적인 새로운 집단의 신경감응 시도"[10]라는 명제가 그것이다. 그리고 이런 추적의 과정은 벤야민 사상과 관련된 서구 마르크스주의의 전형적인 접근법, 이를테면 마르크스와 프로이트를 결합시키는 익숙한 공식에서 비껴나 있는 다른 종류의 지적 계보(편의상 이를 '소비에트 생체심리학' 라인이라 부르기로 하자)에 관한 면밀한 검토를 반드시 요청한다.

9 발터 벤야민, 「「역사의 개념에 대하여」 관련 노트들」, 『발터 벤야민 선집 5: 역사의 개념에 대하여 | 폭력비판을 위하여 | 초현실주의 외』, 최성만 옮김, 2008, 356쪽. 우리말 번역본의 해당 부분은 다음과 같다. "마르크스는 혁명이 세계사의 기관차라고 말했다. [……] 아마 혁명은 이 기차를 타고 여행하는 사람들이 잡아당기는 비상 브레이크일 것이다."
10 발터 벤야민, 「기술복제시대의 예술작품(2판)」, 『발터 벤야민 선집 2』, 57쪽. 벤야민에게 있어 신경감응은 "내부와 외부, 심리적인 것과 자동적인 것, 인간과 기계의 레지스터들 사이에서 그것들을 매개하는 신경생리학적 과정"(Miriam Hansen, *Cinema and Experience*, p. 133)을 폭넓게 가리키는 용어로서, '집단적 신체'를 둘러싼 「초현실주의」의 문제의식과 「기술복제시대의 예술작품(2판)」에 등장하는 '혁명적 방전(revolutionary discharge)' 개념을 관통하면서 1930년대 벤야민의 사유에 중추적인 역할을 했다. 이 개념에 관해서는 뒤에서 다시 논할 것이다.

이는 별도의 지면이 필요한 중대한 토픽이기에 여기서 본격적으로 다룰 수 없다.¹¹ 하지만 분명히 말할 수 있는 것은 이 글의 토픽인 '채플린'이 저 숨겨진 계보를 향한 벤야민의 지향과 공명하는 바가 있으며, 어떤 면에서 그것을 드러내는 효과적인 표상에 해당한다는 사실이다. 여기서는 이를 뒷받침하는 몇 가지 근거 가운데 눈에 띄는 한 가지를 우선 다뤄보고자 한다. 채플린은 어쩌면 그 자신도 통제할 수 없었던 여러 분신적 형상들, 곧 그림자들을 가졌던바, 그 가운데 '소비에트의 그림자'는 특정 시기에 실존하면서 강력한 문화정치적 기능을 수행했던 역사적 실체였다. 쉽게 예측할 수 있듯이, 그 분신/그림자는 원본을 제멋대로 왜곡시킨 파생물에 불과할 공산이 크지만, 요점은 원본과의 일치 여부가 아니라 그것이 실제로 행사할 수 있었던 영향력에 놓여 있다. 채플린의 형상을 둘러싼 벤야민의 사유를 재구축하고자 하는 우리는 이 그림자에 대한 검토를 우회할 수 없다.

소비에트의 채플린 신드롬 현상에 일찍부터 주목했던 유리 치비얀에 따르면, 실제 채플린의 영화가 소비에트에 당도하기도 전에 이미 (프랑스와 독일을 거친) 채플린 '컬트'가 도착해 있었다. 1922년에 발간된 다국어 잡지 『사물』에 페르낭 레제(Fernand Léger)가 그린 드로잉 시리즈 "큐비스트-채플린"¹²이 게재되었고, 같은 해 구축주

11 필자 또한 수년 전부터 이 주제에 관심을 갖고 연구를 진행해오고 있는데, 여기서는 이와 맥을 같이하는 최근 연구 한 편을 소개하고자 한다. Matthew Charles, "Secret Signals from Another World: Walter Benjamin's Concept of Innervation," *New German Critique*, Volume 45, Number 3(135), Duke University Press, 2018, pp. 39~72.
12 최근 잡지 『사물(Veshch)』의 우리말 번역본이 나왔지만, 아쉽게도 해당 페이지의 드로잉 화보는 누락되었다. 김민수·서정일, 『사물의 혁명』,

의자 알렉세이 간(Aleksei Gan)이 편집한 영화잡지 『키노-포트(Kino-fot)』는 채플린 특집을 마련했다.

잡지 『사물』과 페르낭 레제의 채플린 드로잉.

알렉세이 간이 편집한 영화잡지 『키노-포트』의 채플린 특집호.

차지원·황기은 옮김, 그린비, 2023, 303쪽. 레제의 〈기계적 발레(Ballet Mécanique)〉(1924)를 채플린 동작의 특별함과 관련시켜 언급한 국내 연구로 심효원, 「채플린 동작의 불규칙성: 20세기 포스트휴먼의 한 가지 경우」, 『비교문학』, Vol. 76, 한국비교문학회, 2018, 121~51쪽 참조.

치비얀은 이 특집호에 게재된 바르바라 스테파노바(Varvara Stepa-nova)의 그림들에 주목한다. 특유의 아이콘인 모자와 지팡이를 통해 식별되는 이 그림들 가운데 특히 관심을 끄는 것은 〈프로펠러에 매달린 인간〉이다. 치비얀에 따르면, 스테파노바는 심지어 이 그림을 채플린의 영화를 직접 관람하기도 전에 그렸는데, 그건 이 형상을 통해 전달하고자 하는 의미가 그만큼 명백했기 때문이다. "당신이 구축하는 유일한 사물은 기계들이다. 기계, 즉 회전하는 사물들을 향한 사랑이야말로 양심적인 구축주의자가 응당 맹세를 바쳐야 할 대상이다. 인류의 미래는 기계와의 결합과 융합에 달려 있다."[13]

바르바라 스테파노바가 그린 〈프로펠러에 매달린 인간〉과
화보를 위한 예비 스케치(1922년).

『키노-포트』에 실린 알렉산드르 로드첸코의 에세이는 소비에트 아방가르드가 채플린을 전유한 방식을 더욱 명시적으로 드러낸다.

13 Yuri Tsivian, "Charlie Chaplin and His Shadows: On Laws of Fortuity in

스테파노바의 남편이자 구축주의 예술가였던 로드첸코는 에디슨과 레닌, 그리고 채플린으로 이루어진 삼위일체론을 주장한다. 그에 따르면, 에디슨이 '전기'를 알았고, 레닌이 더 나은 '사회'의 건설 방식을 알았다면, 채플린은 '완벽한 신체(physique)의 비밀'을 통달한 자였다.[14] "우리에게 채플린이 필요한 이유는 그가 우리에게 일상적 제스처의 아름다움을 가르치기 때문이다. 걷기의 예술, 손을 어떻게 흔들

> Art," *Critical Inquiry*, Volume 40, Number 3, The University of Chicago Press, 2014, p. 79. 예비 스케치를 보면 프로펠러와 완전히 하나가 되는, 즉 프로펠러 위의 인간이 사실상 기계로 변하는 모습을 확인할 수 있다. "이것이 진실의 순간, 프로펠러 위의 인간이 물리적으로 기계로 변하는 순간이다. 지금그는 아직 인간처럼 보이지만, 이미 프로펠러다." 같은 책, p. 80. 구축주의자들이 무엇보다도 사랑했던 기계는 비행기였다. 가벼운 구조로 된 덮개가 없는 초창기 복엽기는 완벽한 예술작품의 이미지로 여겨졌다. 두 장의 비행기 사진이 포함되어 있는 구축주의 선언문 「그럼에도 불구하고 세상은 돌아간다」에서 일리야 예렌부르크는 이렇게 적었다. "우리의 임무는 날 수 있는 예술품을 만드는 것입니다." 여기서 당연히 떠올릴 수 있는 것은 블라디미르 타틀린의 유명한 '나는(flying)' 예술작품, 〈레타틀린(Letatlin)〉이다. 이에 관해서는 스베틀라나 보임, 『오프모던의 건축』, 김수환 옮김, 문학과지성사, 2023, 164~66쪽 참조.
>
> 14 여기서 '전기(electricity)'의 개념은 기술적 하부구조 이상의 의미를 갖는다. 레닌은 "공산주의란 권력 더하기 국가 전체의 전기화"라는 유명한 말을 남긴 바 있으며, 아방가르드 생산주의 미학의 대표자 중 한 명인 보리스 아르바토프는 혁명 이후 새로운 세계를 특징짓는 예술의 작동 모드를 가리켜 '전기화(electrification)'라는 용어를 사용했다. Alexei Penzin, "Afterword: The 'Electrification of Art'—Boris Arvatov's Programme for Communist Life," Boris Arvatov, *Art and Production*, Shushan Avagyan(trans.), London: Pluto Press, 2017, p. 133. 전기 개념을 둘러싼 보다 심오한 함의들에 관해서는 김수환, 「보리스 아르바토프 재방문: 히토 슈타이얼과 순환주의(circulationism)의 재발명」, 『히토 슈타이얼: 데이터의 바다』, 국립현대미술관, 2022, 401~30쪽 참조.

```
Это сегодня — художник и актер
Чарли Чаплин — мастер деталей.
МАСТЕР МАСС —
   Ленин     и    Эдиссон
  коммунизм  и    техника.
ЗАЧЕМ ОН НУЖЕН —
```

```
이것이 오늘이다 — 예술가와 배우
찰리 채플린 — 디테일의 장인
대중을 위한 장인 —
  레닌      과    에디슨
  코뮤니즘   과    기술
그가 우리에게 필요한 이유 —
```

로드첸코의 삼위일체론.

어야 하는지, 모자를 어떻게 써야 하는지."¹⁵ 로드첸코는 이 삼위일체론을 표어로 디자인하기도 했다.

채플린이 레닌으로 '번역'되는 이 파생본에서 채플린은 전 세계의 극장이라는 "거대한 교실"에서 수백만 인민에게 "새로운 가소성(plasticity)," 즉 형태의 변이 가능성을 가르치는 전문가가 된다. 로드첸코에 이은 니콜라이 포레거의 글이 '채플린-학자'의 가르침을 '학파'로 확장시킨다면,¹⁶ 뒤이은 레프 쿨레쇼프의 에세이는 '쿨레쇼프

15 Aleksandr Rodchenko, "Charlot," *Kino-Fot*, Issue 3, 1922, p. 6; Yuri Tsivian, "Charlie Chaplin and His Shadows," p. 81에서 재인용.

16 "채플린은 학자다. 그는 새로운 테크닉을 발명하고, 캐논을 창조하고, 학파(school)를 개시한다. 채플린이 새로운 공식을 제공하면 학파가 그것을 발전시키고 대중화한다. 미국 코미디 영화는 채플린의 배지 아래 존재한다." 포레

효과'로 잘 알려진 영화감독의 관심이 겨냥하는 지점에 채플린을 끌어온다.

> 채플린처럼 자기 몸을 잘 다루는 사람은 별로 없다. 채플린은 자기 몸의 메커니즘을 연구하고, 그것을 하나의 메커니즘으로 취급했다. 이런 식으로 몸을 대할 줄 아는 배우는 내가 가르치고 있는 국립영화예술학교 실험 워크숍의 젊은이들뿐이다. 우리는 정확한 계산과 과학적 실험을 바탕으로 인간 신체를 연구한다. 그리고 찰리 채플린은 우리의 첫번째 스승이다.[17]

"정확한 계산과 과학적 실험을 바탕으로 인간 신체를 연구." 지난 세기 소비에트의 혁명적 예술 이론에 얼마간 익숙한 사람이라면, 쿨레쇼프의 이 구절을 읽고 그것 너머에 놓인 심오한 맥락을 차례로 떠올리지 않을 수 없을 것이다. '생체역학(biomechanics)'으로 유명한 혁명적 아방가르드 연극 연출의 대부 프셰볼로트 메이예르홀트, 소비에트식 테일러주의 이상의 급진적 대표자 알렉세이 가스테프(Aleksei Gastev), 그리고 그의 주도로 1920년에 설립된 '중앙노동연구

거에 따르면, 제자(즉, 학파)는 어떤 점에서 스승(즉, 학자)을 능가할 수 있는데, "왜냐하면 그들은 스크린 위의 채플린을 연구하기 때문이다. 말하자면 그들에겐 두 명의 선생이 있다고 할 수 있는데, 하나가 채플린이라면 다른 하나는 영화 자체다." Nikolai Foregger, "Charlottenburgers and Chaplinism," *Kino-fot*, Issue 3, p. 4; Yuri Tsivian, "Charlie Chaplin and His Shadows," pp. 81~82에서 재인용.

17 Lev Kuleshov, "Esli teper... [If now...]," *Kino-for*, Issue 3, p. 5; Yuri Tsivian, "Charlie Chaplin and His Shadows," p. 82에서 재인용.

소(CIT),' 마지막으로 이 모든 것의 배후에 자리했던 '소비에트 아메리카니즘'까지. 혹은 여기서 더 나아가 1926년 벤야민의 모스크바 방문과, 1930년대 그의 사유에 (미묘하지만 강렬한 형태로) 남아 있는 소비에트의 흔적에도 관심을 기울일 법하다.

이미 다른 자리에서 상세히 다룬 바 있는 이 내용들을 이 글에서 다시 반복하지는 않을 것이다.[18] 다만 한 가지 사실을 재차 강조해두고자 한다. 앞서 지적했듯이, 채플린이라는 상징이 갖는 의미는 결코 영화라는 매체에 국한될 수 없다는 점이다. 채플린이라는 독특한 영화(배우)의 출현이 갖는 의미는 그가 대변하는 새로운 세계, 그리고 그 세계 속에서 살아가게 될 새로운 인간(종)을 향해 있다. 그런 의미에서 채플린의 형상은 변화된 세계를 반영하는 표상일 뿐만 아니라 바야흐로 도래해야 할 세계를 가리키는 예형이기도 했다. 채플린의 '소비에트 그림자'가 분명하게 보여주고 있는 것이 바로 이 후자의 측면인바, 이를 읽어낼 수 있는지의 여부에 따라 벤야민의 채플린은 사뭇 다른 모습으로 다가올 수 있다.

벤야민의 채플린 형상을 '소비에트의 그림자' 버전을 포함한 모더니즘적이고 아방가르드적인 기계주의와 연결시키는 접근은 나름의 근거에 기초해 기존 연구의 한 축을 형성해왔다.[19] 그런데 글의 서

18 김수환, 『혁명의 넝마주이: 벤야민의 『모스크바 일기』와 소비에트 아방가르드』, 문학과지성사, 2022.
19 2016년에 출간된 오언 해더리의 『채플린 기계: 슬랩스틱, 포디즘 그리고 공산주의 아방가르드』는 기존 연구의 이런 흐름과 경향을 집약해 대중적 버전으로 풀어 쓴 책이다. Owen Hatherley, *The Chaplin Machine: Slapstick, Fordism and the Communist Avant-Garde*, London: Pluto Press, 2016. 작가이자 저널리스트답게 채플린 컬트를 비롯한 '소비에트 아메리카니즘'의 이

두에서 언급했듯이, 이 토픽은 또 하나의 축을 갖는다. 채플린 형상의 희극성의 문제, 즉 '웃음'의 정치적 기능과 위상을 둘러싼 논의가 그것이다.

잘 알려져 있듯이, 채플린과 웃음의 문제는 20세기 독일을 대표하는 두 사상가 벤야민과 아도르노가 정면으로 부딪혔던 이견의 주요 무대 가운데 하나였다. '채플린-기계'라면 또 모르겠지만 '채플린-코미디언'의 진보적 위상은 아도르노에겐 좀처럼 수용하기 어려운 명제였다. 그런데 채플린이라는 공통분모를 통해 벤야민과 에이젠슈테인을 대질시켜보려는 우리의 입장에서 볼 때, 전자 못지않게 흥미롭게 다가오는 것은 후자다. 그 이유는 몽타주와 기계주의라는, 누구나 쉽게 예측할 수 있는, 그런 면에서 쉬운 길인 전자의 연결고리에 비해, 웃음이라는 후자의 고리는 몇 단계의 매듭을 풀어야 하는, 하지만 그렇기에 예기치 못한 접점과 차이 들을 드러내 보여줄 수 있는 더 어려운 길이기 때문이다. 그리고 그 첫번째 매듭은 당연히 아도르노가 될 수밖에 없다.

> 모저모를 다채롭고 흥미롭게 전달하지만, 어디까지나 전문 학계 바깥의 독자층을 겨냥한 것이다. 극히 흥미로운 횡단문화적 실천의 사례에 해당하는 소비에트 아메리카니즘은 채플린 현상 하나만으로 포괄될 수 없는 다양성과 진폭을 갖고 있으며, 반대로 채플린 현상 또한 소비에트 아방가르드의 맥락만으로는 다 해명될 수 없는 다채로운 얼굴과 역사를 갖고 있다. 오언이 그려내는 '채플린-기계' 내러티브에 벤야민과 에이젠슈테인은 당연히 등장하지만, 그들에 대한 논의는 익히 알려진 전형적 범주와 궤도를 벗어나지 않는다.

채플린과 웃음: 아도르노에서 에이젠슈테인으로

채플린과 웃음, 더 넓게는 (대중예술로서의) 영화와 아우라의 문제를 대상으로 한 벤야민과 아도르노 간의 대립 구도는 비교적 잘 알려져 있다. 아도르노는 "[채플린이] 가장 국제적이고 가장 혁명적인 대중의 정서(affect), 즉 웃음을 향해 나아갔다"[20]는 벤야민의 주장에 동의하지 않았을 뿐 아니라 영화가 아우라를 탈각시킨 진보적 매체라는 관점에도, 프롤레타리아가 독점적인 특권을 갖는다는 입장에도 반대했다. 그가 보기에, "만일 어떤 아우라적인 특성이 있다면 가장 최고로, 그리고 물론 그래서 아주 우려할 만한 정도로 부합하는 장르가 [있다면] 바로 영화"이며, "혁명에 대한 관심 이외에는 그 어떤 면에서도 부르주아들에 비해 우월할 게 없는" 프롤레타리아는 "훼손된 부르주아적 특성의 온갖 흔적들을 덧쓰고 있는 사람들"일 뿐이었다.[21] 벤야민에게 보낸 편지에 담긴 아도르노의 이런 입장은 분명하고 단호하다.

> 영화관 방문자의 웃음은 [……] 결코 선하거나 혁명적인 것으로 볼 수 없습니다. 오히려 가장 나쁜 의미에서의 부르주아적 새디즘으로 가득 차 있습니다.[22]

---

20 발터 벤야민, 「채플린을 회고하며」, 『발터 벤야민 선집 2』, 2011, 255쪽.
21 테오도르 W. 아도르노·발터 벤야민, 『아도르노-벤야민 편지 1928~1940』, 이순예 옮김, 도서출판 길, 2018, 200쪽.
22 같은 책, 202쪽.

이런 점에서 웃음에 거는 벤야민의 기대는 순진한 낭만주의에 불과하다고 아도르노는 생각했다. 그는 벤야민에게 "채플린 영화를 보고 난 후의 사리판단으로 반동적인 사람이 전위가 된다는 가정, 이것은 제게는 마찬가지로 완벽한 낭만화입니다"[23]라고 썼다. 재미있는 것은 그가 벤야민의 낭만적 견해를 브레히트(의 해로운 영향) 탓으로 돌리고 있다는 점인데, 벤야민의 유명한 "횡격막" 발언[24]이 다름 아닌 브레히트의 서사극을 언급하는 대목에서 등장하는 것을 보면 전혀 근거 없는 추정은 아니다.[25]

그런데 여기서 반드시 지적할 것은 웃음을 둘러싼 벤야민과 아도르노의 이견이 흔히 말하는 피상적인 대립 구도, 이를테면 대중(문화) vs 자율예술 옹호론 따위로 손쉽게 환원될 수 있는 성질의 것이 아니라는 점이다. 벤야민에게 "횡격막의 진동"이 그저 풍자적 해소가 아니라 '사고를 위한 출발점'을 의미했다면, 『계몽의 변증법』의 공

---

23 같은 곳.
24 아도르노는 벤야민을 브레히트(의 영향)로부터 떼어놓겠다는 의지를 노골적으로 표명한 바 있다. "제가 생각하는 바는 브레히트의 모티프를 완전히 배제하는 것입니다. 이미 여기에서 매우 광범위하게 변형될 조짐이 드러나기 시작하는 브레히트의 모티프를 제거해야만 합니다." "브레히트라는 태양이 다시 한 번 저 이국의 강물로 가라앉을 때까지 귀하의 팔을 꽉 부여잡고 놓지 말아야 하는 과제를 받은 느낌입니다." 테오도르 W. 아도르노·발터 벤야민, 『아도르노-벤야민 편지』, 204쪽. 브레히트를 향한 적대감은 숄렘과 아도르노를 비롯한 벤야민 가까운 지인들 사이의 공통된 입장이었다.
25 "그런데 여기서 한 가지 덧붙이자면 사고를 촉발하는 데 웃음보다 더 나은 방법이 없다는 점이다. 특히 사고를 하도록 하는 데는 영혼의 진동보다는 횡격막의 진동이 더 좋은 기회를 제공해준다. 서사극은 폭소를 유발하는 계기만큼은 풍부하다." 발터 벤야민, 「생산자로서의 작가」, 『발터 벤야민 선집 8: 브레히트와 유물론』, 윤미애·최성만 옮김, 도서출판 길, 2020, 393쪽.

저자에게 웃음 혹은 웃는 관객의 문제는 단지 조롱이 아니라 "그러한 웃음 자체가 최상의 가치인 '화해'를 패러디화한다는 데 있다." 그러한 킬킬거림(mirth)은 잔인한 사회 질서에 대한 맹목적인 순응을 가려버리는 거짓 해방감을 낳는다는 점에서 극도로 사악한 것이다.[26]

하지만 단지 극장의 웃음이 아니라 채플린(의 웃음)에 관해서라면, 이런 설명마저도 여전히 충분치 않다. 어째서인가? 아도르노가 '채플린-코미디언'의 깊숙한 핵심을 포착하는 예리한 고찰 하나를 남겨놓았기 때문이다. 짧지만 강렬한 이 텍스트를 우회한다면 우리는 채플린을 고리로 한 다른 중대한 연결들에 가닿을 수 없다. 여기서 말하는 텍스트는 1930년과 1963년에 쓴 두 편의 글을 하나로 합쳐 「두 번의 채플린」이라는 제목을 붙인 에세이다.[27]

이 글에서 아도르노는 관객들이 스크린 위에서 보게 되는 가련한 떠돌이인 '광대 채플린'과 사석에서 만날 수 있는 '인간 채플린'을 구별하면서, 후자를 "경험적인 채플린(empirical Chaplin)"이라 부르고 있다. 놀라운 사실은 그가 후자를 먹잇감을 향해 달려들 준비가 되어 있는 맹수에 비유하고 있다는 점이다. "경험적인 채플린에게는 피해자가 아니라 오히려 위협적으로 피해자를 찾아 달려들고 찢어버릴

---

26 "잘못된 사회에서의 웃음은 행복을 공격하는 질병으로서 행복을 그러한 사회의 무가치한 총체성 속으로 끌어들인다. [……] 이러한 잘못된 웃음 속에 있는 악마적 요소는 그러한 웃음 자체가 최상의 가치인 '화해'를 패러디화한다는 데 있다. 기쁨은 가혹한 데 있다(res severa verum gaudium)." Th. W. 아도르노·M. 호르크하이머, 「문화 산업: 대중 기만으로서의 계몽」, 『계몽의 변증법』, 김유동 옮김, 문학과지성사, 2001, 213~14쪽.

27 Theodor W. Adorno, "Chaplin Times Two," John MacKay(trans.), *The Yale Journal of Criticism*, Volume 9, Number 1, Spring 1996, pp. 57~61.

것임을 암시하는 무언가가 있다."²⁸ 아도르노가 "채식주의자 벵골 호랑이"라는 인상적인 구절로 표현하고 있는 채플린의 이런 비밀스러운 차원, 그의 숨겨진 '동물적' 특성은 어디에서 기인하는 것일까?

아도르노에 따르면, 이 특징은 채플린이 갖고 있는 가공할 만한 "미메시스[모방] 능력"에 기인한다. 염두에 둘 것은 채플린이 이 특별한 능력을 예술에만 국한시키지 않는다는 점이다. "그와 함께 있는 모든 시간은 중단 없는 공연과 같다." 흡사 잠시도 쉬지 않는 "카프카의 공중곡예사"처럼 주변 세계를 끊임없이 모방하는 채플린의 연기는 "목적의식적인 성인의 삶," 곧 "이성의 원리 자체"를 약화시키는 것처럼 보인다. 그 자신으로 존재하는 것의 부담을 벗어던진 채 "즉흥적 변화"만을 끝없이 계속할 수 있는 상태, 바로 이것이 채플린의 유토피아다.

> 마음의 존재와 미메시스[모방] 능력의 편재 또한 경험적 채플린의 특징이다. 그가 어린 시절부터 [……] 영화에만 미메시스의 예술을 국한시키지 않았다는 사실은 잘 알려져 있다. 그는 잠시도 훈련을 쉬지 않기 위해 짐칸에서 잠을 자는 카프카의 공중곡예사처럼 끊임없이 연기한다. 그와 함께 있는 모든 시간은 중단 없는 공연이다. [……] 마치 미메시스적 행동을 통해 목적의식적인 성인의 삶을 약화시키고, 사실상 이성의 원리 자체를 억제시키는 것처럼 보인다. [……] 중단 없는 즉흥적 변화: 채플린에게 있어 이것은 그 자신이 되는 부담에서 벗어난 존재의 유토피아

---

28 같은 글, p. 59.

다.²⁹

아도르노 특유의 신랄함은 글의 끝자락에서 개인적 일화에 근거해 자기주장을 정당화할 때 드러난다. 말리부에 위치한 채플린의 별장에서 열린 파티의 손님이었던 한 영화배우가 자리를 떠나면서 악수를 청하기 위해 아도르노에게 손을 내밀었다. 참전 군인이었던 그의 팔에는 철로 만든 인공 갈퀴가 달려 있었다. 흠칫 놀란 아도르노는 순간적인 충격을 상대방에게 들키지 않기 위해 최대한 표정을 관리하려 애를 썼는데, 그러는 중에 그 배우가 채 자리를 떠나기도 전에 옆에 있던 채플린이 그 장면을 흉내 내고 있는 모습을 목격한다. 손님의 표정이 굳어졌다. 아도르노는 이렇게 글을 맺는다.

> 그[채플린]가 가져다주는 모든 웃음은 잔인함에 가까우며, 잔인함에 가까워야만 그 웃음은 정당성을 얻고 구원의 요소를 찾을 수 있다. 이 사건에 대한 나의 회상과 감사가 그의 일흔다섯번째 생일에 대한 축하가 되었으면 한다.³⁰

채플린이 만들어내는 웃음의 본질을 그의 잔인함과 연결짓는 아도르노의 이 평가에서 주목해야 할 것은 아도르노의 신랄함만이 아니다. 정작 우리가 물어야 할 질문은 다음과 같다. 채플린의 저 잔인한 웃음, 이성과 합목적성에 기초하는 인간 사회의 기본적인 격률을

---

29 같은 글, p. 60.
30 같은 글, p. 61.

대놓고 무시하는 듯한, 그래서 오직 즉흥적 변화와 본능적 모방 행위만을 지속하는 행태를, 우리는 어디에서 만나게 되는가? 벵골 호랑이의 자질과 더불어 "천진함"[31]의 특성을 갖고 있는 존재가 있다면, 그건 누구일까? 답은 오직 하나뿐이다. "목적의식적인 성인의 삶"과는 영 딴판인 존재, 바로 어린아이다. 오직 어린아이만이 천진하기 때문에 그토록 잔인할 수 있다(혹은 그 반대이거나).

유아적 잔인성. 이 짧은 텍스트에서 아도르노는 벤야민이 보지 못했던 (혹은 보려 하지 않았던) 채플린 캐릭터의 본질 하나를 정확하게 짚어내고 있다. 채플린의 웃음은 잔인하며 그 잔인성은 천진함과 맞닿아 있다. 그런데 아도르노가 포착한 이 지점은 다른 각도에서 우리의 흥미를 자극한다. 바로 그 지점이 우리를 새로운 연결로 이끌어줄 수 있기 때문이다. 어떤 연결인가? 채플린의 영화뿐 아니라 인간 채플린과도 가깝게 접촉했던 또 한 명의 동시대인과의 연결이다. 책 한 권 분량의 미완성 에세이 『디즈니』를 남긴 바 있는 소비에트 영화감독 에이젠슈테인은 채플린에 관한 긴 에세이 「찰리 어린아이(Chalie the Kid)」의 저자이기도 하다. 그런데 아도르노와 에이젠슈테인 사이의 이 예기치 않은 연결고리를 살펴보기에 앞서 먼저 짚고 넘

---

31 "채플린의 비밀스러운 차원, 더 정확히 말해 그가 자신의 속(屬, genus)을 뛰어넘는 가장 완벽한 광대가 될 수 있게 만드는 것은 그가 자신의 폭력성과 지배 본능을 환경에 그대로 투사하고, 이러한 자신의 과오에 대한 투사를 통해 모든 권력이 가질 수 있는 것보다 더 큰 힘을 부여하는 천진함(innocence)을 만들어낸다는 사실과 관련이 있음을 충분히 상상할 수 있다. 채식주의자 벵골 호랑이: 아이들이 환호하는 그의 선함 자체가 이미 그를 헛되이 파괴하려고 시도하는 악과 계약을 맺고 있다. 그것이 헛된 이유는 그가 이 자신의 이미지 속에서 그 악을 파괴했기 때문이다." 같은 글, p. 60.

어갈 것이 있다. 에이젠슈테인과 채플린은 어떻게 만나게 된 것일까?

에이젠슈테인과 채플린의 만남은 1930년 6월 로스엔젤레스 할리우드에서 이루어졌다. 유럽 전역을 순회하며 당대 문화예술계 인사들과 두루 접촉했던 에이젠슈테인 일행은 그해 5월에 주식시장 폭락 직후의 미국 땅을 밟았다. 그는 과거 모스크바에서 조우했던 해리 다나(Harry Dana) 교수의 초청으로 하버드 대학 미술학부에서 강연을 했고, 뉴욕 컬럼비아 대학에서 존 듀이와 공동 세미나를 열었다(이 세미나의 청중 가운데 한 명이 미래의 제자 제이 레이다[Jay Leyda]였다). 채플린의 가까운 지인이면서 모스크바를 방문해 에이젠슈테인을 직접 만나기도 했던 배우 더글러스 페어뱅크스(Douglas Fairbanks)의 주선으로 채플린과 에이젠슈테인이 처음 만났을 때, 서로의 작품에 관해 이미 잘 알고 있었던 두 사람은 마치 오래된 지인처럼 단숨에 가까워졌다. 두 사람의 모습이 담긴 유명한 사진들이 보여주듯이, 그들은 조명이 달린 채플린의 개인 소유 코트에서 날마다 테니스를 쳤고, 함께 수영을 하고, 요트 여행도 했다.

에이젠슈테인이 아이버 몬터규와 함께 파라마운트사 관계자들을 만나서 새 영화 작업을 타진하는 동안, 채플린은 에이젠슈테인의 미국에서의 커리어를 돕기 위해 각종 조언과 도움을 아끼지 않았다(채플린이 그때 소개해준 인물 중에는 루이스 부뉴엘도 있었다). 그해 11월 에이젠슈테인 일행이 멕시코로 떠날 때 채플린은 "진심으로 존경하는 내 친구 세르게이 에이젠슈테인에게"라고 서명한 본인의 사진을 선물했다.

채플린에 관해 에이젠슈테인이 쓴 글은 총 세 편인데, 모두 해외 출장에서 돌아오고 난 후 파시즘의 파국과 세계대전의 한복판에서

써낸 것들이다.[32] 「안녕, 채플린!」(1939), 「독재자: 찰리 채플린의 영화」(1941), 「찰리 어린아이」(1942)가 그것이다. 본격적인 채플린론(論)에 해당하는 글은 앞선 두 편의 내용을 포괄하고 있는 가장 긴 분량의 마지막 에세이다.

이 에세이의 서두에서 에이젠슈테인은 채플린을 향한 자신의 관심이 그의 "연출, 방법론, 트릭, 유머 기법" 등이 아니라 "특별한 사유 체계"에 놓여 있다고 단언한다. "그토록 특이한 방식으로 현상을 지각하고, 마찬가지로 이상한 이미지들을 통해 그에 반응하도록 만드는" 에이젠슈테인의 사유 체계가 그의 관심사다. 뒤이어 에이젠슈테인은 아도르노를 떠올리게 하는 전제 하나를 내놓는다. "채플린의 유머"로 알려진 것의 바탕에 깔려 있는 것은 그의 외양 따위가 아니라 그의 특별한 "삶의 지각(perception of life)" 방식이라는 것이다. 동물들의 특별한 지각 방식, 눈이 뒤쪽에 달려 있는 토끼나 양쪽 눈을 별개로 사용하는 양 이야기를 늘어놓은 후, 에이젠슈테인은 핵심적인 물음을 제기한다. "채플린은 과연 누구의 눈으로 삶을 바라보고 있는가?"

> 채플린의 특징 중 하나는 머리카락이 희끗해졌음에도 불구하고 그가 삶에 대해 '어린아이의 관점'과 사건에 대한 즉흥적인 지각을 보유하고 있다는 점이다. '도덕의 족쇄'로부터의 자유와, 다른 이들을 소름끼치게 만드는 것들을 우습게 여길 줄 아는 그의

---

32 1922년에 에이젠슈테인이 유트케비치(Sergei Yutkevich)와 함께 쓴 「여덟번째 예술: 표현주의, 아메리카, 그리고 물론 채플린에 관하여」는 채플린을 기괴주의(eccentrism) 및 미국 슬랩스틱 코미디 전통의 맥락에 위치시키는 전형적인 접근을 보여준다는 점에서 본격적인 채플린 작가론과는 거리가 있다.

에이젠슈테인과 채플린.

채플린이 에이젠슈테인에게 선물한 친필 서명 사진.

능력이 여기서 기인한다. 성인에게서 발견되는 이런 특성을 유아증(infantilism)이라고 부른다. 채플린의 희극적 구성들은 대개 이런 유아적 방법론에 기초하고 있다.³³

요컨대, 채플린의 희극적 구성은 유아적 방법론에 기초하는데, 이는 채플린이 어린아이의 눈으로 세상을 보고 있기 때문이라는 것이다. 에이젠슈테인은 유아증의 특징인 현실로부터의 '회피' 성향을 언급하면서, 이곳을 벗어나 다른 곳으로 탈출하는 "지리적 회피주의"는 더 이상 유효하지 않다고 말한다. 그것을 대체하는 것은 "진화론적 회피주의(evolutionary escapism)"로, 이 특이한 조어는 "발달의 아래쪽으로 내려가서 황금의 어린 시절의 사상과 감정으로 되돌아가는 것, 즉 유아증으로의 퇴행으로 정의할 수 있다."³⁴ 쉽게 짐작할 수 있듯이, 이 퇴행은 단지 뒷걸음질치기를 뜻하지 않는다. 그것은 모든 것이 계산되고 조정되고 지배되는 주변 세계의 구속으로부터 벗어나려는 심리적 탈출 욕구, 곧 '자유'를 향한 갈망의 표현이다. 후기 에이젠슈테인의 사유에 조금이라도 익숙한 사람이라면 "퇴행"이라는 저 단어가 갖는 예사롭지 않은 함의를 곧장 떠올릴 수 있을 것이다. 유아증으로의 퇴행, 그것이 수반하는 자유와 환상을 이야기하면서 "애니메이션 카툰"을 언급하는 대목³⁵도 눈길을 사로잡지만, 무엇보다

33　Sergei Eisenstein, "Charlie the Kid," *Sergei Eisenstein: Note of a Film Director*, Moscow: Foreign Language Publishing House, 1946, pp. 168~69.
34　같은 글, p. 169.
35　"자유를 향한 열망 속에서 자신의 예술을 통해 모든 구성으로부터 완벽히 탈

인상적인 것은 에이젠슈테인이 채플린과의 개인적 일화에 기대 자신의 주장을 뒷받침하는 부분이다. 그는 채플린의 눈의 비밀이 "가장 끔찍하고 가장 가련하고 가장 비극적인 것들을 웃는 아이들의 눈으로 볼 수 있는 능력"[36]이라고 말하면서, 요트에서 나누었던 채플린과의 대화를 끌고 온다.

> 당신은 내[채플린]가 〈이지 스트리트(Easy Street)〉에서 음식을 상자에서 꺼내 마치 닭들에게 주듯이 가난한 아이들에게 던져주는 장면을 기억하십니까? 내가 그렇게 한 건 그들을 경멸하기 때문입니다. 나는 아이들을 좋아하지 않아요.[37]

"불쌍한 아이들을 그려내 전 세계를 울게 만든 장본인이 아이들을 싫어한다니, 그는 괴물이었던 것일까?" 에이젠슈테인은 자문자답한다. "하지만 대개 누가 아이들을 싫어하는가? 당연히 아이들 자신이다." 요동치는 요트가 흔들거리는 코끼리의 모습을 떠올리게 한다

출할 수 있는 유일한 수단으로 채플린이 정의하는 것은 [……] 애니메이션 카툰이다. 애니메이션 카툰은, 그가 말하길 유일하게 진정한 예술인데, 왜냐하면 그 속에서만 예술가가 완전히 자유롭고 그의 환상이 그가 좋아하는 것을 할 수 있기 때문이다." 같은 글, p. 178. 이 구절은 채플린을 경유해 에이젠슈테인 자신의 생각을 이야기하는 것으로 읽힌다. 에이젠슈테인은 에세이 『디즈니』에서 디즈니 캐릭터의 마법적인 매력은 무엇이든 될 수 있는 그것의 다형성과 가소성, 즉 항구적인 자기해체 상태에 놓인 형식에 있다고 주장하면서, 이런 '절대적인 자유'의 계보학적 기원으로서 "태곳적 원형질"을 제시한 바 있다. 이에 관해서는 본서 101~124쪽 참조.

36 Sergei Eisenstein, "Charlie the Kid," p. 183.
37 같은 글, p. 185.

고 그가 말하자 채플린은 대답한다. 자신은 순종적인 코끼리를 경멸한다고, 자기가 좋아하는 동물은 늑대라고. 언젠가 고리키가 기록했던 톨스토이의 말("아이들은 아무것도 동정하지 않으며 동정하는 법도 모른다")을 인용하면서 에이젠슈테인은 결론짓는다.

채플린과 그의 코미디 캐릭터들에서 볼 수 있듯이, 유년기의 다른 매력적인 자질들, 가령 실낙원처럼, 성인들에게는 영원히 상실된 자질들에 의해 가려져 있는 것은, 삶에 대한 어린아이의 태도의 비도덕적인 잔인성이다. 자연스럽지 못한 감상성을 언제나 비껴 가는 채플린의 감동적 장면들의 비밀이 여기에 있다.[38]

"즉흥적인" 지각, "늑대," 그리고 여기 등장하는 비도덕적인 "잔인성"이라는 문구는 명백히 아도르노를 떠올리게 한다. 아도르노는 채플린에 관한 두번째 글「말리부에서」(1964)를 쓸 때 에이젠슈테인의 이 텍스트를 이미 읽었을까? 이 글이 실린 영어 번역본『세르게이 에이젠슈테인: 어느 영화 감독의 노트들(Sergei Eisenstein: Notes of a Film Director)』이 모스크바 외국어출판부에서 출간된 해가 1946년이라는 점을 감안한다면 충분히 개연성 있는 추측이다. 하지만 우리의 관심은 누가 누구로부터 영향을 받았는가에 있지 않다. 그보다 훨씬 더 중요한 것은 두 사람 모두 채플린에게서 잔인성을 동반한 유아증의 특성을 포착했다는 사실 자체다.[39] 정작 핵심적인 물음은 이 사실

---

38 같은 글, pp. 191~92.
39 에이젠슈테인은 글의 말미에서 마침내 "성인 찰리(Charlie the grown-up)"

을 확인한 이후에 던져질 수 있기 때문이다. 어떤 물음인가? 채플린의 생래적인 유아성, 그의 어린아이다움이 (이 글을 쓰던 당시의) 에이젠슈테인에게 왜 그토록 중요했을까라는 물음이다.

이 물음이 핵심적인 이유는 채플린에게서 똑같은 것을 발견했던 두 사람 사이에 가로놓인 본질적인 차별성이 바로 이 물음을 통해 드러날 수 있기 때문이다. '비판'과 '부정'의 정신을 (칸트적 의미에서의) '성숙(Mündigkeit)'과 동일시했던, 평생에 걸쳐 지배와 예속의 상태를 직시하지 못하는 의식의 나이브함을 경고했던 아도르노와, 생의 후반기에 이를수록 점점 더 강렬하게 원형적·원시적 태고의 형식, 곧

가 만들어낸 작품으로 〈위대한 독재자〉를 다룬다. 주지하다시피, 아도르노는 『계몽의 변증법』을 비롯한 여러 글에서 특별히 이 작품에 대해 비판적인 분석을 행한 바 있다. 한 가지 더 언급할 것은 에이젠슈테인이 타인뿐 아니라 자신 안의 숨겨진 (유아적) 잔인성에 대단히 민감했으며, 또 그것을 자인했던 인물이라는 사실이다. 유년기에 평범하게 발산되지 못했던 잔인성, 그의 표현을 빌리면 "파리나 잠자리나 개구리에 적용되지 않았던 잔인함(жестокость)은, 연출가로서 나의 작품의 주제, 방법, 이데올로기의 선택에 격렬한 특징을 부여하게 되었다." 에이젠슈테인은 당대에도 이미 많은 비판을 받았던 자기 영화 속의 잔혹한 장면들을 열거한다. "사실 나의 영화는, 군중에게 포화를 퍼붓거나, 가난한 농민들을 밧줄로 묶어 머리만 남기고 땅속에 파묻고 그 위를 말발굽이 짓밟거나(〈멕시코 만세!〉), 오데사의 계단에서 아이들을 짓뭉개거나(〈전함 포템킨〉), 또는 지붕에서 떨어뜨리거나(〈파업〉), 부모에게 아이를 죽이게 하거나(〈베진 초원〉), 타는 장작불 속에 던져 넣거나(〈알렉산드르 넵스키〉), 소의 생피를 흘리게 하거나(〈파업〉), 배우가 피를 흘리게 하는(〈전함 포템킨〉) 잔인한 장면들로 가득 차 있다. [……] 게다가 오랜 세월 내 마음을 사로잡아왔던 주인공이 다름 아닌 폭군 이반이라는 사실도 우연이 아닐 것이다. 실로 기분 나쁜 작가가 아닌가!" Сергей Эйзенштейн, "Сергей Эйзенштейн," *Сергей Эйзенштейн: Избранные произведения в шести томах*, ТОМ 1, М: Искуссвто, 1964, p. 85.

3장. 채플린 커넥션

인류의 유아적 단계에 집착했던 에이젠슈테인 사이에는 건널 수 없는 강이 자리한다. 동일한 것을 찾아냈지만 그것을 바라보는 두 사람의 시선은 서로 반대편을 향해 있다. 그리고 바로 이 차이가 우리를 또다시 본래의 연결고리로 되돌린다. '어린아이'라는 토픽, 그것은 에이젠슈테인을 벤야민에게로 연결하는 고리, 두 사람을 묶어주는 가장 강력한 공통분모다.

에이젠슈테인: 관객성의 유형학

에이젠슈테인의 글「나는 어떻게 영화감독이 되었는가」(1945)에는 그의 영화 미학의 핵심을 집약하는 장면 하나가 등장한다. 흔히 유레카의 순간이라 불리는 이 장면은 1920년 프롤레트쿨트 극장 리허설에서 그가 목격한 한 소년의 이야기다. 극장 안내원의 일곱 살짜리 아들이 무대 위에서 진행되는 리허설을 구경하는 중이었다. 곁에 서 있던 에이젠슈테인은 그 아이의 얼굴 표정을 보고 충격을 받는다. 아이의 표정에는 "일부 캐릭터의 표정이나 행동뿐만 아니라 무대에서 벌어지고 있는 모든 상황이 있는 그대로 반영(reflect)되어 있었다." 놀라운 사실은 그 반영이 말 그대로 거울처럼 '동시에' 나타났다는 점이었는데, 에이젠슈테인은 이렇게 덧붙인다. "점차 나는 처음 내게 강한 인상을 남긴 동시성보다 이 반영의 본질(nature of this reflection) 자체에 관해서 더 많이 생각하기 시작했다."[40]

영화감독으로서 에이젠슈테인의 평생의 여정은 위에서 말한 "반영의 본질," 그러니까 무대/스크린 위에서 보이는 것과 관객의 동(시동)작(co-movement)의 메커니즘에 관한 탐구 과정이라고 해도 과언이 아니다. 가장 잘 알려진 이론적 저술 중 하나인 「영화 아트락치온 몽타주」(1924)에서 미적 경험의 그와 같은 "상연적(enactive) 본질"은 이렇게 바꿔 말해진다. "감정적 지각은 지각하는 사람에 의해 배우의 움직임이 운동적으로 복제(motor reproduction)됨으로써 이루어진다."[41] 이 단계에서 이미 우리는 후기까지 이어지게 될 에이젠슈테인의 중추적 문제의식을 확인할 수 있는데, 보이는 것이 관객에게 전달(전이)되는 과정에서 나타나는 "신체적 모방(corporeal imitation)"의 문제, 즉 그 과정에 개입하는 "운동-근육적(motor-muscular)"이고 "신경생리학(neurophysiology)적"인 반응의 문제가 그것이다.[42]

한편, 이 단계에서 이미 우리는 비록 맹아적 수준이기는 하나 시간이 지날수록 에이젠슈테인의 의식 속에서 점점 더 커다란 비중을

---

40 Sergei Eisenstein, "How I Became a Director," Richard Taylor(ed.), *Selected Works, Volume 3: Writings, 1934-47*, William Powell(trans.), London: I. B. Tauris, 2010, p. 286.

41 Sergei Eisenstein, "The Montage of Film Attractions," *Selected Works, Volume 1: Writings, 1922-1934*, Richard Taylor(eds and trans.), London: I. B. Tauris, 2010, p. 48.

42 바로 이 차원에서 에이젠슈테인의 관객성 이론, 더 구체적으로 그의 "운동감각적 공감(kinesthetic empathy)" 이론에 영향을 미친 다양한 지적 원천의 목록이 거론될 수 있다. 19세기 독일 철학의 공감(Einfühlung) 개념에서 시작해 윌리엄 제임스(William James)의 관념운동(ideomotor) 심리학, 블라디미르 베흐테레프(Vladimir Bekhterev)의 집단 반사학(collective reflexology)과 전염(contagion) 이론, 알렉산드르 루리아(Alexandr Luria)와 레프 비고츠키(Lev Vygotsky)의 대뇌 및 언어심리학 등이 그것인데, 바로 이것이 서두에 언급했던바, (벤야민의 사유에 영향을 미친) 다른 종류의 지적 계보(소비에트 생체심리학)와 겹쳐지는 라인이다.

차지하게 될 하나의 문제의식을 식별할 수 있다. 어째서 아이들의 신체는 그토록 효과적으로 반응하는 데 비해 성인들은 노골적인 모방을 억제할 수 있는가라는 물음이 그것이다.⁴³ 성인 관객도 운동학적 감정이입을 하기는 하지만 그들의 모방적 경향은 아이들만큼 명시적으로 드러나지 않는다. 이런 차이는 어디에 기인하는 것이며, 그것이 의미하는 바는 무엇인가?

에이젠슈테인의 "상연적 관객성"의 모델을 치밀하게 탐구한 바 있는 아나 올레니나에 따르면, 위 물음들은 관객에 의한 "운동감각적 공감"의 측면, 특히 "운동 방전(motor discharge)의 억제(inhibition)" 메커니즘의 측면에서 본질적인 의미를 갖는다. 관객성의 문제, 관람자에 대한 영화 이미지 특유의 영향력 문제를 둘러싼 에이젠슈테인의 사유에 지대한 영향을 끼친 신경심리학자 블라디미르 베흐테레프의 반사학 이론에 따르면, 외부적 환경 자극에 대한 신경계 반응의 결과인 조건반사나 연관반사의 메커니즘은 어린아이와 성인의 경우 각기 다르게 나타날 수 있다. 어린아이가 외부 자극에 대한 "직접적 모방"의 형태로 나타나는 "즉각적 운동 방전"의 경향을 보인다면, 언어를 포함한 상징적 표현 수단에 숙달해 있는 성인의 경우에는 이런 즉각적 모방 욕구가 억제되거나 변형되어 나타날 공산이 크다. 올

---

43 "배우의 행동을 미메시스[모방]적으로 재창조함으로써 그 어린아이는 예술가가 무대 위에서 경험하는 것들을 동시에 완벽하게 '경험했음'이 틀림없다. 실제로 그렇거나 아니면 충분히 믿을 만한 재현 속에서 말이다. 성인 관람객은 보다 억제된 방식으로 연행자를 모방한다. 하지만 바로 그렇기 때문에 그는 훨씬 더 허구적으로(fictitiously) 강렬하게 그렇게 한다." Sergei Eisenstein, "How I Became a Director," 같은 책, p. 286.

레니나는 바로 이 지점을 에이젠슈테인에 의한 관객 반응의 분류학의 기원으로 지목하는데, "어린아이들의 강렬한 인상이 그들의 얼굴의 발산적인 신경감응(diffuse innervation)으로 귀결되는 반면에, 어른의 얼굴의 무표정은 성숙한 뇌의 억제 작용을 나타낸다는 에이젠슈테인의 믿음"[44]은 이로부터 기인한다.

그런데 여기서 간과하지 말아야 할 것이 있다. 어린아이와 성인 유형의 '차이' 못지않게 중요한 방점이 그들 간의 '연속성'에 찍혀 있다는 사실이다. 이를 다른 방식으로 잘 보여주는 사례가 에이젠슈테인의 유명한 에세이 「영화의 4차원」(1929)이다. 점점 더 고차원의 단계로 상승하는 다섯 가지 유형의 몽타주(운율, 리듬, 정조, 배음, 지적 몽타주)를 정식화한 이 몽타주 유형론이 기본적으로 신경생리학에 그 근거를 두고 있다는 사실은 흔히 간과되곤 한다. 다섯 가지 몽타주 유형을 정식화하는 핵심 전제에 따르면, 가장 기초적이고 원시적인 '운율 몽타주'와 가장 높은 단계인 '지적 몽타주' 사이에는 원칙적인 차이가 없다. 단순한 진자운동을 야기할 뿐인 최초의 운동 에너지(motor energy)가 정서적이고 지적인 경험으로 점진적으로 전환되는 것일 뿐, 더 정확하게 말해 진동의 주파수가 증가하면서 '더 높은 범주에서' 작동하는 것일 뿐, 그것들 사이에 질적인 차이는 존재하지 않는다. 에이젠슈테인에 따르면,

---

44 Ana Herberg Olenina, *Psychomotor Aesthetics Movement and Affect in Modern Literature and Film*, New York: Oxford University Press, 2020, p. 201.

여기서의 단계는 다음과 같은 사실에 의해 결정된다. 원시적인 운율 몽타주(사례: 〈일반 노선〉의 건초 장면) 때문에 앞뒤로 흔들리는 인간의 운동 공학과 내적으로 진행되는 지적인 과정 사이에는 원칙적으로 차이가 없다. 왜냐하면 지적인 과정 또한 동일한 진동을 겪되, 고등 신경 활동의 중심부에서 일어나는 것일 뿐이기 때문이다. 첫번째 경우에는 '탭 댄스 몽타주'의 영향을 받아 손과 발이 떨리는 반면에, 두번째 경우에는 그와 다르게 결합된 지적 자극에 의해 유발된 이 떨림이 사고 장치의 고등 신경 조직에서 동일한 반응을 일으킨다.[45]

이처럼, 신체의 운동-근육적 차원부터 고차원의 지적 사유의 차원까지 일원론적 연속성은 변함없이 관철된다. 한편, 이 부분과 나란히 놓을 만한 흥미로운 언급을 또 다른 중요한 에세이 「전망」(1929)에서 찾아볼 수 있다. 흔히 지적 영화(intellectual cinema)론의 요체가 담긴 것으로 알려져 있는 이 글에서 에이젠슈테인은 "논리 언어와 영상 언어 사이의 만리장성"을 폭파하고 "학문과 예술의 대립"을 지양할 것을 강력히 주장하는데, 이와 관련해 그가 제시하는 사례들이 극도로 흥미롭다.

책을 손에 들고 사방의 벽을 구석구석 돌아다니며 벼락치기

---

[45] Sergei Eisenstein, "The Fourth Dimension in Cinema," *Selected Works*, Vol. 1, p. 193. 〈전함 포템킨〉의 새벽 시퀀스의 감정적 색조를 분석하면서, 에이젠슈테인은 쇼트의 분위기(tonality)가 "짙은 회색에서 안개 낀 흰색으로 변화"하면서 "주파수가 증가한다"고 쓰고 있다. 같은 글, pp. 190~91.

공부를 해보지 않을 사람이 있을까. "잉여가치란……" 하면서 주먹으로 리드미컬하게 북을 두드리듯이 암기를 해본 적 없는 사람은? 모종의 운동 리듬을 가동시켜 기억 속에 추상을 고정시킴으로써 시각적 자극에 도움을 주려고 해보지 않은 사람이 있을까.[46]

강사의 정열이 학생들을 완전히 사로잡고 있다. 강철같이 단단히 장악된 가운데 완전히 전율에 휩싸인(electrified) 청중의 호흡이 갑자기 리드미컬해진다. 청중은 서커스, 경마장 혹은 회합에서처럼 갑자기 하나가 된다. 이 경기장에는 하나의 집단적 충동이 있다. 하나의 맥동하는(pulsating) 관심사. 그리고 갑자기 수학적 추상은 살과 피가 된다. 가장 난해한 공식이 호흡의 리듬에 따라 기억에 맡겨지고, 건조한 적분은 흥분으로 타오르는 눈빛으로 소환된다. 집단적으로 경험된 지각의 기억술 속에서.[47]

위에서 보듯이, 운동적 리듬의 신체적 반응 기제 아래 수학적 추상은 살과 피가 된다. 마치 전류가 흐르는 것처럼, 열정적인 노인 강사의 장악은 갑자기 청중을 하나(의 호흡으)로 만든다. "집단적으로 경험된 지각의 기억술"이라는 마지막 구절은 에이젠슈테인의 영화 미학이 지향하는 궁극적인 방향을 집약한다는 점에서 의미심장하다.

---

46 Sergei Eisenstein, "Perspectives," Jay Leyda(ed.), *Film Essays and a Lecture*, Princeton University, 1982, p. 43.
47 같은 글, p. 43.

인류의 감각 능력을 확장시키며 전례 없는 인지적 작동을 제안하는 인공 보철물(prostheses)로서의 몽타주 장치.[48] 인류의 신경계에 새로운 설정(set-up)을 창출함으로써 자신의 정서적이고 지적인 '진동'을 전 집단과 공유할 줄 아는 새로운 (집단적) 관객 만들어내기. 이런 점에서 동시대 아방가르드와 많은 부분 상통하는 에이젠슈테인의 유토피아적 관객성의 전망은 (흔히 오해되는 것처럼) '조작적'이기보다는 오히려 (잠재적으로) '해방적'인 것으로 바라볼 필요가 있다.

잘 알려진 것처럼, 1920년대 후반 정점에 이른 에이젠슈테인의 유물론적 접근은 대략 (멕시코에서 돌아온 이후인) 1930년대 중반을 기점으로 모든 장르와 매체를 아우르는 '일반 양식'으로서의 '방법'을 향한 전방위적 탐구로 수렴되었다. 에이젠슈테인의 '유토피아적 관람성'의 이슈를 후기 사유의 핵심 키워드 중 하나인 퇴행 개념과 연결시켜 고찰한 필립 로젠에 따르면, 거기서 발견되는 것은 일종의 개체발생-계통발생의 논리다. 에이젠슈테인이 "근본문제"라고 부른 '방법'의 요체는 "합리적·논리적인 것과 감각적인 것 간의 관계"의 문제와 다르지 않은데, 모종의 회귀의 충동, 곧 퇴행의 이념은 그 중 후자에 해당하는 "전(前)논리적 또는 감각적 사고"의 차원에 직접적으로 연결된다. 그리고 이때 핵심은 개인(개체)의 발화에서 시작해 충분히 성숙한 문화(계통)의 원리에 이르기까지, 그것들 속에는 소위 말하는 "감각적 사고의 초기 형식들"이 완강하게 살아남아 여전히 작동하고 있다는 점이다. 한마디로, 성인 속에 자리한 아이다움은

---

48 Оксана Булгакова, *Советский глухоглаз: кино и его органы чувств*, Москва: Новое Литературное Обозрение, 2010, pp. 12~14.

억제되었을 뿐 결코 사라진 것이 아니다. "감각적 사고의 가장 심오한 지층으로 침투"하고 "초기의 사고 과정 형식들로 인위적으로 회귀하려는" 문화(계통)의 지향이 증명하듯이, 그 아이(개체)는 언제든지 되살아나 자신의 존재성을 드러낼 수 있다.[49]

이제까지의 논의를 통해 명백해졌듯이, 유년기를 향한 관심은 에이젠슈테인의 미학적 탐구의 전 시기에 걸쳐 변함없이 유지되었다. 넋이 나간 채로 무대 위 공연 장면을 바라보던 어린아이의 형상은 그의 의식 속에 뿌리박힌 채 점점 더 커져갔던 것이다. 1942년에 발표한 에세이 「찰리 어린아이」가 단순한 작가론에 그칠 수 없는 이유는 (『디즈니』에세이가 그랬듯이) 그것이 후기 에이젠슈테인의 사유를 드러내는 표본적 텍스트, 즉 글 자체가 다루고 있는 바를 넘어서는 '근본문제'를 드러내는 징표에 해당하기 때문이다.

그런데 여전히 더 해명될 필요가 있는 것은 그 아이다움의 성격과 방향이다. 신경생리학적 직접성과 문화의 전논리적인 지층을 대변하는 유아성이 인류의 원초적 뿌리를 향한 지향(즉, 퇴행 충동)을 보여주는 것은 사실이지만, 동시에 그것은 논리와 감성, 학문과 예술

---

[49] "놀랍게도 에이젠슈테인은 일종의 개체발생-계통발생 논의를 통해 정서적이거나 감각적인 사고에서 기인하는 특별한 특질을 문화 전체로 확장시킨다. 개인으로서 어린아이들은, 내적 발화라 할 수 있는 일종의 정서적이고 비유적인 사유, 즉 에이젠슈테인이 전논리적 사유라 부르는 감각적 사유가 정신적 삶을 지배하는 초기의 언어 단계를 거친다. 다시 말하자면, 이는 결코 완전히 사라지지 않으며 후일 외적 발화와 논리적 사고의 기초가 된다." Philip Rosen, "Eisenstein's Marxism, Marxism's Eisenstein: Utopian Spectatorship and Aesthetic Collectivity," *Journal of Literature and Art Studies*, Volume 7, Number 4, 2017, p. 485.

을 갈라놓는 기존의 이분법적 대립을 넘어설 수 있는 새로운 변증법적 통합, 그리고 그 새로움을 담지하게 될 '미래의' 영화를 향한 지향의 다른 이름이기도 하다. 앞서 말한 에이젠슈테인의 유토피아적 관객성과 관련된 이 후자의 측면을 파악하기 위한 뜻밖의 시사점을 제공해주는 것은, 놀랍게도 동시대의 사상가 벤야민이다.

벤야민과 어린아이: 다른 세계의 신호

게르숌 숄렘은 「발터 벤야민과 어린아이」에서 벤야민이 "어린아이와 어린아이의 세계 그리고 마법의 세계"에 매료되었다고 말한 바 있다.[50] 대략 1920년대 중반부터 벤야민의 텍스트에는 어린아이의 활동, 사물, 놀이, 장난감 등과 연관된 유년 시절에 대한 관심이 뚜렷하게 드러난다. 벤야민은 아들 슈테판이 유아기에 만들어낸 "귀여운 신조어(의미를 오해하거나 발음을 오인한 말, 독창적인 복합어, 우스운 표현 등)"를 기록한 "슈테판 어록"을 작성하기도 했는데, 평전의 저자들에 따르면, "벤야민에게 아이라는 존재는 언어의 기원에 대해 알려주는 실험실이나 마찬가지였고, 어린 슈테판의 말들은 벤야민의 글들에서 평생 중요한 역할을 했다."[51] 한편, 벤야민의 저작에 나

---

50 Gershom Scholem, "Walter Benjamin," *Walter Benjamin und sein Engel*, Frankfurt a. M.: Suhrkamp, 1992, p. 12; Nicola Gess, "Gaining Sovereignty: On the Figure of the Child in Walter Benjamin's Writing," *Modern Language Notes*, Volume 125, Number 3, Johns Hopkins University Press, 2010, p. 682에서 재인용.

타난 아이의 형상을 연구한 니콜라 게스는 아이(의 모티프)가 일종의 "유토피아적 형상"으로 기능하면서 『아케이드 프로젝트』 구상에 중대한 영감을 제공했다고 주장했다. 다만 그 형상은 자연과 조화를 이루는 풍요로움의 구현이라는 낭만주의적 유산의 맥락에서가 아니라 어린아이가 보여주는 "야만적이고 원시적인 경향"을 염두에 둔 것이다.[52]

어린아이의 모티프와 관련해 가장 잘 알려진 논의는 벤야민 특유의 언어관의 핵심을 이루는 유사성론(論) 및 미메시스론이다. 벤야민은 미메시스의 기원을 "동물의 내장, 별들 또는 (제의적) 춤"을 읽어낼 수 있었던 선사시대의 태초의 인간들에게로 소급하고, 이런 특징이 동물이나 어린아이들의 세계에서 두드러지게 관찰된다고 주장했다. 그에 따르면, 이런 "미메시스 능력(mimesis faculty)"은 (상징적) 언어의 발달 과정을 거치면서 변형되었던바, "수천 년의 발전 과정을 거치면서 점차 언어와 문자 속으로 옮아갔고 이 언어와 문자 속에서 비감각적 유사성의 완전한 서고를 만들게 되었다."[53]

개체발생-계통발생 논의를 반복하는 것처럼 보이는 벤야민의 이런 관점[54]은 어린아이와 성인 관객 반응의 유형학적 '차이'와, 그럼

---

51 하워드 아일런드·마이클 제닝스, 『발터 벤야민 평전: 위기의 삶, 위기의 비평』, 김정아 옮김, 글항아리, 2018, 329쪽.
52 Nicola Gess, "Gaining Sovereignty," p. 683.
53 발터 벤야민, 「유사성론」, 『발터 벤야민 선집 6: 언어일반과 인간의 언어에 대하여 | 번역자의 과제 외』, 최성만 옮김, 도서출판 길, 2008, 212쪽.
54 "그런데 이 미메시스 능력에는 역사가 있다. 그것도 계통발생과 개체발생 둘 다의 의미에서다. 개체 발생적 의미에서는 놀이가 미메시스 능력의 교본을 보여준다. 어린아이들이 하는 놀이들은 도처에서 미메시스적 태도로 특징지어

에도 불구하고 지속되는 그들 사이의 '연속성'을 주장했던 앞선 에이젠슈테인의 논지에 쉽게 대응될 수 있다. 후기 에이젠슈테인에게 '근본문제'가 그러했듯이, '비감각적 유사성'에서 출발한 벤야민의 미메시스론 또한 주술화-탈주술화의 변증법적 과정을 통해 역사철학적 차원으로 폭넓게 확장된 바 있다.[55] 하지만 또다시 이런 쉬운 대응에 비해 훨씬 더 흥미로운 것은 표면적 상동성을 넘어서는 보다 구체적인 특수성의 지점들에까지 나아가보는 길이다. 가령, 미메시스 능력과 관련해 자주 인용되곤 하는 아래 구절은 새로운 각도에서 읽어볼 여지가 있다.

우리가 근본적으로 고려해야 할 것은, 아주 먼 과거에 모방 가능하다고 여겨진 과정들 중 천체에서 일어나는 일들이 속했다는 점이다. 춤이라든지 그 밖의 제의 행사에서 그처럼 모방이 만들어지고 그처럼 유사성이 다루어질 수 있었다. 그러나 미메시스의 천재가 옛날 사람들에게 실제로 삶을 규정하는 힘으로 작용했다면, 그들이 새로 태어날 아이가 이러한 재능을 완전히 소유하게 되고 또 우주적 존재의 완벽한 모습을 하고 태어나리라고

지는데 [······] 어린아이들은 상인이나 선생을 흉내 내는 것만이 아니라 물레방아나 기차도 흉내 내며 논다. 이와 같은 미메시스적 태도의 훈련이 어린아이들에게 도대체 어떤 이득을 가져다줄까? 이 물음에 답하기 위해서는 미메시스적 태도의 계통발생적 의미에 대한 통찰이 필요하다." 발터 벤야민, 「미메시스 능력에 대하여」, 같은 책, 211쪽.

55 이 차원을 더욱 밀고 나감으로써 나름의 고유한 담론으로 구축해낸 장본인이 바로 아감벤이다. 주지하듯이, 초기 아감벤에게 몸짓과 유아기는 시간성을 축으로 한 역사철학적 사유의 핵심 키워드였다.

생각했다는 점을 어렵지 않게 상상할 수 있다.[56]

위 인용문에서 먼 과거에 가능했던 미메시스 능력은 두 가지 범주와 결합된 채로 나타나고 있다. 첫번째가 아이라면, 두번째는 우주다. 옛날 사람들이 상상했던 새로 태어날 아이는 미메시스의 재능을 가진 우주적 존재였을 거라고, 벤야민은 말하고 있다. 주목할 것은 이런 결합이 돌출적인 예외가 아니라는 사실이다. 이는 두 범주가 함께 등장하는 또 다른 텍스트와 겹쳐 읽을 때 확연하게 드러난다. 1928년, 그러니까 벤야민이 모스크바에서 돌아온 직후 출간한 『일방통행로』의 마지막 단락 「천문관 가는 길」을 보자.

우주적 경험에 온전히 자신을 맡기는 것처럼 고대인과 현대인을 명백하게 가르는 특성은 또 없을 것이다. 이러한 경험을 현대인은 거의 알지 못한다. [······] 우주를 향한 구애는 처음부터 전지구적 규모로 실행되었다. 즉 기술의 정신 속에서 말이다. 그러나 지배계급의 이윤창출 욕망이 기술에서 자신의 의지를 만족시키고자 했기 때문에 기술은 인류를 배신하고 신방(新房)은 피바다로 바뀌었다. 자연의 지배가 기술의 의미라고 제국주의자들은 가르친다. 그러나 어른들에 의한 아이들의 지배가 교육의 의미라고 설명하는 매질[하는] 스승을 누가 신뢰하겠는가? [······] 마찬가지로 기술 역시 자연을 지배하는 것이 아니라 자연과 인간 간의 관계를 지배하는 것이다.

---

56 같은 글, 212~13쪽(번역 일부 수정).

종(種)으로서의 인간은 수천 년 전부터 발전의 종말에 다다랐지만, 종으로서의 인류는 이제 막 시작하는 중이다. 종으로서의 인류는 기술 속에서 자신의 자연[신체](physis)를 조직한다. 그 자연[신체] 속에서 종으로서의 인류는 민족이나 가족에서와는 다른 방식으로 우주와의 접촉을 새롭게 형성한다.[57]

우주와 아이의 모티프가 기술 및 교육의 모티프와 복잡하게 교차하는 위 인용문에서 이후 1930년대에 본격적으로 전개될 핵심 토픽들을 확인할 수 있다. 우선, 벤야민은 고대인과 현대인을 구별하는 특징으로 우주적 경험을 제시하면서 이제 그것이 (미메시스 능력이 그런 것처럼) "현대인이 거의 알지 못하는" 무언가가 되었다고 말한다. 애초에 "전 지구적 규모로" "기술의 정신 속에서" 실행되었던 그것이 지금은 "아름다운 별밤에 시적인 황홀경에 빠진 개인의 일로 치부"되고 있으며, 이는 "현대인의 위험한 착각"이라는 것이다. 그런데 흥미롭게도 이 구도는 이어지는 구절에서 교육의 모티프를 불러오게 된다. 기술의 의미를 그들(제국주의자)과 다르게 정의하는 일이 교육의 의미를 다르게 정립하는 일과 직결되어 있다. 핵심은 자연을 지배하는 일, 교육을 한답시고 아이를 매질하듯 그렇게 자연을 착취(혹은 추출)하는 일은 결코 기술의 참된 의미가 될 수 없다는 데 있다. 그렇다면, 벤야민이 염두에 둔 기술의 다른 의미는 무엇일까?

벤야민과 기술의 문제에 관심을 둔 사람이라면, 이 대목에서 제

---

57 발터 벤야민, 『발터 벤야민 선집 1: 일방통행로|사유이미지』, 김영옥·윤미애·최성만 옮김, 도서출판 길, 2007, 163~64쪽(번역 일부 수정).

1의 기술과 제2의 기술에 관한 그의 논의를 떠올리지 않을 수 없을 것이다. 벤야민은 「기술복제시대의 예술작품」 2판에서 두 종류의 기술을 구별하면서, 제1의 기술의 목표가 "자연의 지배"라면 제2의 기술은 "자연과 인류의 어울림(협동, 상호작용[Zusammenspeil])"을 지향한다고 적었다. 나아가 예술의 결정적인 사회적 기능은 바로 이런 "어울림을 훈련시키는" 일인데, 이는 특히 영화에 해당한다고 그는 주장했다. 새로운 지각과 감각의 (적응)훈련 장치로서 영화의 기능을 주장하는 바로 이 대목에서, 예의 저 문제적인 각주가 따라붙는다.

> 이러한 적응을 가속화하는 일이 혁명의 목표이다. 혁명이란 집단의 신경감응이다. 더 정확히 말해서 혁명이란 역사적으로 일회적인 새로운 집단의 신경감응 시도인데, 이때 집단은 제2의 기술에서 도구를 취한다. 이 제2의 기술은 사회의 근원적 힘들을 제압하는 일이 자연의 근원 힘들과의 유희를 가능케 할 전제가 되는 체제를 가리킨다. 한 아이가 물건을 잡는 법을 배우면 공을 잡듯이 달을 향해서도 손을 뻗는 것처럼, 인류는 신경감응 시도를 할 때 손에 잡히는 목표만이 아니라 일단 유토피아적인 성격을 띤 목표들도 겨냥하게 된다.[58]

"새로운 집단의 신경감응 시도"라는, 돌연 등장하는 혁명의 정

---

58 발터 벤야민, 「기술복제시대의 예술작품(2판)」, 『발터 벤야민 선집 2: 기술복제시대의 예술작품|사진의 작은 역사 외』, 최성만 옮김, 도서출판 길, 2007, 57쪽.

의도 생경하지만, 우리의 시선을 더욱 강하게 붙드는 것은 뒤이어 등장하는 메타포다. '공을 잡듯이 달을 향해서도 손을 뻗는 아이.' 기술의 매개를 거쳐 아이와 우주의 모티프가 기막히게 합류하는 이 흥미로운 메타포는 앞선 두 인용문에서 확인했던 의미론적 계열체, 즉 미메시스-우주-기술-아이-교육으로 이어지는 저 흐름이 결코 우연이 아니었음을 증명한다. 이 메타포에 담긴 의미는 "유토피아적 의지"라는 제목을 단 「「기술복제시대의 예술작품」 관련 노트들」에서 상당 부분 해명된다.[59] 거기서 벤야민은 두 가지 유토피아를 구분하는데, 주로 "인간의 신체"와 관련된 "사랑이나 죽음" 같은 (원초적인) 문제들과 관련된 제1의 자연의 유토피아가 있다면, 그와 구별되는 제2의 자연의 유토피아, 즉 "사회적이고 기술적인 문제들"의 해결에 집중하는 유토피아가 존재한다.

벤야민의 설명에 따르면, 기술의 발전과 더불어 후자의 문제들이 점차 해결에 가까이 이를수록 이제껏 두드러지지 않았던 전자가 윤곽을 드러내면서 자신을 주장하기 시작한다. 바로 이것이 혁명이 불러일으키는 "유토피아적 의지"의 실체다. 그러니까, 혁명의 유토피아적 의지는 당장의 사회적·기술적인 문제 해결에만 머무른 채 만족하는 법이 없다. 그것은 당장 손에 잡히는 목표만이 아니라 유토피아적 성격을 띤 (더 크고 근본적인) 목표들도 겨냥하게 된다. 한 아이가 물건을 잡는 법을 배우게 되면 그 아이는 필시 공을 잡듯이 달을 향해서도 손을 뻗게 되어 있기 때문이다.[60]

---

59   발터 벤야민, 「「기술복제시대의 예술작품」 관련 노트들」, 같은 책, 199~200쪽.

어쨌든 주목할 것은 이처럼 더 나아간 요구, 혁명이 불러일으키는 "또 다른 유토피아적 의지"를 가리켜 벤야민이 "집단의 신경감응 시도"라는 표현을 사용하고 있다는 사실이다. 당연히 우리가 떠올려야 할 것은, 이 용어가 에이젠슈테인 창작의 전 시기를 관통해온 생체심리학적 지향을 요약해줄 수 있는 개념일 뿐만 아니라 벤야민 본인이 채플린의 특별한 제스처를 두고 사용했던 표현("그는 인간의 표현 동작을 일련의 작은 신경감응들로 쪼갠다")이기도 하다는 사실이다. 앞서 밝혔듯이, 이 용어가 어떻게 해서 벤야민의 텍스트 안에 들어오게 되었는지에 관해서는 별도의 정치한 비교학적 고찰이 필요하다. 하지만 최소한 어떤 텍스트들에서 이 용어가 등장하고 있는지는 곧장 확인할 수 있다.

이 용어는 벤야민의 저작에서 총 다섯 번 사용된다. 최초로 등장한 것은 단상 모음집인 『일방통행로』(1928)로, 이 텍스트에서는 해당 용어가 두 차례 나온다. 「타자기」와 「기도바퀴」 부분인데, 두 경우 모두 신체적인 동작과 관련된 맥락이라는 점에 주목할 수 있다.[61]

---

60 벤야민에 따르면, "피와 땅"이라는 파시즘의 구호가 진정한 혁명적 의지에 이르지 못하는 가짜 유토피아인 까닭은 그것의 목표가 여기까지 이르지 못하기 때문이다. "이 연관에서 '피와 땅'이라는 구호에 귀를 기울여보면 파시즘이 그 두 유토피아를 어떻게 저지하려고 획책하는지가 일순간 분명해진다. 피는 그 피의 의학을 모든 미생물들의 놀이터로 제공하려는 제1의 자연의 유토피아에 역행하며, 땅은 제2의 자연의 유토피아, 즉 그것의 실현이 성층권까지 올라가 거기서 폭탄을 투하하려는 유형의 사람이 누릴 우선권이 될 그런 제2의 자연의 유토피아에 역행한다." 같은 글, 200쪽. 그러니까 모름지기 진짜 유토피아가 되려면, 그 피의 의학이 특정한 민족이 아닌 "모든 미생물들의 놀이터"가 되어야 하며, 그 땅의 실현이 "성층권까지 올라"갈 수 있어야만 하는 것이다.

61 "타자기가 문필가의 손을 만년필로부터 멀어지게 하는 것은 활자 형태들의 정

또한 앞서 언급한 대로 「채플린을 회상하며」(1929)와 「『기술복제시대의 예술작품』 관련 노트들」(1934)에서 각각 '제스처'와 '혁명'을 수식하는 개념으로 등장한다. 하지만 우리의 관점에서 가장 의미심장한 것은 마지막 다섯번째 텍스트 「프롤레타리아 아동극의 프로그램」(1929)이다.

벤야민 생전에 출간되지 못한 이 글은 베를린에서 아샤 라치스와 함께 지내던 두 달 동안 쓴 것으로, 숄렘의 표현을 빌리자면 "더 뚜렷해진 마르크스주의적 억양"을 보여주는 대표적인 텍스트 중 하나다. 동시에 그것은 아주 이른 시기부터 존재했던 교육학에 대한 벤야민의 관심, 특히 부르주아 아동심리학을 향한 비판적 입장이 명시적으로 드러난 글이기도 하다. 하지만 우리의 관점에서 이 글은 지금껏 살펴본 (우주, 기술, 아이, 교육으로 이루어진) 특정한 개념적 성좌가 아동극이라는 구체적인 몸통과 결합되어 나타난 결과물이라는 점에서 각별하다. 이 글을 통해 '신경감응'이라는 용어가 벤야민의 사유에서 점하는 위치뿐 아니라 그것이 나아가게 될 방향까지 가늠할 수 있다.

우선 벤야민이 아이들의 행위와 제스처를 가리키는 용어로 '신

> 확성이 그 문필가가 집필하는 책들의 구상에 직접 관여할 때이다. 추측컨대 그렇게 되면 여러 다양한 글꼴의 체계들이 새로 필요해질 것이다. 그 새 체계들은 능숙한 손 대신에 명령하는 손가락의 신경망(innervation)을 쫓 것이다.": "의지에 생생한 활력을 불어넣어주는 것은 표상된 이미지뿐이다. 그에 반해 단순한 말에서는 의지가 너무 지나치게 불붙어 이내 활활 타버릴 수 있다. 정확하게 이미지로 표상하는 일이 없이 건전한 의지란 있을 수 없다. 신경감응 없이 표상이란 없다. 그런데 그 신경감응을 가장 섬세하게 조정해주는 것이 호흡이다." 발터 벤야민, 『발터 벤야민 선집 1』, 97쪽과 115쪽.

호(signal)'라는 단어를 사용한다는 점에 주목할 수 있다. 신호는 무언가를 표현하는 수단이라는 점에서 기호(sign)와 겹쳐지지만, 현재 일어나고 있거나 혹은 일어나게 될 어떤 일을 알리고 전달한다는 뉘앙스가 그에 더해진다. 아이들의 행위와 제스처는 "심리학자들이 좋아하듯이 무의식, 잠재성, 억압, 검열의 신호라기보다는 아이들이 살아가고 명령하는 [또 다른] 세계에서 온 신호이다"[62]라는 벤야민의 말은 정확히 이런 의미로 이해될 수 있다. 즉, 그것은 흔히 프로이트식 정신분석학에서 말하는 (무의식의) 단서로서의 징후 같은 것이 아니다. 그것은 아이들이 살아가는 "다른 세계"로부터 온 소식이나 부호 같은 것이다. 그렇다면 이런 특별한 신호가 갖는 구체적인 특징은 무엇일까? 눈의 감각을 손의 감각으로 전달하는 능력, 혹은 그 둘이 정확하게 '연결'된 상태가 바로 그 특징이다. 오직 아이들에게만 가능한 이 과정을 벤야민은 이렇게 설명한다.

> 화가는 오히려 눈이 마비된 곳에서 손으로 더 가까이 보는 사람, 시각기관 근육(eye muscle)의 수용적(receptive) 신경감응을 손의 창조적(creative) 신경감응 쪽으로 전달하는 사람이라는 것이다. 창조적 신경감응이 수용적 신경감응과 정확하게 연결된 모습을 바로 모든 아이들의 제스처가 보여준다.[63]

---

62 발터 벤야민, 「프롤레타리아 아동극의 프로그램」, 『발터 벤야민 선집 8: 브레히트와 유물론』, 윤미애·최성만 옮김, 도서출판 길, 2020, 276쪽.
63 같은 글, 277쪽.

수용적 신경감응을 창조적 신경감응으로 전달하는 사람, 눈보다 손으로 더 가까이 잘 보는 사람이라는 이 표현에서 5년 후에 나오게 될 유명한 개념을 떠올리지 않기란 불가능하다. 수차례의 개작과 삭제의 과정을 거친 「기술복제시대의 예술작품」 최종판에서 "신경감응"이라는 저 문제적인 용어는 지워졌지만, 그것을 대체하는 "촉각성"은 살아남았다. 벤야민이 아이들이란 "전혀 예상치 못했던 새로운 힘과 새로운 신경감응"을 만들어냄으로써 오히려 무대 위에서 교육자를 가르치는 존재라고 말할 때,[64] 그 새로운 힘과 신경감응의 창출이라는 과제가 조만간 '혁명'의 새로운 정의("집단의 신경감응 시도")로까지 나아가게 되리라 예측하기는 쉽지 않았다. 그렇지만 같은 해에 발표한 에세이 「초현실주의」의 마지막 문단처럼, 예언적이고 비의적인 울림으로 한껏 물들어 있는 이 글의 마지막 문장은 그것에 걸려 있는 심대한 무게를 충분히 짐작게 한다.

이 아동극 속에 바로 부르주아지의 최근 연극이 보여주는 사이비 혁명적인 몸짓을 파괴하게 될 힘이 들어 있다. 왜냐하면 진정으로 혁명적으로 작용하는 것은 어떤 이념들의 프로파간다[……]가 아니기 때문이다. 진정으로 혁명적으로 작용하는 것은 아이들의 제스처에서 울려 나오는 도래하는 것의 은밀한 신호이

---

[64] "공연이 펼쳐지는 동안 아이들은 무대 위에 서서 주의 깊은 교육자들을 가르치고 교육한다. 단장이 작업하는 동안 전혀 예상치 못했던 새로운 힘들과 새로운 신경감응이 나타난다. [……] 연기하는 가운데 그들의 아이다움이 실현된다." 같은 글, 280쪽.

다.[65]

"도래하는 것의 은밀한 신호." 벤야민은 평생에 걸쳐 도래하는 것이 보내오는 저 은밀한 신호를 듣고 그것에 내기를 거는 "위태로운 삶(critical life)"을 감행했던 인물이다. 그 신호의 발신처는 소비에트로, 우주로, 영화로, 아이의 몸짓으로, 심지어 과거(의 이미지)로 모습을 바꾸었지만 그것들의 본질은 변하지 않았다. 그것은 현존하는 세계 바깥의 "또 다른 세계," 아직 온전히 실현되지 않은 '약속'의 형상들이었다. 우리가 그 형상을 지칭할 더 나은 개념을 갖고 있지 않다면, 당분간 그것은 유토피아라고 불릴 수밖에 없을 것이다.

채플린 광맥

지금껏 살펴봤듯이, 에이젠슈테인과 벤야민은 실제 삶 속에서는 단 한 번도 마주친 바 없음에도 불구하고 극히 흥미로운 사유의 교차 지점들을 보여주었다. 서로 다른 시기에, 서로 다른 이유로 두 사람의 관심을 끌었던 채플린이라는 형상은 그들을 연결하는 중대한 고리 중 하나였지만, 그 고리는 공통분모 못지않게 하나로 수렴될 수 없는 각자의 고유함 역시 보여준다. 둘 모두에게 어린아이 혹은 유년의 문제는 인간 존재의 원형적 모델이자 더 완벽하게 도래할 미래의 청사진이었고, 그에 대한 탐구는 (철학적) 인류학의 방향을 향했

---

65 같은 곳.

지만, 에이젠슈테인의 탐구가 일종의 비교문명사적 예술론의 성격을 띠었다면, 벤야민의 탐구는 결국 방대한 역사철학적 기록과 성찰로 귀결되었다. 이런 사유의 접점이 단지 시대가 낳은 우연인지, 아니면 둘 사이에 존재했던 실질적인 영향관계의 산물인지를 밝혀내기 위해서는 더 많은 연구 작업이 필요하다. 그리고 이를 위한 불가피한 전제는 벤야민의 '모스크바'에 관한 더 깊고 풍부한 이해가 될 수밖에 없을 것이다. 그리고 초창기 에이젠슈테인의 '아트락치온' 작업을 공유하면서 '신경감응'의 관객성을 함께 탐색했던 브레히트의 '러시아 친구' 트레티야코프는 이 문헌학적 고증 작업의 핵심적 매개변수가 되어야만 할 것이다.[66]

그런데 어쩌면 '채플린 커넥션'이 보여주는 중요한 시사점은 따로 있는지도 모른다. 채플린의 이름, 그 표층의 연결고리가 그것 아래에 흐르고 있는 더 깊고 광대한 지층과 광맥들의 존재를 증언해준다는 사실이 그것이다. 우리의 논의 과정 자체가 보여주듯이, 채플린의 형상에 대한 탐색은 기계, 신체, 기술, 감각 그리고 유년과 우주에 이르기까지 온갖 주제들을 가로지르며 관통하는 길고 복잡한 여정이 될 수밖에 없다. 전쟁과 혁명의 세기, '종으로서의 인간'의 끝을 목도하는 절망과 '종으로서의 인류'의 탄생을 기대하는 희망이 어지럽게

66 트레티야코프는 1923년에 에이젠슈테인과 공저로 「표현적 동작」을 발표했는데, 반사신경(reflexes)과 운동 동작(motor movement)을 중심에 둔 이 글에는 이후 에이젠슈테인의 관객성 논의의 핵심이 될 논지가 거의 다 담겨 있다. Sergei Eisenstein & Sergei Tretyakov, "Expressive Movement," Alma Law & Mel Gordon(eds.), *Meyerhold, Eisenstein and Biomechanics: Actor Training in Revolutionary Russia*, London: McFarland, 1996, pp. 173~92.

교차했던 지난 세기 초반에 두 인물이 남겨놓은 저 발걸음으로부터, 위기와 변형의 이름으로 재차 절망과 희망을 반복하고 있는 우리 시대를 위한 통찰의 지점들을 찾아내는 일은 온전히 우리의 몫이 되어야 할 것이다.

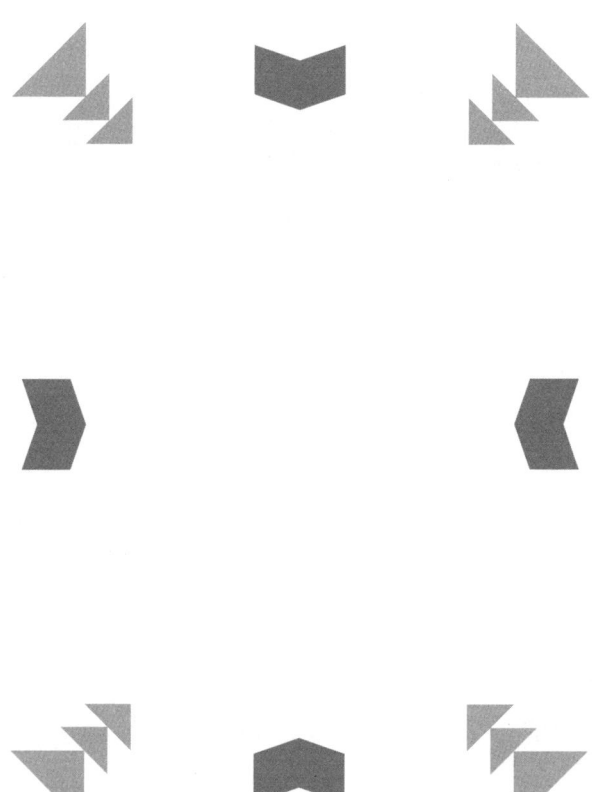

2부

4장.
혁명과 소리
: 볼셰비키의 땅에서 사운드 씨의 기묘한 모험

100년 전 러시아에서 인류 최초의 사회주의 혁명이 일어났을 때 서구의 많은 지식인과 예술가 들은 '성공한' 혁명이 만든 새 세계의 모습에 궁금증을 가졌다. 그중 몇몇은 직접 러시아 땅을 방문하기도 했는데, 독일의 비평가 발터 벤야민도 이들 중 한 명이었다. 두 달 남짓(1926년 12월~1927년 2월)의 체류 기간 동안 그는 훗날 『모스크바 일기』라는 제목을 달고 세상에 나오게 될 사적인 기록을 남겼다. 메이예르홀트의 연극 〈검찰관〉에서 베르토프의 영화 〈세계의 6분의 1〉에 이르기까지, 벤야민은 그해 겨울 모스크바의 무대와 극장을 분주히 드나들었고, 그 감상을 일기에 남겨놓았다. 귀국을 얼마 앞둔 1월 26일 저녁엔 잡지 『문학세계』에 기고할 목적으로 글을 한 편 썼는데, 에이젠슈테인의 영화 〈전함 포템킨〉에 대한 오스카 슈미츠(Oscar Schmitz)의 논평을 반박하는 이 글에서 벤야민은 당시로서는 상당히 특이한, 하지만 10년 후에 발표될 글 한 편을 통해 너무나도 유명해지게 될 주장 하나를 내놓는다.

예술의 중요하고 기본적인 진보는 새로운 내용도 아니고 새로운 형식도 아니라는 점이다. 기술의 혁명이 그 둘에 앞서 일어난다.[1]

적어도 벤야민 이후로, 영화매체의 기술적 혁명을 '지각'의 혁명이자 예술의 혁명으로 연결시키는 관점은 상식이 되었다. 실제로 (벤야민이 보았던) 혁명기 소비에트의 전설적인 무성영화들은 이런 관점에 정당성을 부여하는 생생한 역사적 내러티브들을 제공해왔다. 그 내러티브를 구성하는 핵심 줄거리들 역시 비교적 잘 알려져 있다. 가령, "우리에게 가장 중요한 예술은 영화다"라는 레닌의 언급에서 시작해 "장차 영화관은 선술집, 교회와 경쟁하게 될 것"이라는 트로츠키의 예견까지. 혹은 세계 최초의 '국립영화예술학교(VGIK)'가 모스크바에 문을 열게 된 이야기부터 전설적인 '선전영화열차'가 내전 시기 소비에트의 구석구석을 누빈 이야기까지. 그런가 하면, 1917년 실제 혁명의 기억을 압도해버린 혁명 영화〈10월〉에서 시작해 '키노-아이'의 세기가 도래했음을 선언한 뉴미디어 영화〈카메라를 든 사나이〉까지.

이 모든 익숙한 이야기들이 공통적으로 그려내는 대략적인 풍경은 다음과 같다. 19세기 후반 프랑스에서 발명된 한 기계장치가 인류 역사상 가장 격렬했던 사회정치적 실험의 한복판에서 그 격동의 '리듬'을 자신 속에 고스란히 담아내며 스스로의 '언어'를 구축해나가는 모습. 나아가 그와 같은 재현과 구축의 과정이 세계를 향한 인간의 감각중추(sensorium) 자체를 새롭게 재구성함으로써 20세기를 특징

1   Walter Benjamin, "Reply to Oscar A. H. Schmitz, 1927," *Selected Writings*, Vol. 2, Cambridge, MA: Belknap Press, 2005, pp. 16~17; 발터 벤야민, 「오스카 슈미츠에 대한 반박」, 『발터 벤야민 선집 2: 기술복제시대의 예술작품ㅣ사진의 작은 역사 외』, 최성만 옮김, 도서출판 길, 2007, 240쪽.

짓는 이른바 영화적 지각과 사유의 가능성을 시험해나가는 모습. 한마디로, 소비에트 몽타주 영화의 저 영광의 세월과 그것의 미학적 함의에 관한 낯익은 이야기들.

그런데 100년 전 러시아 혁명을 배경으로 소비에트 혁명 영화의 자취를 되짚어보려는 이 글의 관심은 위와 같은 익숙한 구도를 향해 있지 않다. 나는 이 글에서 흔히 소비에트 몽타주-아방가르드 영화의 전성기라 불리는 1910~20년대가 아니라 그것의 끝, 더 정확하게 말하면 그것이 무언가 아주 다른 것으로 바뀌어버리기 직전의 시점에 초점을 맞추고자 한다. 흔히 혁명적 아방가르드의 쇠퇴기로 간주되는 1920년대 후반~30년대 초반이 바로 그 시기다. 이후로 상세히 살펴보게 되겠지만, 이 시기는 정치·사회·문화·예술을 아우르는 모든 면에서 하나의 세계가 또 다른 세계로 변화되는 총체적인 '이행기'였다.

그런데 영화라는 새로운 기술매체의 관점에서 이 시기는 특별히 흥미로운 하나의 분기점을 갖는다. 바로 소리의 도입, 즉 발성(talkie) 기술의 발명이다. 1927년 미국 할리우드에서 세계 최초로 필름에 소리를 입히는 기술이 발명되었고, 이는 세계 영화사의 흐름을 바꿔놓았다. 1920년대 후반 소리의 도입이 갖는 커다란 정치적·기술적·예술적 의미들, 특히 그것이 혁명의 땅 소비에트에서 가졌던 아주 특별한 함의들은 상당 부분 여전히 베일에 싸여 있다. 우리는 '움직이는 사진(영상)'의 초국적(transnational) 여정과 그것이 수반했던 다채로운 모험에 관해 꽤 많은 것들을 알고 있지만, 그에 덧붙여진 '소리'에 관해서는 의외로 아는 바가 많지 않다. '시각적인 것(the visual)'과 '청각적인 것(the sonic)' 사이의 이런 불균형은 그 자체로 의미심장한데,

그것이 영화매체의 정체성과 관련된 우리의 사고를 반영하는 것처럼 보이기 때문이다. 가령, 우리를 둘러싼 저 "감옥의 세계 전체를 10분의 1초의 다이너마이트로 폭파"해버린 새로운 기술매체 영화에 그토록 열렬히 반응했던 벤야민 역시도 필름 이미지에 소리를 더하는 새로운 기술혁명에 대해서는 별다른 관심을 두지 않았던 것이다.[2]

한편, 혁명의 땅 소비에트의 맥락에서 저 불균형은 또 다른 격차 하나를 직접적으로 떠올리게 할 법도 하다. 그것은 혁명적 아방가르드 영화의 '시작'과 '끝' 사이의 격차다. 혁명의 소용돌이 속에서 태어나 그 불길을 통과해갔던 소비에트 몽타주 영화의 일대기. 에이젠슈테인, 베르토프, 푸도프킨 같은 쟁쟁한 이름들을 남긴 저 영광스러운 일대기에서, 당당하고 요란했던 시작의 풍경에 비해 지금껏 그 끝

---

[2] 시각적인 것과 청각적인 것 사이의 이런 불균형은 21세기 들어 급격하게 시정되고 있다. 영화 사운드를 주제로 한 1980년대와 90년대 초반의 몇몇 선구적 연구 이후로, 최근 15년간 사운드 연구는 독립적인 연구 분야로서뿐만 아니라, 영화 및 미디어 연구를 통합하는 간학제적 분야이자 시각적인 것을 과도하게 강조해온 기존 관점을 보완하는 대안적 패러다임으로서 전 세계적인 관심과 주목을 받고 있다(실례로 2008년 『시네마 저널(Cinema Journal)』은 사운드 연구 특집을 마련했다). 하지만 1970년대의 '시각적 전환(visual turn)'을 떠올리게 하는 이런 '청각적 전환(sonic turn)'의 상황에도 불구하고 이 연구들은 여전히 대부분 미국 영화, 부분적으로 유럽 영화에 치중되어 있는 형편이다. 특히 소비에트 영화 연구 진영의 사운드 관련 연구들은 여전히 영화 및 미디어 분야 사운드 연구의 국제적 흐름(가령, 청각적 근대성 논의)과 생산적으로 대화하지 못하고 있다. 지난 2014년에 출간된 논문모음집 *Sound, Speech, Music in Soviet and Post-Soviet Cinema*, Indiana University Press, 2014는 이 분야의 획기적인 전환점이 될 만한 성과로서, 현 단계 소비에트/러시아 영화의 사운드 관련 연구 현황 및 향후 전망을 집약하고 있다. 편집자 중 한 명인 에이젠슈테인 연구자 Masha Salazkina의 "Introduction," pp. 1~17 참조.

의 풍경은 너무 적거나 피상적인 조명만을 받아온 것이 사실이다. 지난 세기 영화의 혁명적 실험의 한 페이지가 닫히는 순간. 그 황혼의 풍경은 새삼 차분한 시선으로 꼼꼼하게 되짚어볼 필요가 있다. 어째서일까? 그 일은 일차적으로 소리의 도입이라는 사건을 통해 영화매체의 본질에 관한 우리의 관점을 재검토하는 기회가 될 수 있겠지만, 동시에 100년 전에 발생했던 혁명을 그것이 내놓은 해답의 관점이 아니라 그것이 낳은 원초적인 물음들의 관점에서 곱씹어본다는 것을 의미하기 때문이다. 해답의 자리가 아니라 '근본적인 질문들'이 제기된 최초의 장소로서 혁명에 관해 다시 생각해볼 것. 이 글이 다루고자 하는 끝(황혼)의 풍경은 혁명이 지니는 이 '기원적' 성격을 드러내기에 가장 적합한 문턱이 될 수 있다고 믿는다. 그 문턱을 더듬는 작업이, 이제껏 알던 것과는 전혀 다른 그 무엇으로 바뀌어가고 있는 것처럼 보이는 오늘날의 영화에게, 그리고 많은 것들이 달라졌음에도 여전히 그대로인 세계 속에서 혁명의 (불)가능성을 고민하는 이들에게, 한 걸음 더 나아간 사유의 계기를 제공할 수 있기를 기대한다.

문화혁명과 소리: 이행기의 영화, 영화의 이행기

1927년 10월 6일 뉴욕에서 세계 최초의 유성영화 〈재즈 싱어〉의 주연배우 앨 졸슨이 "잠깐, 잠깐만. 넌 아직 아무것도 못 들었다니까"라는 대사를 화면 위에서 직접 말하는 순간, 관객석에서는 탄성이 터져나왔다. "세상에! 영화가 말을 하다니." 재즈 싱어를 꿈꾸는 유대인 소년이 브로드웨이 무대에서 성공을 거두기까지의 이야기를 그린 이 영화는 기록적인 성공을 거두었고, 350만 달러를 벌어들인 워너브라더스는 단숨에 메이저 영화사가 되었다.

미국에서 유성영화로의 전환을 추동했던 주요한 동기가 보다 저렴한 수단을 통해 실황 무대공연(live stage show)을 대체하려는 것이었다는 사실은 꽤나 시사적이다. 왜냐하면 소리를 입힌 영화는 무엇보다도 엔터테인먼트를 위한 수단이었고, 다른 매체(무대공연)를 재생한 것에 불과했다는 점을 보여주기 때문이다. 이런 점에서 무성영화 시대의 저명한 감독과 이론가 들이 이 신기술의 도입에 비판적인 태도를 견지했던 것은 충분히 이해할 만하다. 그들에게 유성영화는 예술이 아닌 것으로, 자칫하면 예술로서의 영화를 극장식 볼거리로 퇴보시킬 수 있는 몹시 해롭고 위험한 발명품으로 비쳤던 것이다.

소리의 도입은 영화매체의 생산과 유통, 소비를 둘러싼 하부구조 전반에 심대한 변화를 가져온 중대한 분기점이었다. 어떻게 보면, 영화매체는 소리와 더불어 비로소 명실상부한 '산업'이 되었다고 말할 수 있을지도 모른다. 서구, 특히 미국 할리우드에서 유성영화는 분명 거대 산업의 문제였다. 제너럴 일렉트릭, AEG, 필립스 같은 당대의 거대 전기회사들이 영화 산업이 신속하게 사운드로 전환하는데 필요한 대규모 자본을 제공했던 것은 우연이 아니다. 장 미트리가 말했듯이, "[사운드] 전환기 영화는 본질상 미학적 현상이 아닌 산업적 현상이었다. 그렇기 때문에 1920년대 영화들과는 대조적으로, 전환기 영화들에 대한 분석은 장인 감독들 개개인이 아니라 거대 제작회사들의 차원에서 이루어지게 된다."[3]

3   Jean Mitry, *Histoire du cinéma, art et industrie, vol. 4: les années*

한편, 영화매체의 초국적 성격은 이 경우에도 예외가 아니었다. 뤼미에르 형제의 영화가 1895년 12월 파리에서 첫선을 보인 후, 불과 몇 달 뒤인 1896년 7월에 자국에서 열린 박람회에서 이를 관람할 수 있었던 러시아의 관객들[4]은, 〈재즈 싱어〉가 미국에서 개봉하고 2년이 지난 1929년 11월 모스크바에서도 최초로 목소리가 들리고 노래가 울려 퍼지는 영화를 만나볼 수 있었다. 아직까지 자국의 유성영화를 보유하지 못했던 당시 소비에트의 관객들의 열광적인 반응은 뉴욕과 많이 다르지 않았지만, 언제나 그렇듯이 정보 및 기술의 전파와 수용은 수신자 측 문화의 특수성과 사회적 맥락 속에서 예기치 못한 굴절을 겪게 마련이다. 소비에트 영화사에서 소리의 도입 문제는 그것이 야기한 미학적·산업적 변화를 초과하는, 훨씬 더 크고 복잡한 사회정치적 차원들과 결부되어 있는바, 이 이행기의 총체적 함의를 고려하지 않고서는 결코 온전히 해명될 수 없다.

문제의 핵심은 소비에트 영화사에서 유성영화로의 이행 시점이

> *trentes*, Paris: Jean-Pierre Delarge, 1980, pp. 166~67; Charles O'Brien, *Cinema's Conversion to Sound: Technology and Film Style in France and the U. S.*, Indiana University Press, 2005, p. 7에서 재인용.

4   당시 처음으로 영화를 보았던 작가 막심 고리키는 그때 받은 인상을 "그림자 왕국"이라고 표현한 바 있다. "어제 나는 그림자 왕국에 있었다. 그곳에서의 경험이 얼마나 이상했는지. 소리도 없고 색채도 없다. 거기선 모든 게―하늘도 나무도 사람도 물도 공기도―회색빛 모노톤으로 채색되어 있다. 회색빛 하늘에 회색빛 햇살, 회색 얼굴과 회색 눈, 나뭇잎은 잿빛의 회색이었다. 이건 삶이 아니라 삶의 그림자일 뿐이다. [……] 나는 설명해보려고 한다. 나는 오몽의 카페에 있었고 거기서 뤼미에르의 시네마토그라프, 움직이는 사진들을 보고 있었다. Catriona Kelly and David Shepherd(eds.), *Russian Cultural Studies: an Introdiction*, Oxford University Press, 1998, p. 165.

흔히 말하는 '거대한 전환점,' 즉 소비에트의 (스탈린식) 문화혁명기 (1928~32년)와 정확하게 겹친다는 데 있다. 혁명 이후의 소비에트 사회가 삶의 모든 영역에서 이전과 구별되는 새로운 단계로 진입하게 되는 국면, 사회의 지배적 패러다임이 총체적인 전환을 맞이하게 된 것이 바로 이 시기다. 스탈린이 제1차 5개년 계획을 실시한 때와 정확하게 맞물리는 바로 이 기간에, 소비에트 영화는 '소리'를 얻게 되었다.

소비에트 영화사에서 이 시기가 갖는 이행기적 함의는 너무나 폭넓고 다양한 측면들에 결부되어 있어서, 다른 것들을 언급하지 않은 채 어느 하나만의 '이전'과 '이후'를 말하기가 불가능할 정도다. 가령, 무성영화가 소리를 얻게 된 이 기간은 '신경제정책' 네프(NEP)가 제1차 5개년 계획으로 바뀌는 시기였을 뿐만 아니라, 1920년대를 특징짓던 모든 종류의 (실험적) 미학주의가 '형식주의'의 동의어로 치부되어 공격당하고, 1934년에 마침내 '사회주의 리얼리즘(Social Realism)'이라는 공식 명칭을 얻게 될 새로운 독트린이 차츰 윤곽을 갖춰가던 시기이기도 했다. 바로 이 기간 동안 소비에트 아방가르드 몽타주 영화는 소리를 장착한 "만인을 위한 영화(cinema for millions)"로 변모해갔던 것이다. 요컨대 이 이행기는 흔히 말하는 1920년대와 1930년대 사이의 저 문제적인 간극, 언젠가 수전 벅-모스가 "예술적 아방가르드(artistic avant-garde)"와 "정치적 뱅가드(political vanguard)" 사이의 불일치라고 부르기도 했던 유명한 간극의 다른 이름이기도 하다.[5]

5   Susan Buck-Morss, *Dreamworld and Catastrophe: The Passing of Mass*

이와 같은 중대한 이행기의 국면이 소비에트 영화의 소리의 도입 시기와 정확히 일치한다는 사실은 최소한 두 가지 사실을 확인해 준다. 첫번째로, 소비에트 영화는 이와 같은 거대한 전환의 가장 직접적인 영향권 아래에 놓인 매체였으며,[6] 따라서 소리의 도입이라는 사건은 결코 기술적 장치의 문제에 국한될 수 없는, 고도로 정치적인 함의를 띨 수밖에 없었다는 점이다. 다시 말해 소리는 단지 소리의 문제가 아니라 소리라는 장치를 권력과 지식의 장 위에서 어떻게 배치하고 활용할 것인가의 문제를 동반하지 않을 수 없었다. 둘째로, 사운드 기술이 그것을 둘러싼 사회정치적 맥락(전환의 논리)에 강하게 결부되어 있었다는 사실로부터, 역으로 영화매체가 그 전환의 본질을 가장 잘 구현하는 매체일 수도 있다는 점을 추론할 수 있다. 다시 말해 영화가 바뀌었다면, 바로 그 영화적 변형 속에서 시대적 전환의 핵심을 파악할 수 있다는 뜻이다. 1920년대와 1930년대를 가르는 저 모든 드라마틱한 '대립'들뿐 아니라 그것들의 기저에 흐르고 있는 모종의 '연속성'에 이르기까지, 소리를 둘러싼 영화의 변화는 시대 자체의 변화가 찍혀 있는 문화적 인장(印章)으로서 다시 읽힐 수 있다.

6 *Utopia in East and West*, Cambridge, MA: MIT Press, 2000, pp. 60~62.
벤야민의 날카로운 시선은 바로 이 점을 포착한 바 있다. "이보다 더 심각하고 보편화된 차원에서는 러시아 내부의 상황이 보통의 영화들에 대해 억압적으로 작용하고 있다. 적당한 시나리오를 구하는 일이 쉽지 않은데, 그 이유는 소재 선택이 엄격한 통제를 받기 때문이다. 러시아에서 검열에 가장 자유로운 분야는 문학이다. 연극은 그보다 더 세세하게 감시를 받고, 영화는 가장 엄하게 감시를 받는다. 이 검열의 등급은 각각 관중의 크기에 비례한다." 발터 벤야민, 「러시아 영화예술의 상황에 대하여」, 『발터 벤야민 선집 2: 기술복제시대의 예술작품|사진의 작은 역사 외』, 최성만 옮김, 도서출판 길, 2007, 228쪽.

소비에트 영화사 연구자 영블러드는 영화에서의 문화혁명을 야기한 세 가지 요인을 다음과 같이 지적한 바 있다. 첫째는 당연히 1927년 시작된 사운드 기술의 영향이고, 둘째는 라프(RAPP)나 아르크(ARRK) 같은 강한 정치적 지향을 갖는 예술단체들의 득세,[7] 셋째는 상대적으로 예술적 다양성과 자유를 옹호했던 아나톨리 루나차르스키(Anatoly Lunacharsky)가 문화성에서 물러난 일이다.[8] 다채로운 미학적 실험이 꽃피웠던 황금 시대가 저물기 시작했다는 첫 신호는 1928년 3월 당 중앙위원회의 선전분과에서 조직한 회의에서 나타났다. 이 회의에서 "당이 영화의 선전적 활용에 계속해서 커다란 중요성을 부여한다"는 원칙이 천명되었고, 이를 위해 "당이 올바른 노선을 제시할 필요성"이 강조되었다. 당시 여전히 현직에 있었던 루나차르스키는 많은 비판을 받았다. 거의 200여 명이 참석한 이 회의가 영화감독들이 작업의 기술적 측면을 논의하는 자리가 아니었음은, 발표 기회를 얻은 감독이 프리드리흐 에르믈러(Fridrikh Ermler) 단 한

[7] '러시아 프롤레타리아 작가연합' 라프(RAPR: Russian Association of Proletarian Writers)는 '동맹이냐 적이냐'라는 이분법적 기준을 내걸고 수많은 당대 예술가들을 박해한 것으로 유명하다. 1928년에 이름을 바꾸기 전까지 바프(VAPP)라는 명칭으로 불렸는데, 1926년 겨울 벤야민이 모스크바를 방문했을 때 가끔씩 "러시아어 문법을 공부"하러 들르곤 했다고 한 곳이 바로 이 조직이다. 발터 벤야민, 『발터 벤야민 선집 14: 모스크바 일기』, 김남시 옮김, 도서출판 길, 2015, 47쪽 참조. 미술계와 영화계에도 각각 라프에 해당하는 조직들이 있다. 아크르(AKhRR)라는 '혁명 러시아 미술가연합'과 아르크(ARRK)라는 '혁명적 영화 노동자연합'이 그것이다.

[8] Denise J. Youngblood, "Soviet Silent Cinema 1918-1930," Rimgaila Salys(ed.), *The Russian Cinema Reader, Vol. 1: 1908 to the Stalin Era*, Boston: Academic Studies Press, 2013, pp. 82~83.

명뿐이었다는 것에서도 드러난다.

영화인들의 주도권이 상실되었음을 알린 더욱 명백한 증거는 1930년에 나타났다. 1925년부터 소비에트 영화인들의 대표 조직으로 기능해왔던 소브키노(Sovkino)가 폐지되고, 그를 대체하는 새 조직 소유즈키노(Soyuzkino)가 설립된 것이다. 이후 이 조직의 수장으로 (스탈린 시기 소비에트 영화사를 좌지우지했던 가장 유명한 인물 중 한 명인) 보리스 슈먀츠키(Boris Shumyatsky)가 임명되었다. 소비에트식 할리우드를 꿈꿨던 이 인물은 임명 당시 영화에 관해 아는 바가 전혀 없었는데, 스스로 이 점을 우려하자 다음과 같은 대답이 돌아왔다. "우리는 당신이 자신의 방식을 찾을 것으로 믿고 있소. 당신은 당과 정부의 여러 과업에서 위대한 경험을 지니고 있소. 영화의 특수성에 관해 걱정하는 거라면, 당신은 금방 익히게 될 거요."[9]

하지만 최초의 신호가 감지되던 1928년 당시에는 아직까지 스탈린의 이름으로 대두될 이후의 사태들이 어떤 모습으로 실현될지 정확하게 예측하기 어려웠다. 네프 시기가 끝나고 과거 혁명기의 실험적인 파토스 또한 현저히 잦아든 상황. 무언가 지금까지와는 다른 새로운 단계가 닥쳐오고 있음을 예감하지만, 그럼에도 그것이 정확히 어떤 것이 될지 예견하기는 어려운 상황. 한 시대가 바야흐로 종말을 고하고 그것을 대체하게 될 또 다른 시대가 목전에 이른 이 상

---

9 Peter Kenez, *Cinema and Soviet Society: From the Revolution to the Death of Stalin*, I. B. Tauris & Co Ltd, 2000, p. 95. 소유즈키노의 수장직에 먼저 임명되었던 사람은 마르테먄 류틴(Martemyan Ryutin)이었는데, 반스탈린적 견해를 표명했다고 간주된 문건 때문에 즉각 해임되고 슈먀츠키로 교체되었다.

황은, 이를테면 지크프리트 크라카우어가 말한 역사의 "대기실 풍경," 혹은 "끝에서 두번째 세계"[10]에 가까웠다.

영화 사운드의 등장과 관련해 지금까지도 여전히 소비에트 영화사(혹은 세계 영화사)에서 가장 중요한 문건으로 평가받는「요청서」는 바로 이와 같은 '대기실'의 분위기 속에서 작성되었다. 당 선전분과 주최로 회의가 열리고 3개월이 지난 1928년 6월, 당대 최고의 감독 3인(에이젠슈테인, 푸도프킨, 알렉산드로프)이 공동 서명한「요청서: 유성영화의 미래」라는 문건이 발표되었다.[11] 소리와 관련된 신기

---

10   지그프리트 크라카우어,『역사: 끝에서 두번째 세계』, 김정아 옮김, 문학동네, 2012, 232쪽.
11   처음에「주목! 금광!: 유성영화의 미래에 대한 생각(Achtung! Goldgrube!: Gedanken über die Zukunft des Hörfilms)」이라는 제목으로 1928년 6월 28일에 독일 잡지『사진-무대(Lichtbild-Bühne)』에 실렸고, 같은 해 8월 5일 러시아 잡지『삶 예술(Жизнь искусства)』에 게재된 후, 12월에는 영어로 번역되었다. С. Эйзенштейн, "Заявка: Будушее звуковой фильмы," Монтаж, М.: Музей кино, 2000, p. 485; 영어본은 Sergei Eisenstein et al., "A Statement," *Film Form: Essays in Film Theory*, Jay Leyda(ed. and trans.), Harcourt, 1969, pp. 257~60. 영어권에서 흔히 선언문(manifesto)이나 성명서(statement)로 번역되곤 하는 러시아어 "자야브카(Zayavka)"는 사실 요청서(request)에 더 가까운 의미를 지닌다. 영어 번역이 살리지 못한 이 미묘한 뉘앙스 차이는 꽤 흥미로운데, 왜냐하면 실제 문건에서는 1920년대식의 혁명적 파토스를 연상시키는 어휘와 문체가 여전히 사용되고 있음에도 불구하고(가령, "날카로운 불일치"나 "습격" 같은 표현들), 정작 제목으로는 "자야브카"라는 관료주의적 문서용어가 채택되었기 때문이다. 지난 시절 그토록 많은 영역에서 새롭고 급진적인 시작을 표지했던 단어 '선언문'의 유통기한은 이미 지나버렸고, 이제는 위계화된 중앙집권적 체제에 보다 어울리는 단어인 '요청서'의 시대가 도래했음을, 그들은 무의식중에 느끼고 있었던 것일까? 어쨌든 제목과 내용 사이의 이 불일치는 그들의 이행기적 성격을 재차 강조해준다. 이에 관해서는 Ян Левченко, "Контрапункт к Мейнстриму Управление

술이 채 소비에트 땅을 밟기도 전에 작성된 이 글에서, 몽타주의 대가 감독들은 우려와 기대를 동시에 표명한다. 그들의 우려는, 채플린과 그리피스가 그랬듯이, 화면에 입힌 소리가 영화 자체의 본질을 망쳐버릴 수도 있다는 사실에서 비롯한다. 그들은 소리의 "자연주의적인" 사용, 즉 "소리가 화면의 움직임과 일치함으로써, 영화가 말하는 인간들과 소리 나는 사물들의 환영"을 만드는 도구로 전락할지도 모를 가능성에 대해 우려했다. 그들이 보기에, 그것은 과거의 극장식 볼거리로 퇴행하는 일일 뿐만 아니라 소위 "고급문화의 드라마," 말하자면 혁명 이전의 부르주아적 뿌리로 되돌아가는 것에 불과했다. 이론적 차원에서 개진된 이들의 우려는 기실 매우 정확한 예견이었다고 볼 수 있다. 분명 소리의 도입은 영화의 하부구조에 심대한 변화를 가져온 결정적인 분기점이었을 뿐만 아니라 영화매체의 현상학 자체를 바꿔놓는 계기로 작용했기 때문이다. 필름 위에 이미지와 소리를 동시에 녹음하는 새로운 광학기술의 발명은 영화의 정체성 변화와 직결되는바, 그것은 영화의 미학을 관통하는 문제였다.

주지하다시피, 무성영화의 황금기였던 1920년대에 영화의 특수성을 결정하는 핵심 개념은 몽타주 기법이었다. 영화 속의 시간과 공간 그리고 서사를 조직화하는 기본 원칙으로서 몽타주는 속도와 리듬감을 갖춘 빠른 편집을 통해 현실의 부분적 단편들을 고유한 통사론적 질서 속으로 결합시키는 방식을 가리킨다. 주목할 것은 스크린

звуком в советском кино начала 1930-х годов," *Русская интеллектуальная революция 1910-1930-х годов*, С. Н. Зенкина и Е. П. Шумиловой(ред.), М., 2016, p. 190.

위에서 말하는 인간, 즉 그의 '말'과 '몸'에 집중하는 유성영화에서는 이와 같은 몽타주 편집이 원칙상 불가능하거나 매우 어려워진다는 점이다. 스크린 위에서 음성적으로 조음 가능한 말을 있는 그대로 재현(가령, 대화 장면의 동시녹음)할 경우, 편집의 속도는 현저히 느려지지 않을 수 없다. 이는 불가피하게 역동성과 파편의 미학 대신 정적인 연속성의 미학을 불러오기 마련이며, 더 나아가 관람의 현상학에도 영향을 끼치지 않을 수 없다. 관객성의 모델이 파편적 이미지들 사이에서 그것들 간의 간격을 스스로의 '내적인 말(inner speech)'[12]로 메꾸면서 적극적으로 의미를 구성해내는 참여자로부터, 스크린으로부터 직접 들려오는 '외적인 말(outer speech)'을 통해 그것이 제공하는 말끔한 내러티브에 그저 몸을 맡기는 수동적인 구경꾼으로 축소되는 것이다.

이와 같은 모든 부정적인 예상 앞에서 몽타주 대가들의 '요구'는 명확히 한 곳으로 집중되었다. 그것은 자신들의 본래적인 미학적 원

---

12 '내적인 말'은 (무성)영화의 본질에 관한 러시아 형식주의 영화 이론의 핵심적 개념 중 하나다. 예이헨바움에 따르면 "영화카메라의 발명은 연극적 종합주의의 기본적인 지배소인 '들리는 말'을 제거하고, 그것을 또 다른 지배소인 디테일한 동작으로 대체할 수 있게 해주었다. [……] 영화 관객은 독서의 과정과 정반대인 완벽하게 새로운 지각의 조건에 놓이게 되었다. 대상, 즉 시각적인 움직임으로부터 그것의 의미를 만들어내는 과정으로, 즉 내적인 말의 구축으로 나아가는 것이다. 영화의 성공은 부분적으로 일상적 활동에서는 잘 발현되지 않는 이와 같은 새로운 종류의 지적 활동과 관련된다. [……] 시대의 기호로서의 영화 문화는 지난 세기를 지배해왔던 문학적·연극적 문화, 곧 말의 문화에 대립하고 있다. 영화 관객은 말로부터의 휴식을 찾는다. 그는 그저 보면서 알아맞추기를 원할 뿐이다." Борис Эйхенбаум, "Проблемы киноэстетики," Поэтика кино, М., 1927, p. 61.

칙을 확장하는 것, 다시 말해 요소들의 '대립'과 '충돌'에 기초한 몽타주의 원칙을 이미지와 소리의 관계에도 그대로 적용해야 한다는 것이다. 그들이 주장한 "시청각적 형상의 대위법적(contrapuntal) 결합"은 시각적 이미지와 소리 사이의 "날카로운 불일치"에 기초하는바, 화면 위의 소리는 이미지와 비(非)동시적이어야 하며, 그런 의미에서 비사실적일 수 있어야 한다. 만일 이들의 요구가 새로운 도전 앞에서 기존의 원칙을 고수하고자 하는 원론적인 입장으로 읽힌다면, 소리가 만들어낼 새로운 영화를 향한 그들의 기대 어린 전망은, 오늘날의 관점에서 더욱더 이상주의적으로 들릴 수도 있다. 「요청서」의 첫 문장을 "유성영화를 향한 꿈이 실현되었다"라고 쓴 그들은, 소리의 도입이 "벗어날 수 없을 것처럼 보이는 일련의 교착 상태에 빠져 있는 영화의 문화적 아방가르드를 위한 유기적인 탈출구"가 될 수 있을지 모르며, 더 나아가 "대위법적으로 유성영화를 구성하는 방식"은 그것을 "민족국가 시장에 묶어두지 않고, 필름에 담긴 관념을 전 세계에 유통시킬 수 있는 그 어느 때보다 큰 가능성을 만들어내게 될 것"이라 전망했다.

이와 같은 낙관적 전망이 아직까지 사운드 기술을 실제로 접해보지 못한 그들의 나이브함을 보여주는 증거인지, 아니면 오히려 소리가 불러올 심각한 파국을 명확하게 감지했기 때문에 어떻게든 그 파장의 방향을 바꿔보려 했던 그들의 안간힘을 보여주는 증거인지는 더 깊게 따져봐야 할 문제다. 여기서 오히려 눈에 띄는 한 가지는 그들이 영화적 소리의 부정적인 사용을 개념화하는 방식이다. 그들에 따르면, 소리를 "상업적"으로 착취하려는 발성영화의 방향이란 결국 사람들의 "호기심을 충족시키는" 방향에 다름 아니다.

소리 녹음은 양날의 발명품이다. 소리의 사용은 제일 저항이 덜한 노선, 즉 단순한 호기심을 충족시키는 노선을 따르게 될 공산이 크다. 무엇보다도 가장 팔릴 만한 상품인 발성영화의 상업적 착취가 먼저 이루어질 것이다.[13]

"제일 저항이 덜한"이라는 구절이 보여주듯이, 이런 입장은 일차적으로 '진정한 예술이란 수용자의 관습적 기대를 거스르는 방향으로 움직여야만 한다'는 형식주의 미학('낯설게하기')의 연장선상에서 이해될 수 있다. 하지만 예술적 창조의 무게중심이 창작자(작가)로부터 수용자(독자/관객)로 뚜렷하게 옮겨 갔던 이후의 맥락을 고려했을 때, 이와 같은 진술은 예기치 못한 울림을 갖는다. 결국 저 진술이 보여주는 것은 그들이 평범한 보통 사람들의 호기심과 만족이 어디를 향해 있는지 잘 알고 있었음에도 불구하고 그 길을 따르려 하지 않았다는 것이다. 그 길은 제일 저항이 덜한 노선, 다시 말해 상업적 노선에 불과했다. 틀림없이 동시대 할리우드의 선례를 염두에 두었을 이런 비판적 입장은, 그러나 소비에트의 맥락에서도 똑같이 적용될 수 있을까? 예컨대, 시장 대신에 권력이, 상업적 목적 대신에 정치적 고려가 존재하는 소비에트에서 "호기심을 충족시키는 노선"이라는 표현은 어떤 차별적 함의를 지닐 수 있을까?

가령, 이런 상황을 두고서 이들 몽타주 거장 감독들에게는 관객의 요구에 부응하는 것보다 영화의 예술성을 지켜내는 일이 훨씬 더

---

13 Sergei Eisenstein et al., "A Statement," p. 258(강조는 원문).

중요했다고 말하는 일은 어렵지 않다. 그렇다면 새로운 시대의 소비에트 관객들, 즉 수백·수천만의 인민대중(프롤레타리아)의 기대와 요구보다 작가 자신의 예술적 실험을 앞에 놓는 이런 태도를 우리는 과연 혁명적이라고 부를 수 있을까? 문제는 '혁명적'이라는 수식어 아래, 기존의 관습적 지각을 깨는 파격적인 예술적 실험과 '해방된 관객' 다수를 향한 민주주의적 지향이 무리 없이 공존할 수 있었던 시절은 대단히 짧았다는 점이다. 1917년 혁명 이후 약 10년간 유지될 수 있었던 이 공존은 서서히 깨어지기 시작했고, 소리는 그 분열 과정의 한복판을 통과했다. 「요청서」가 보여주듯이, 영화가 소리를 얻게 되었다는 것은 한편으로, 몽타주 아방가르드 영화의 예술적 실천을 (다른 방식으로) 확장할 수 있는 가능성을 의미할 수 있었다. 하지만 (새롭게 영화의 지배권을 행사하게 된) 또 다른 사람들에게, 극장 안에 소리가 울려 퍼지기 시작했다는 사실은 무언가 상당히 다른 것을 뜻했다. 그것은 영화가 대중을 향해 직접 나아갈 수 있게 되었음을, 이제 비로소 명실상부한 "만인을 위한 영화"를 창조할 수 있게 되었음을 의미했던 것이다.

대기실의 풍경

어떻게 보면 「요청서」가 보여주는 '순전히' 이론적인 입장은 실제 사운드 녹음 및 재생 기술의 뚜렷한 지체를 보여주는 반증일 수도 있다. 소비에트의 감독들은 한동안 이 기술의 탄생과 전개를 멀리서 바라볼 수밖에 없었다. 미국의 워너브라더스가 1926년 처음으로 소리를 따로 녹음해서 필름과 동기화하는 비타폰(Vitaphone) 기술을 도입하고, 이듬해인 1927년 폭스사(社)가 여기서 한 단계 더 나아가 무비톤(Movietone)이라는, 소리를 필름에 직접 인쇄하는 사운드 시스템을 내놓았을 때, 소비에트에서 유성영화는 여전히 먼 나라의 이야기였다. 그러던 중 1928년 11월에서 1929년 10월 사이에, 모스크바와 레닌그라드에서 두 명의 기술자가 거의 동시에 자신들의 새로운 사운드 녹음 기술을 선보이게 된다. 메주라브폼 영화사의 파벨 타게르(Pavel Tager)와 소브키노의 알렉산드르 쇼린(Aleksandr Shorin)이 그들이다. 사운드 기술의 도입은 매우 느리게 진행되었던바, 미국에서 거대 영화 산업이 사운드로의 전환을 거의 완결했던 1930년에 이르러서야 소비에트는 최초로 자국의 유성영화를 갖게 되었다.[14]

하지만 유성영화를 찍는 것보다 훨씬 더 복잡한 난관이 그들을 기다리고 있었으니, 그것은 바로 방대한 영토에 사운드 프로젝터를 구비한 시설을 짓는 문제였다. 1931년 5월 소비에트연방 전역에서 사운드 프로젝터 시설을 갖춘 영화관은 단 한 곳뿐이었다. 1932년에는 85편의 무성영화와 40편의 유성영화 제작이 예정돼 있었는데, 무성영화관이 3만 2천 개였던 데 반해 유성영화관은 고작 200개에 불

---

14 제1차 5개년 계획의 성과를 담은 아브람 룸(Abram Room) 감독의 선전영화 〈위대한 과업을 위한 계획(The Plan for Great Works)〉이 그것인데, 서구뿐 아니라 러시아에서도 사운드 기술이 처음부터 생산 및 산업의 문제와 연결되어 있었음은 의미심장하다. "따라서 소비에트에서 최초의 유성영화들은 그것들 자신의 생산 과정과 산업적 발전 전반에 대한 알레고리로 간주될 수 있다." Malte Hagener, *Looking Back: The European Avant-garde and the Invention of Film Culture*, *1919-1936*, Amsterdam University Press, 2007, p. 196.

과했다. 심지어 모든 영화를 유성으로 찍었던 1936년에조차 여전히 상당수의 극장은 무성영화관이었다.[15] 이 기간이 다름 아닌 제1차 5개년 계획 기간 중이었다는 점, 게다가 사운드 기술의 원조가 미국이었다는 사실을 고려한다면, 이 상황을 둘러싼 소비에트 당국의 초조함과 열의는 능히 짐작하고도 남는다. "뒤쫓아 따라잡기(dognati i peregnati)"라는 전형적인 러시아식 모델은 여기서도 여지없이 작동한다. 1931년, 영화잡지 『프롤레타리아 영화(Proletarskoe kino)』의 편집장은 이렇게 썼다.

> 유성영화는 사회주의 구축을 위한 강력한 무기다. [⋯⋯] 우리는 아주 오래전부터 이에 관해 배워왔다 — 독자들은 말할 것이다 — 그들은 이런 이야기를 수천 번도 더 했고 글도 써왔지만 우리는 전혀 느끼지 못했다. 우리는 소리의 힘을 실제로 검증할 수가 없었다. 왜냐하면 우리에게는, 즉 수천만의 소비에트 시민들에게는 유성영화는 존재하지 않는 것이나 다름없었기 때문이다. 소비에트연방은 소리와 관련해 상황이 매우 좋지 않다. 우리는 이 분야에서 자본주의 서구에 비해 최소 3년 이상 뒤져 있다.

---

[15] 제1차 5개년 계획 기간 동안 소비에트 영화계의 사운드 기술의 발전 과정에 대한 전반적인 사항은 Vincent Bohlinger, "The Development of Sound Technology in the Soviet Film Industry during the First Five-Year Plan," *Studies in Russian & Soviet Cinema*, Vol. 7, No. 2, pp. 189~205. 1930년대 소비에트 영화 산업 하부구조의 전반적 상황, 특히 유성영화 기술과 관련된 뚜렷한 지체 현상에 관해서는 Jamie Miller, "Soviet Cinema, 1929-1941: The Development of Industry and Infrastructure," *Europe-Asia Studies*, Vol. 58, No. 1, January 2006, pp. 103~24 참조.

우리는 충분히 빠르지 않았다.[16]

하지만 언제나 그렇듯이 발전은 불균등했다. 당연하게도 사운드 시설은 도시에 집중되어 있었고, 지방에선 여전히 무성영화관이, 그조차도 없을 경우에는 영화열차가 주요한 관람 수단을 이루었다(이 때문에 유성영화로 제작된 영화들도 무성영화 버전을 따로 만들었어야 했다). 1934년 소비에트에서 제작이 허가된 영화 목록에는 277편의 유성영화뿐만이 아니라 175편의 무성영화가 여전히 포함되어 있었다. 사운드로의 이행이 대규모 자본투자와 더불어 급속하게 진행되었던 서구와 달리, 소비에트에서 이 과정은 비교적 긴 시간에 걸쳐 산발적으로 이루어졌다. 결국 소비에트에서는 상당 기간 동안 무성영화와 유성영화가 공존하는 상황이 펼쳐질 수밖에 없었던 것이다.

요컨대 1930년대 초반 소비에트 감독들은 모종의 딜레마에 직면하게 되었다. 당대의 많은 감독들은 새로운 기술에 깊은 관심을 갖고 있었지만, 유성영화로 찍게 되면 설비 부족으로 인해 소수의 관객들밖에 볼 수 없을 것이 뻔했다. 그렇다고 무성영화로 찍자니, 사실상 해외 관객을 포기해야만 하는 상황이 된다. 왜냐하면 당시 서구에서는 이미 사운드로의 이행이 완료되어, 무성영화에 대한 관심이 즉각 사라져버렸기 때문이다. 게다가 그 당시에 무성영화만 고수하는 입장은 이른바 '형식주의'에 대한 집착으로 간주되어 심각한 비판에

---

16 "V chem zhe delo"; Natalie Ryabcikova, "ARRK and the Soviet Transition to Sound," Sound, Speech, *Music in Soviet and Post-Soviet Cinematheque*, Indiana University Press, 2014, p. 81에서 재인용.

직면할 위험이 있었다. 이러지도 저러지도 못하는 상황, 어떻게 해도 비판을 피해 가기 어려운 상황에서 유일하게 정치적으로 선택 가능한 태도는 하나뿐이었다. 유성영화를 지지하되, 올바른 이유에 근거해 그렇게 하는 것. 이 올바른 이유라는 것이 예술적 실험성이나 미학적 완성도 따위(가령, 이미지와 소리의 불일치를 통한 대위법적 구성)와는 상당히 다른 방향을 가리키게 될 것이라는 점은 쉽게 예측할 수 있다.

정당하고 올바른 이유에 근거한 유성영화! 이 모호하기 짝이 없는 정식화는 1930년대 중반 이후부터 스타일과 장르를 막론하고 소비에트 영화의 새로운 패러다임으로 등극하게 된다. 하지만 앞서 말했듯이, 이 전환은 순식간에 이루어지지 않았다. 1920년대의 세련된 아방가르드 예술 실험이 1934년 이후의 사회주의 리얼리즘으로 곧장 뒤바뀐 게 아닌 것처럼, 소리를 장착한 소비에트 영화 또한 자신만의 '대기실'의 순간을 가질 수 있었다. 아직 모든 게 확실해지기 이전의 세계, 그렇기에 불투명한 가능성의 다발들이 공존할 수 있었던 "끝에서 두번째 세계." 바로 그와 같은 "대기실의 풍경"을 보여주는 두 편의 영화가 있다.

지가 베르토프의 〈열정(Enthusiasm)〉은 소비에트 최초의 유성 다큐멘터리 영화로, 1930년 11월에 완성되어 이듬해 4월에 상영되었다. 〈열정〉은 앞선 「요청서」의 입장과는 구별되는, 소리를 향한 '다른' 지향을 보여준다는 점에서 흥미롭다. 무엇보다 먼저 지적할 것은 베르토프가 애초부터 사운드 녹음으로 경력을 시작한 인물이라는 점이다. 그에게 '현실의 포착'이라는 꿈을 실현시켜줄 수 있는 최초의 도구는 녹음기였고, 영화는 이를 위해 더 큰 가능성을 보장하는 매체로 여겨졌다. 1929년에 발표한 글「키노-아이에서 라디오-아이로」에서 베르토프는, 자신이 이미 1925년에 '영화-진실(Kino-pravda)'과 '라디오-진실(Radio-pravda)' 개념을 동시에 전개시키면서, 조만간 인간이 녹음기계를 통해 시각적 현상과 청각적 현상을 동시에 전 세계를 향해 전달하게 될 것이라 예견한 바 있다고 주장했다.

몇 년 전 『프라브다』지에 실린 내 논문「'영화-진실'과 '라디오-진실'」에서 나는 사람들 사이의 거리를 없애는 것, 즉 전 세계의 노동자들이 서로를 볼 수 있을 뿐 아니라 서로를 들을 수 있게 될 가능성으로서 '라디오-아이'를 이야기했다. '라디오-아이'에 관한 키노-오키(kino-oki)[베르토프가 중심이 되어 결성한 영화 그룹]들의 성명은 열띤 논의의 대상이 되었다. 하지만 곧 그것은 먼 미래의 문제로 치부되어 관심으로부터 멀어졌다.[17]

그러나 여기서 말한 "먼 미래의 문제"는 채 몇 년이 지나지 않아 당면한 현실 문제로 다가왔다.「요청서」에 서명한 감독들이 이미지와 소리의 불일치나 대위법적 구성 등을 통해 과거의 원칙(몽타주)을 연장(확장)하고자 했다면, 베르토프에게 소리의 문제는 애초부터 이미지와 소리를 아우르는 핵심 원칙, 즉 '영화는 삶에 진실해야 한

---

17 Дзига Вертов, "От 'Кино-глаз' к 'Радио-глазу' Из азбуки киноков," *Формальный метод: Антология русского модернизма*, Том II, Материалы, Сергея Ушакина, Москва-Екатеринбург: Кабинетный ученый, 2016, p. 133.

다'는 대원칙에 종속된 하위 요소에 불과했다. 그는 이미지가 그러하듯, 소리 또한 반드시 '현장의 소리'를 있는 그대로 담아내야 한다고 보았다. 무성영화이건 유성영화이건 그에게는 단지 하나의 구별만이 중요할 뿐이다. 진짜 소리를 담은 다큐멘터리인가 아니면 인공적인 가짜 소리를 담은 극영화인가. 이런 점에서 베르토프에게 사운드 기술의 도입은 (기존 영상 미학에 대한 위협이기는커녕) 오히려 새롭게 열린 무궁무진한 가능성을 의미했다. 요컨대, 지구 육지 면적의 6분의 1에 해당하는 소비에트의 구석구석을 종횡무진 누빌 준비가 되어 있는 '카메라를 든 사나이'에게, 이제 온 세계의 '생생한 소리들'을 이미지와 함께 담아낼 수 있는 기회가 찾아온 것이다. 그리고 소리를 향한 그의 이 무한한 '열정'이 찾아낸 최적의 대상은, 두말할 필요도 없이 '산업의 소리,' 즉 노동과 기계의 소리였다.

〈열정〉은 제1차 5개년 계획의 중심지 중 하나였던 돈바스 지역의 기계공업단지에서 촬영되었다. 제1차 5개년 계획은 인류 역사상 가장 강력한 방식으로 추진된 국가주도형 경제개발 프로젝트로, 소비에트 산업 영역에서 벌어진 이 전무후무한 혁명적 조치는 〈열정〉의 무대이자 주제 그 자체를 이룬다.[18] 베르토프 자신이 밝히고 있는

---

18   소비에트의 외양을 송두리째 바꿔놓은 이 조치에는 향후 후발근대 국가들의 경제개발 프로젝트의 범례가 될 대규모 공업단지 건설이 수반되었다. 세계 최대 규모의 제철소, 세계 최대 규모의 드네프르강 수력발전소, 발틱해와 백해를 잇는 도무지 불가능할 것만 같던 백해 운하 건설 등등. 이미 건설 당시부터 수많은 화제를 낳은 이 모든 '전설'의 현장들은 결국 소비에트 산업화 및 사회주의 건설의 신화로 자리매김했다. 제1차 5개년 계획의 갖가지 명암과 이를 둘러싼 엇갈린 평가들(대표적으로, 저 악명 높은 농업집산화 캠페인과 강제수용소 정책)을 접어두고, 확실하게 말할 수 있는 두 가지 사실이 있다. 첫

바, 이 영화의 특별한 의미는 세계 최초로 산업 지역의 원초적인 소리들을 다큐멘터리적으로 기록했다는 데 있다. 불꽃과 철의 한가운데서, 깊은 땅속 갱도와 채굴장으로부터, 노동과 기계의 '생생한 소리들'을 포착해내 그것을 "돈바스 심포니(Donbass Symphony)"라 불리는 거대한 소리의 향연으로 묶어냈던 것이다. 현장에서 녹음된 실제 소리이기만 하다면 그것이 반드시 화면과 일치할 필요가 없다고 생각했던 베르토프는, 특정 소리를 분리해 반복시키는 방식(가령, 상이한 맥락을 지닌 여러 장면에서 반복적으로 들리는 증기기관차의 경적 소리)을 통해 소리를 일종의 모티프로 사용할 수 있는 가능성을 실험하기도 했다.

영화가 소리를 두고 벌인 인류 최초의 흥미로운 시도 중 하나인 이 영화에 대한 당대의 반응은 극히 부정적이었다. 일반 관객들은 고사하고 비평가들조차 이 실험의 의의를 인정할 수 없었다. 그들이 보

째, 제1차 5개년 계획이 종료된 1932년, 소비에트는 어떤 식으로든 그 이전과 명확히 구별되는 다른 유형의 국가가 되어 있었다는 것이고(거대 농업 국가로서 혁명을 맞았던 소비에트는 불과 5년 만에 중공업 부문 생산을 350퍼센트까지 증대시켰던바, 1932년에는 전 세계에서 거래되는 기계류의 절반을 수입하는 국가가 되었다), 둘째, 이와 같은 전례 없는 규모의 건설 및 생산 프로젝트가 예술가의 붓과 펜을 자극하는 역사의 현장을 제공함으로써 (대략 1920년대 중반부터 소비에트 예술의 중대한 화두로 등장했던) '예술과 생산(production)'이라는 두 단어의 결합(단지 예술+생산이 아니라 생산으로서의 예술)에 고도의 현실성을 부여했다는 사실이다. 바로 이 시기에 '팩토그래피스트(factographist)'라 불리는 예술가 그룹은 과거의 이념들을 실현시킬 수 있는 현장을 찾아 공장으로, 집단농장으로, 광산으로 들어갔다. 이에 관한 상세한 내용은 김수환, 『혁명의 넝마주이: 벤야민의 『모스크바 일기』와 소비에트 아방가르드』, 문학과지성사, 2022 참조.

영화 〈열정〉의 장면들.

기에, 사방에서 들려오는 금속성 기계음으로 가득 찬 이 영화는 돈바스 심포니가 아니라 돈바스 불협화음, 혹은 그저 소음의 지옥에 불과했다. 베르토프 특유의 정신분산(분열)적 이미지 몽타주에 기계식 소음의 불협화음이 덧붙여진 결과, 애초 의도했던 사회주의적 교향곡 대신 뭔지 모를 음향적 카오스, 무의미한 지옥이 탄생한 것이다. 영화잡지 『영화-전선(Kino-Front)』의 한 비평가는 이렇게 논평했다.

> 베르토프는 기계와 그 소리를 물신화하고 있다. 베르토프는 돈바스의 사회주의적 교향곡을 가져다주지 않았다. 그는 기계의 불협화음, 굉음, 소음, 지옥을 가져다주었을 뿐이다.[19]

어쩌면 이런 참혹한 결과를 기술력이 온전히 뒷받침되지 못한

---

19 Петр Сажин, *Кино-фронт*, Март 1930, РГАЛИ. Ф. 2091. Оп.1. Ед. хр. 91. Л. 99; Лиля Кагановская, "Материальность звука: кино касания Эсфири Шуб," *Н.Л.О.*, No. 120, 2013, p. 41에서 재인용.

탓으로 돌릴 수 있을지도 모른다. 쇼린 사운드 시스템의 완성도가 부족한 탓에 생각만큼 사운드가 명확하게 포착되지 않았고, 무엇보다도 상이한 소리들(교회 종소리, 음악, 라디오 프로그램, 사람 음성, 공장 소음 등) 사이에 위계가 드러나지 않아 모든 소리가 뭉뚱그려 들리는 결과를 낳았기 때문이다. 하지만 보다 본질적인 원인은 따로 있을 것이다. 이 영화에 붙여진 "형식주의적 무의미 덩어리"라는 딱지, 즉 소리의 사용 그 자체가 아니라 사용 '방식'을 향해 던져진 의심 어린 시선과 비판이 그것이다. 그러니까 베르토프가 소리를 "올바른 이유에 근거해 사용"하지 않았다는 것, 한마디로 예술적('형식주의적') 실험만을 고집한 나머지 무의미한 혼돈을 만들어냈다는 것이다. 비록 베르토프는 이에 대해 "귀머거리 비평"이라 항변하면서, 자신이 포착한 "혁명의 소리"를 들어줄 것을 요청했지만, 이는 새로운 시대와 그 사이에 이미 벌어져버린 엄연한 '격차'를 증명해줄 뿐이었다. 소리를 장착한 새 시대의 영화는 이미 '다른' 방향을 향해 움직여 가고 있었던 것이다.[20]

소리와 관련된 이행기의 풍경을 잘 보여주는 또 한 편의 영화는 그리고리 코진체프(Grigori Kozintsev)와 레오니드 트라우베르그(Leonid Trauberg)의 〈홀로(Odna; Alone)〉(1931)이다. 두 감독이 펙스(FEKS)[21] 활동 이후 찍은 첫번째 작품인 이 영화는 여러 가지 면에서

---

20 어떻게 보면 이는 1930년대에 이미 다큐멘터리를 위한 자리가 남아 있지 않게 되었다는 사실을 반증하는 것일 수도 있다. 1934년 베르토프가 〈레닌에 대한 3편의 노래〉를 만들었을 때 슈먀츠키는 "마침내 다큐멘터리주의를 포기했다는 점에서 매우 올바르고 중대한 작품"이라고 칭찬했다. 새로운 시대는 전혀 새로운 장르를 요구하고 있었다.

이행기 특유의 양가적 성격을 드러낸다. 분명 무성영화라고는 할 수 없지만 그렇다고 완전히 유성영화인 것도 아니고, 1920년대적인 아방가르드 영화 개념에서 벗어나 있지만 그렇다고 아직 새로운 리얼리즘적 방향에 온전히 맞춰진 것도 아닌, 다소 기이한 혼합물이라는 인상을 주는 이 어정쩡한 양가성이 〈홀로〉를 특징짓는다.

이 영화가 주는 기이한 인상은 무엇보다도 그것이 '거의 말을 하지 않는' 유성영화라는 점에서 기인한다. 〈홀로〉는 인간의 말을 최소화한 대신, 각종 뉴미디어 장치들의 소리를 전면에 내세운 특이한 영화다. 전화기, 트램, 라디오, 확성기, 타자기 등 기술적 장치들의 소리가 여주인공의 말을 압도하면서 영화 전체를 지배하고 있다. "기술적 대상이 인간 주체에 비해 특권을 부여받고 있다"는 점, "뉴미디어의 이런 특이한 사용이 〈홀로〉를 예사롭지 않은 유성영화로 만든다."[22] 우리가 베르토프의 〈열정〉에서 산업(현장)의 소리를 듣는다면, 〈홀로〉에서 듣게 되는 것은 기술의 목소리, 더 엄밀히 말하자면 그 기술과 결합된 권력의 목소리다.

영화의 줄거리는 단순하고 전형적이다. 사범대학 졸업을 앞둔 엘리나 쿠즈미나라는 젊은 여주인공[23]은 약혼자와 결혼 후 레닌그라

---

21 '괴짜배우공장'을 뜻하는 펙스는 코진체프와 트라우베르그 등이 주축이 되어 1922년 결성된 소비에트 영화의 전위적 예술 그룹 중 하나로 기괴주의나 트릭 구성 등 독특하고 실험적인 미학 원칙으로 유명하다.

22 Lilya Kaganovsky, "The Voice of Technology and the End of Soviet Silent Film: Grigorii Kozintsev and Leonid Trauberg's *Alone*," *Studies in Russian and Soviet Cinema*, Vol. 1, No. 3, 2007, p. 267.

23 영화의 초점이 '다수의 집단적 주체'가 아니라 한 명의 평범한 젊은 여성을 향해 있다는 점, 게다가 그것이 제목 그 자체를 통해 온전히 표현되고 있다는 점

영화 〈홀로〉 중 전화부스 안 여주인공의 모습(왼쪽)과 확성기 장면(오른쪽).

드에서 신임 교사로서 멋지게 살아가게 될 미래를 꿈꾸고 있던 중에, 예기치 않게 인민교육부로부터 오지인 알타이 지방 근무를 명 받게 된다. 탄원서를 올리기 위해 인민교육부에 찾아간 그녀는 책임자를 만난 후 속물적 동기를 극복하고, 마침내 오지로 떠난다. 이후 2부에 해당하는 알타이 이야기에서는 지역 부농 및 부패한 관리들에 맞서 계몽과 교육의 씨를 뿌리기 위해 노력하는 여주인공의 모습을 보여 주고, 사회주의적 영웅답게 극한의 위기 상황에서 기지를 발휘해 탈출에 성공하는 마지막 장면으로 끝을 맺는다. 이 단순한 서사에서 눈에 띄는 것은 상투적인 줄거리 그 자체가 아니다. 서사의 진행에 개입하는 일련의 뉴미디어 장치들, 더 정확히는 그것들의 목소리가 단연 주목을 끈다.

소리의 측면에서 볼 때 제일 흥미로운 것은 확성기가 등장하는

은 1920년대 아방가르드 혁명 영화와의 차이를 드러낸다. 감독들은 이 제목이 시나리오가 나오기도 전에 정해졌으며, 당시로선 상당히 논쟁적인 것이었다고 밝힌 바 있다.

장면들이다. 텅 빈 광장에 우뚝 솟아 있는 거대한 확성기로부터 들려오는 또렷한 남성의 목소리는 고대 비극의 코러스를 연상시킨다. 몸으로부터 분리되어 있어 목소리의 주체를 식별할 수 없는 이 추상적 목소리는, 어디에나 있으며 모든 것을 알고 있는 것처럼 보인다. 그 목소리는 인물의 행위에 개입하고, 그에 관해 코멘트를 하며, 심지어 운명의 전환을 불러일으킨다. 중요한 것은 "특정한 육체에 정박되지 않은 채 자유롭게 부유하는 이 남성적 목소리"가 전능함의 속성을 부여받고 있을 뿐만 아니라 극단적인 서사 외적 특징과 비가시성으로 인해 "권력의 순수한 기표의 위상"을 부여받게 된다는 점에 있다.[24] 이를테면, 우리가 이 영화에서 보게 되는 것은 예사롭지 않은 매체적 각색을 거친 권력으로, 처음으로 관객들은 스크린으로부터 직접 쏟아져 나오는 권력의 목소리를 '듣게' 되는 것이다. 새로운 기술매체들을 통해 전달된 목소리를 듣는 관객들은 '보는 자'이면서, 동시에 '듣는 자'로서의 새로운 위치를 받아들이게 된다. 여기서 더 나아가 영화 속에서 여주인공을 모범적인 소비에트 시민으로 호명했던 저 목소리들이 이제는 그 자체로 '듣는 관객'이라는 새로운 소비에트적 주체를

---

24 카가노프스키의 분석에 따르면 "동지들, 이 순간 우리는 질문에 직면해 있습니다. 너는 무엇을 하였는가? 무엇을 하고 있는가? 무엇을 할 것인가?"라는 확성기의 목소리를 향해 여주인공이 "저는 탄원할 거예요!"라고 직접 대답하는 순간, 그녀는 이미 알튀세르가 말한 '이데올로기적 호명'의 상황에 놓이게 된다. 알튀세르는 호명을 통해 이데올로기가 구체적인 개인을 주체(subject)로서 구성하는 방식을 설명하면서, 개인이 호명에 반응하는 순간, 즉 대답하는 순간 이미 응답의 부채를 갖는 주체로서 구성된다고 말한다. Lilya Kaganovsky, "The Voice of Technology and the End of Soviet Silent Film: Grigorii Kozintsev and Leonid Trauberg's *Alone*," pp. 270~71.

구성하는 효과적인 (이데올로기적 국가)장치로서 기능하게 되는 것이다.

쉽게 예측할 수 있듯이, 소리를 인간의 몸으로부터 떼어내 기술매체에 할당한 이 영화의 실험적 시도는 환영받지 못했다. 베르토프의 경우와 마찬가지로, 소리와 영상의 가장 자연스러운 ―「요청서」의 표현을 다시 빌리자면, "가장 저항이 덜한" ― 결합을 거부하는 이런 식의 실험은 "불필요한 형식주의적 편향"으로 치부될 뿐이었다. 새로운 시대의 유성영화는 두 영화가 공히 피해 가려 했던 바로 그 방향, 즉 스크린 위에서 '말하는(심지어 노래하는) 인간의 목소리'를 향해 달려가고 있었다. 사운드 기술이 막 도입되기 시작하던 초창기에 시도되었던 이런 두 가지 방식의 실험이 실패로 끝났다는 사실은 시사적이다. 그것들은 분명, 이것이면서 동시에 저것이기도 한, 혹은 이것도 아니고 저것도 아닌 이행기의 풍경을 드러내고 있으며, 또 그런 점에서 아방가르드와 사회주의 리얼리즘이라는 이원적 모델들 '사이 지대'에서의 복잡한 예술적 타협들을 보여주고 있다.

하지만 그럼에도 그것들이 한 시대를 다른 시대와 연결하는 '교량'의 양상을 보여주는 것은 아니다. 기술적 혁신을 둘러싼 이 실험들은 말 그대로 새로운 방향을 향해 내딛은 '첫'걸음이라기보다는 오히려 허용되었던 '마지막' 발걸음에 더 가까웠다. 이후 "만인을 위한 영화"를 표방하는 소비에트의 영화의 새로운 패러다임이 확실한 지배권을 행사하기 시작했고, 사운드로의 완전한 전환을 동반했던 그 과정은, 이른바 '스탈린식 뮤지컬 코미디 영화'라는 전혀 다른 지배종을 낳게 되었기 때문이다.

만인을 위한 영화: 소비에트 뮤지컬 코미디

잘 알려져 있듯이, 혁명 이후 소비에트에서 대기실의 시간이 끝났음을 알린 결정적인 파국의 해는 1934년으로 기록되어 있다. 1934년은 저 유명한 '제1회 소비에트 작가 회의'가 개최된 해로, 막심 고리키가 폐회 연설을 담당했던 이 역사적인 회합에서, 안드레이 즈다노프(Andrei Zhdanov)는 사회주의 리얼리즘의 예술 강령을 공식 천명했다. 단지 "객관적인 현실"을 묘사할 것이 아니라 "혁명적 발전 과정 속에 놓인 현실"을 묘사할 것을 촉구하는 강령, 그러니까 사실상 '있는 그대로의 현실'이 아니라 '있어야 할 것으로서의 현실'을 그릴 것을 명령하는 총체적 교리였던 사회주의 리얼리즘은 한 시대의 끝과 시작을 표상하는 상징적 사건이었다.

하지만 한 시대의 끝과 시작이라는 관점에서 더욱 미묘하고 흥미로운 사건은 사실 그로부터 2년 전인 1932년에 일어났다고 볼 수 있다. 1932년 4월, 당 중앙위원회는 '문학예술 조직의 재구축'에 관한 법령을 공포했는데, 이에 따라 '러시아 프롤레타리아 작가연합' 라프(RAPP)가 공식 해체된 것이다. 극도로 무자비한 캠페인을 동원해 당대 수많은 예술가들을 적으로 몰아 공격해온 이 조직이 당의 결의에 의해 한순간에 해체되고, 그 뒤를 이어 모든 작가를 통합하는 단일 조직인 '소비에트 작가동맹(SSSR)'이 출범하게 된다. 문화적 박해의 앞잡이 노릇을 하던 조직을 권력이 스스로 해체시키는 이런 행보가 겨냥하는 바는 명백하다. 그간 박해받던 그룹들 앞에서 해방자의 이미지를 선점하는 동시에 그들의 지지를 다시 끌어오려는 것으로, 사실 이런 방식은 스탈린식 문화 정책이 애용했던 전형적인 전략이었다. 하지만 다른 한편으로, 계급적 관점을 전면에 내건 공격형 조직을 해체하는 대신에 작가동맹이라는 통합 조직을 내세우는 이와 같은 조치, 다시 말해 '프롤레타리아'를 떼어내고 '소비에트'를 내세우는 이런 행보야말로 혁명 이후 소비에트 사회가 바야흐로 모종의 '문턱'을 넘었음을 알리는 명백한 신호였다.[25]

바로 이 결정적인 문턱의 해인 1932년에 세르게이 에이젠슈테인과 그리고리 알렉산드로프가 멕시코에서 돌아왔다. 에이젠슈테인의 할리우드 탐방과 멕시코에서의 영화 작업에 동행했던 알렉산드로프는, 〈전함 포템킨〉과 〈10월〉을 에이젠슈테인과 공동 연출했던 동료이자 제자였다. 그들이 귀국하자 당시 소비에트 영화계의 새로운 중심 조직 소유즈키노의 수장이 된 지 2년째를 맞이한 보리스 슈먀츠키는 제안을 하나 한다. 자신의 꿈이었던 소비에트 할리우드 프로젝트의 일환으로, 뮤지컬 코미디를 만들라고 요청한 것이다. 에이젠슈테인은 이 제안을 거절했지만, 알렉산드로프는 받아들였다. 그 순간 스승과 제자의 길은 확실하게 갈라졌고, 1930년대는 1920년대와

---

25 문화혁명기(1928~32년) 소비에트 문학 비평계의 전반적인 상황과 그 주요 국면들에 관해서는 다음을 참조하라. Evgeny Dobrenko, "Literary Criticism and the Transformations of Literary Field during the Cultural Revolution, 1928-1932," E. Dobrenko and G. Tihanovz(eds.), *A History of Russian Literary Theory and Criticism: The Soviet Age and Beyond*, University of Pittsburgh Press, 2011, pp. 42~63. 한편, 영화계의 라프에 해당했던 조직 아르크(ARRK)가 1932년 해체의 운명을 피할 수 있었던 것은, 역설적이게도 그것의 취약함 때문이었다. 상대적으로 라프만큼 강력하지도, 계급적으로 투철하지도 않았던 아르크는 로스아르크로 이름만 변경된 채 1935년까지 존속되었다. 영화계에서 비슷한 변화를 찾자면, 영화잡지 『프롤레타리아 영화』가 1933년 1월 『소비에트 영화』로 명칭을 바꾼 것을 들 수 있다.

는 완전히 다른 길로 접어들기 시작했다.

"동무들, 삶이 점점 더 즐거워지고 있소!" 1935년 11월 17일 '스타하노프 노동자 그룹'을 대상으로 한 연설에서 스탈린이 말한 이 구절은 변화된 시대의 새로운 감각을 온전히 요약한다. 한동안 소비에트 영화계에도, 1920년대 말부터 문학과 미술 같은 다른 매체에서 벌어졌던 것과 유사한 양상을 띠며 소비에트의 '구체적인 현실'을 생생하게 묘사할 것을 강력하게 주장하는 흐름이 나타났지만,[26] 결국 그것의 최종적인 귀착점은 현실보다는 동화에 더 가깝다 할 '홍겹고 즐거운 세계'였다. 이미 1933년에 슈먀츠키는 소비에트 영화의 장르 문제를 논하면서 이렇게 썼다. "우리에게 필요한 것은 낙관주의, 단결하려는 감정, 쾌활함, 삶의 환희, 웃음이 깃든 장르입니다. 우리에게 최상의 볼셰비키식 전통을 보여줄 수 있는 최고의 기회를 제공해주는 장르들 말입니다."[27] 그로부터 2년 후인 1935년, 슈먀츠키는 자

---

26 가령, 1929년 잡지 『예술세계』에서 파벨 페트로프-비토프는 이렇게 쓰고 있다. "우리에게는 노동자, 농민의 영화가 없습니다. 대중의 일상에 말을 거는 영화, 영화관을 떠나며 대중이 대답하는 그런 영화는 없습니다. [……] 우리는 농민들을 위해서 간단한 스토리와 플롯을 가진 직설적인 리얼리즘 영화를 찍어야만 합니다. 그들의 진실한 언어로, 결핵으로 죽어가는 암소와 밝고 깨끗하게 바뀌어야 할 더러운 축사에 관해, 자궁 속에서 움직이고 있는 아이에 관해, 탁아소에 관해, 시골의 깡패들과 집단농장 등에 관해 이야기해야 합니다." "모든 영화는 만인에게 유용하고 이해 가능하며 친숙한 것이어야만 합니다." Pavel Petrov-Bytov, "We Have No Soviet Cinema," *The Film Factory: Russian and Soviet Cinema in Documents 1896-1939*, Richard Taylor and Ian Christie(eds.), London: Routledge & Kegan Paul, 1988, pp. 260~61.

27 Boris Shumiatskii, "Tvorcheskie zadachi temlana," Rimgaila Salys(ed.), *Sovetskoe kino*, 12(December 1993), p. 1; Lilya Kaganovsky, "Stalinist

신의 책 『만인을 위한 영화』에서 이 새로운 장르의 독특한 특징과 그 역사적 의미를 좀더 명확한 언어로 밝힌다. 소비에트의 코미디 장르, 그것은 다름 아닌 "승리한 계급"의 요구이자 권리였던 것이다.

> 이 나라에서 코미디는 폭로라는 과제와는 별도로, 더욱 중요하고 책임감 있는 또 다른 과제를 지닌다. 그것은 바로 활기차고 흥겨운 구경거리를 만들어내는 것이다. [······] 승리한 계급은 기쁨에 차서 웃기를 원한다. 이는 그들의 권리인바, 소비에트 영화는 관객에게 바로 이런 흥겨운 소비에트식 웃음을 제공해야 한다.[28]

스탈린식 뮤지컬 코미디는 관객이 그 속에서 자기 자신의 모습을 보면서 즐거워할 수 있는 '가볍고 흥겨운 영화'를 향한 지향 속에서 탄생했다. 한때 에이젠슈테인의 촉망받는 제자였고, 그의 영화 다수에 출연한 배우이기도 했으며, 결정적으로 1928년 「요청서」에 이름을 올린 3인의 감독 중 한 명이었던 그리고리 알렉산드로프가 전설적인 4편의 영화 〈흥겨운 친구들〉(1934), 〈서커스〉(1936), 〈볼가-볼가〉(1938),[29] 〈빛나는 길〉(1940)을 연이어 내놓았고, 이반

Cinema 1928~1953," *The Russian Cinema Reader Vol. 1: 1908 to the Stalin Era*, Boston: Academic Studies Press, 2013, p. 217에서 재인용.

28 Boris Shumyatsky, "A Cinema for the Millions(Extracts)," *The Film Factory: Russian and Soviet Cinema in Documents 1896-1939*, p. 369. 그는 만일 19세기 풍자문학의 대가인 고골이나 셰드린(Mikhail Shchedrin), 체홉이 소비에트연방에 살았다면, 그들 또한 흥겨움과 낙관주의를 얻게 되었을 것이라고 덧붙였다.

피리예프(Ivan Pyryev)도 〈부유한 약혼녀〉(1937), 〈트랙터 운전사〉(1939) 등 집단농장을 배경을 한 이른바 '트랙터 뮤지컬' 영화들을 만들었다. 감독의 아내들이 직접 여주인공 역할을 맡아 사회주의적 흥겨움을 한껏 발산하고 있는 이 영화들을 보고 있노라면, 한 평자의 표현대로, "온 나라가 영원히 끝나지 않을 춤과 노래로 가득 차 있는" 느낌을 받게 되는 것도 무리가 아니다.

영화 〈볼가-볼가〉의 한 장면과 포스터.

그동안 예사롭지 않은 부침과 변형의 과정을 겪어온 영화의 소리, 저 또 하나의 '수입된 발명품'이 이제 비로소 신생 국가 소비에트 내에서 자기 자리를 찾은 느낌이다. 슈먀츠키의 첫 주문작이자 소비에트에서 이 장르의 포문을 연 영화 〈흥겨운 친구들〉의 도입부에 다

---

29 〈볼가-볼가〉는 스탈린이 가장 좋아했던 영화로, 1942년 미국 대통령 루스벨트에게 선물로 보낸 것으로도 유명하다. 2010년 러시아 국영방송사 1채널에 의해 컬러판이 만들어지기도 했다.

음과 같은 자막이 뜬다. "이 영화는 버스터 키튼, 해럴드 로이드, 찰리 채플린을 캐스팅하지 않았습니다." 극장을 찾은 관객들에게 당당하게 '메이드 인 소비에트' 시대의 개막을 알리는 이런 표현은, 오늘날의 관점에서 볼 때, 그것이 수반하는 이중의 역설로 인해 섬뜩함을 안긴다.

우선, 더 이상 할리우드가 필요하지 않다는 언급 자체의 역설이다. 단지 이미지를 통해서만이 아니라 무엇보다도 '소리'를 통해서 '유토피아의 느낌'을 전달하는 이 특별한 장르는 1930년대 미국과 소비에트의 흔치 않은 공통분모였다. 잘 알려진 것처럼, 할리우드에서 뮤지컬 영화는 대공황기의 절망적인 사회 분위기 속에서 빼놓을 수 없는 (대리)보충물이었다. 관객에게 즐거움과 오락을 선사할 뿐만 아니라 도래해야 할 미래(혹은 사회주의 리얼리즘 식으로 말해서 '있어야 할 것으로서의 현실')의 감각을 제공하기 위한 최적의 매체인 영화, 그중에서도 뮤지컬 유성영화는 언젠가 수전 벅-모스가 "모더니티의 근원적인 꿈"이라 불렀던 바로 그것, 곧 '대중 유토피아(mass utopia)'의 이념을 집약하고 있는 것처럼 보인다. 같은 시기 서쪽과 동쪽에서, 그것은 각자의 고유한 방식에 따라 공히 제 역할을 수행했던 것이다.

다소 기이한 시대착오로 다가오는 두번째 역설은 영화의 사운드를 둘러싼 이 모든 행보가 시작되기 이전인 1926년 겨울, 모스크바를 찾았던 벤야민에 관련된 것이다. 문화혁명이라 불리는 이행기가 완전히 지나가고, 이미 소비에트가 이전과는 현격히 다른 세계가 되어버린 1935년에, 벤야민은 저 유명한 에세이 「기술복제시대의 예술작품」을 썼다. 미국도 소비에트도 아닌 독일과 프랑스에서, 대중 동원의 새로운 형태인 파시즘의 창궐을 목도하면서, 그는 영화라는 매체의 해방적 잠재력을 대중의 능력과 연결시켰던 것이다. 하지만 인정하지 않을 수 없는 것은 후대의 수많은 이들에게 영감과 자극을 주게 될 이 뛰어난 통찰이, 지금껏 소리를 중심으로 우리가 살펴본 바 있는 저 의미심장한 전환의 실상 '바깥'에서, 나름의 오해와 자기 식의 전유를 통해 만들어진 것이라는 사실이다.

프롤레타리아 대중을 "정신이 산만한 비평가"로 만들어줄 영화 매체의 새로운 정치적 가능성을 전망하며 벤야민이 저 글을 썼을 때, 정작 소비에트의 영화는 바로 그 대중이라는 이름 아래 승리한 계급을 위한 흥겨운 구경거리로 변모되고 있었다. 그리고 우리가 지금까지 확인했듯이, 이 전환의 과정은 벤야민이 별다른 주의를 기울이지 않았던 또 하나의 기술적 발명, 영화 사운드의 도입과 뗄 수 없이 결부된 채 진행되었다. 이 과정은 흔히 말하는 정치와 예술의 이중구속뿐만 아니라 정치와 예술 그리고 기술의 삼각구도가 만들어내는 복잡하고 다채로운 상호관계를 보여준다는 점에서, 일종의 기원적 지점으로서 곱씹어볼 만하다. 또한 그 과정은 이른바 혁명적 예술의 계륵에 해당하는 관객(성)의 주제를 말 그대로 '문제'로서 드러내고 있다는 점에서 각별히 시사적이다. 한마디로, 소비에트 영화사에서 영화 사운드의 문제는 성공한 혁명이, 혹은 발전의 초기 단계를 마감한 뉴미디어가 맞이하게 되는 모종의 '전환' 과정과 결부된 딜레마를 집약해 보여주는 역사적 사례에 해당한다.

그것이 혁명적 예술 형식 그 자체에 관한 것이든, 아니면 그러한 예술을 포함하여 삶의 조건 전부를 바꿔놓는 변혁에 관한 것이든, 어쨌든 '혁명적인 것'이 무언가 다른 것으로 바뀌어가는 이 전환의 국면에 대한 면밀한 재성찰의 중요성은 아무리 강조해도 지나치지 않다. 혁명의 진정한 아포리아는 그것의 시작이 아니라 끝의 지점에서, 그러니까 그것이 무언가 다른 것으로 변모되기 시작하는 지점에서 모습을 드러내기 마련이기 때문이다.

5장.
에이젠슈테인의 〈자본〉 프로젝트
: 영화논고, 영화사물, 영화사유

세르게이 에이젠슈테인이 다수의 "실현되지 못한 구상들"을 남겨놓았다는 사실은 잘 알려져 있다. 아카이브 자료와 주변인들의 증언을 토대로 나움 클레이만이 1992년에 정리한 목록에 따르면, 이러한 구상은 총 서른다섯 개에 이른다. 유명한 사례로는 미국에 체류하던 1930년에 할리우드를 통해 영화화를 추진하려 했던 『슈터의 황금』과 『미국의 비극』을 비롯해, 1940년대 초반에 영화로 제작하려 했던 『시인[푸시킨]의 사랑』과 『카라마조프가의 형제들』 등이 있다.[1]

하지만 그 가운데 제일 유명한 것을 하나만 꼽으라면, 역시 마르크스의 『자본』을 들지 않을 수 없을 것이다. 1860년대 정치경제학의 언어로 된 수천 페이지의 책을, 그것도 제임스 조이스(『율리시스』)의 방식에 따라 영화로 만들겠다는 전대미문의 구상. 지금 보기에도 엉뚱해 보이는 이 발상은 당대인들에게 "요란한 농담" 같은 것으로 받아들여졌다. 스탈린의 반응이 바로 그랬는데, 이 구상을 전해 들은 그는 에이젠슈테인이 미쳤다고 생각했다.

그런데 발상의 특이함 이외에도 이 구상을 유명하게 만든 요인

---

[1] Наум Клейман, "Неосуществленные замыслы Эйзенштейна," *Искусство кино*, No. 6, 1992.

이 또 하나 있다. 에이젠슈테인이 이 구상을 둘러싼 계획과 사유를 개진한 스무 장 남짓의 노트를 남겨놓았다는 사실이다. 「영화 〈자본〉을 위한 노트」(이하 「〈자본〉 노트」)로 불리는 이 텍스트가 1973년에 최초로 공개되면서,[2] 이제껏 풍문으로만 존재해왔던 에이젠슈테인의 구상이 "단순한 바람이 아니라, 신중하게 고려되고 집중적으로 논의되었으며 실험적으로 계획된"[3] 명실상부한 하나의 기획(project)이었다는 사실이 명백해졌다. 그 후 이 미완의 프로젝트는 소수의 연구자와 예술가 들을 위한 영감의 원천으로 여겨지면서, "좌파 시네마의 언더그라운드 신화"[4] 취급을 받아왔다.

그러던 중 2008년 독일의 영화감독 알렉산더 클루게가 이 노트를 토대로 만든 비디오콜라주 〈이데올로기적 고대로부터 온 소식: 마르크스–에이젠슈테인–자본(Nachrichten aus der ideologischen Antike: Marx-Eisenstein-Das Kapital)〉[5]을 내놓으면서 새롭게 주목받게 되었다.

2   나움 클레이만의 편집으로 소비에트 영화잡지 『영화예술(Искусство кино)』 (1973년 1호, 57~67쪽)에 「1927~28년의 작업노트 중에서(Из рабочих тетрадей 1927–1928 годов)」라는 제목으로 처음 출간되었다. 1976년에 미국의 시각문화저널 『옥토버(October)』가 아네트 미켈슨의 소개 글을 덧붙여 「영화 〈자본〉을 위한 노트(Notes for a Film of *Capital*)」라는 제목으로 번역 게재했다. 이후 이 텍스트의 인용은 이 텍스트의 한국어 번역문이 실린 세르게이 에이젠슈테인·알렉산더 클루게, 『〈자본〉에 대한 노트』, 김수환·유운성 옮김, 문학과지성사, 2020의 쪽수를 따른다.

3   Annette Michelson, "Reading Eisenstein Reading *Capital*," *October*, Vol. 2, Summer, 1976, p. 26.

4   Pietro Bianchi, "Epilogue: Eisenstein's gaze on *Das Kapital*," *Jacques Lacan and Cinema: Imaginary, Gaze, Formalisation*, Routledge, 2018, p. 161.

5   이 작업과 연계해 출판한 영어판 소책자의 한국어판 번역문은 다음 책에 실려

지면 위에만 존재하던 에이젠슈테인의 원대한 계획을 실제로 구현해낸 시도로 알려진 이 대작은 그 자체로 흥미로운 탐구의 대상이 될 만하다. 클루게는 느슨하지만 기발하게 연결된 연상 몽타주와 특유의 역동적인 토킹헤드 인터뷰, 그래픽 자막과 간매체적 연출(오페라, 연극, 춤, 음악)을 활용해, 자본이라는 주인 기표를 관통하는 총 9시간 반 분량의 장대하고 다채로운 파노라마를 선보였다.

마르크스와 에이젠슈테인을 함께 다루는 클루게의 입장은 '고대(Antiquity)' 개념에 기초한다. 프레드릭 제임슨이 클루게 작업에 대해 언급한 리뷰에서 지적했듯이, "고대 개념은 우리를 — 에이젠슈테인뿐만이 아니라 — 마르크스의 전통이나 마르크스 자신과 새로운 관계 안에 위치시키는 기능을 할 수도 있다. 마르크스는 시의적절한(actual) 것도 낡은 것(outmoded)도 아니다. 그것은 고전적(classic)이다."[6] 이를테면, 마르크스나 에이젠슈테인의 '고전적' 유산은 "우리에겐 아득히 먼 옛날이 되어 고대에 속하게" 되었지만, 모습을 바꾸어가며 끊임없이 되돌아오는 그리스 고전 텍스트들이 그런 것처럼 새로운 소식(News)이 되어 우리 앞에 (재)등장할 수 있다.

그런데 고전적 유산의 문제를 (마르크스가 아닌) 에이젠슈테인에 국한시켜본다면, 또 다른 비유가 더 적절할지 모른다. 클루게는 "『자본』을 영화화하려 한 에이젠슈테인의 원대한 계획을 상상의 채석장 같은 것"이라고 본다. 그에 따르면 "고대의 유적지를 발굴하는

있다. 알렉산더 클루게, 「이데올로기적 고대로부터 온 소식: 마르크스-에이젠슈테인-자본」, 『〈자본〉에 대한 노트』, 161쪽.
6   Fredric Jameson, "Marx and Montage," *New Left Review*, Vol. 58, July-aug 2009, p. 117.

것과 유사한 이런 작업을 통해 우리는 파편들과 보물들 그 자체보다 우리 자신에 대해 더 많은 것을 알게 된다."[7] 채석장의 발굴 작업을 자기 발견의 계기로, 고대의 유산을 현대의 뉴스로 끌어오는 이런 논법은 에이젠슈테인의 「⟨자본⟩ 노트」와 관련해 각별히 시사적이다. 왜냐하면 90여 년 전에 작성된 이 노트는 단지 마르크스와 『자본』의 문제만이 아니라 영화의 문제를, 더 정확하게는 영화의 미래에 관한 문제를 다루고 있기 때문이다.

옥사나 불가코바에 따르면, "그[에이젠슈테인]가 하려고 했던 것은 영화의 가능한 미래를 제시하는 일이었는데, 이를테면 장르-줄거리-스타의 상업적 캐논 바깥에 있는, 심지어 그 자신이 구축한 러시아 혁명 영화의 성공적인 공식(역사적 공간 속에 위치한 대중의 운동) 바깥에 놓인 미래였다."[8] 그런가 하면 클루게는, "대담하면서도 완강한 이 감독은 그저 『자본』을 '영화화'하길 바랐던 것이 아니라, 영화라는 예술을 전적으로 파괴하고 그것을 새롭게 구축하고자 했다"[9]라고 표현했다.

실제로 에이젠슈테인은 ⟨자본⟩ 프로젝트의 실행을 더는 미룰 수 없는 긴급한 과제로 인식했다. 그는 '미래의 영화'가 이 방향을 따를 것이라고 확신했기에, 지체할 경우 부르주아의 관점에 따른 미래의 영화가 먼저 만들어질 것이라고 예상했다. 영화 ⟨10월⟩을 끝내고 ⟨일반 노선⟩을 마무리하던 시점인 1929년 말, 프랑스의 영화이론가

---

7   알렉산더 클루게, 「이데올로기적 고대로부터 온 소식」, 161쪽.
8   옥사나 불가코바, 「서문」, 『⟨자본⟩에 대한 노트』, 8쪽.
9   알렉산더 클루게, 「이데올로기적 고대로부터 온 소식」, 140쪽.

레옹 무시나크(Léon Moussinac)에게 보낸 편지에서 에이젠슈테인은 이렇게 적었다.

> 마르크스의 『자본』을 영화화하겠다는 제 선언은 그저 대중적인 이목을 끌기 위한 것이 아닙니다. 저는 미래의 영화가 바로 이 방향을 따를 것이라고 믿고 있습니다(안 그러면 부르주아의 관점에서 그들이 먼저 〈기독교의 사상〉 같은 영화를 찍게 될 겁니다!). 뭐가 됐든 철학과 관련이 있을 겁니다. 제가 작업에 착수하기까지 분명 1년에서 1년 반 정도는 걸릴 거라고 봅니다. 이 영역은 절대적으로 미개척지이니까요. Tabula rasa[빈서판]. 그런 거대한 주제를 타협 없이 다루려면 사전에 많은 도안 작업이 필요할 겁니다.[10]

에이젠슈테인의 〈자본〉은 도래할 미래의 영화 혹은 영화의 미래를 위한 프로젝트였다. 우리가 그가 남긴 텍스트에 '시간성의 두께'를 부여하고, 그 기록을 모종의 '기원'의 지점으로서 바라보게 되는 것은 따라서 자연스럽다고 할 수 있다. 그런데 기원이란 무엇인가? 잘 알다시피 기원은 '재발견'되는 것으로, 기원을 돌아보게 만드는 것은 현재의 사태다. 낯선 기원을 추적해 계보를 다시 쓰는 작업이, 반드시 기원의 자리를 되묻게 만든 동시대의 정황에 대한 재검토를 동반해야 하는 이유가 바로 여기에 있다. 상상의 채석장의 발굴 작업이 "파

---

10 Léon Moussinac, *Sergei Eisenstein*, D. Sandy Petrey(trans.), New York: Crown Publishers. Inc., 1970, p. 28.

편들과 보물들 그 자체보다 우리 자신에 대해 더 많은 것을 알게" 해주는 이유 또한 바로 여기에 있다.

이러한 관점에서, 5장에서는 「〈자본〉 노트」의 기원적 특징을 동시대 담론 가운데 눈에 띄는 한 가지 경향과 연결시켜 읽어보고자 한다. 객체지향 존재론, 사변적 실재론, 신유물론 등 다양한 이름으로 불리며, 오늘날 철학을 위시한 인문사회과학 담론 전반에서 뚜렷하게 부각되고 있는 '존재론적 전환'의 경향이 그것이다. 이 경향이 사물, 더 정확하게는 인간과 사물의 관계에 대한 새로운 관점과 입장을 견지하려 한다는 점에서, 일종의 사물 철학 또는 사물 이론의 성격을 띤다는 사실은 잘 알려져 있다. 그런데 문제의식의 최초 파종지, 곧 기원의 관점에서 생각해보면, 사물을 향한 이런 각별한 관심은 전대미문의 새로움이기보다는 오히려 오래된 기원의 재방문에 더 가깝다는 사실이 드러난다. 소위 사물론은 1920년대 소비에트 아방가르드의 이론과 실천 전반에서 가장 주요한 의제 중 하나였던바, 소비에트 아방가르드 영화를 둘러싼 논쟁 역시 예외가 아니었다.

이 글에서 나는 「〈자본〉 노트」에 담긴 에이젠슈테인의 구상을, 그동안 지적 영화(intellectual cinema) 개념과 관련된 '담론'의 노선에 묻혀 거의 주목받지 못했던 '사물'의 노선을 따라서 읽어보려고 한다. 보다 구체적으로 말하자면, 이 노선은 1920년대 후반 '영화사물'이라는 개념을 두고 소비에트 아방가르드의 대표적인 이론가와 영화감독들이 참여했던 논쟁과 관련되어 있는데, 이 맥락 속에 위치한 〈자본〉 프로젝트는 담론적 차원이 결코 다 포괄할 수 없는 영상 이미지의 정동적 측면(아트락치온)과 그것이 사물과 관련해 갖는 중요한 함의를 드러내게 될 것이다.

이를 통해, ⟨자본⟩ 프로젝트가 결국은 불발되고 만 엉뚱하고 돌출적인 구상이 아니라 에이젠슈테인 이론의 발전 과정에서 커다란 의미를 지닌 중대한 연결고리였다는 점, 다시 말해 통합된 "사유 메커니즘의 모델화"라는 그의 장대한 기획을 향해 가는 합법칙적 단계였다는 사실을 확인함과 동시에, 여기서 제기된 미래 영화의 비전이 오늘날 영화가 처한 상황에 시사하는 바를 곱씹을 수 있게 되길 기대한다.

약 90여 년 전에 작성된 텍스트에서 에이젠슈테인이 제시한 아주 '오래된 미래'를 동시대의 현황과 '겹쳐' 읽으려는 이러한 시도는, 일차적으로 해당 텍스트를 좁은 의미의 (문헌학적) '에이젠슈테인 연구'에 국한시키지 않으려는 의도에서 비롯된 것이다. 나아가 이는 「⟨자본⟩ 노트」에 깃든 특별한 동시대성의 좌표를 탐색하려는 시도이기도 하다. 다시 말해, 1920년대 후반 소비에트라는 구체적인 시공간을 증언하는 이 역사적인 도큐먼트는 언제든 우리의 '오늘'과 부딪혀 새롭고 흥미로운 성좌를 만들어낼 잠재력을 지니고 있으며, 이 글은 바로 그 열린 (비非)동시대성을 드러내려는 노력을 담고 있다.

영화 ⟨10월⟩: 서사에서 담론으로

에이젠슈테인이 레옹 무시나크에게 편지를 보낸 것은 「⟨자본⟩ 노트」(1927년 10월 12일~1928년 4월 20일)를 쓰고 대략 8개월 정도 흐른 시점이었다. 그즈음인 1928년 4월 2일에 영화 ⟨10월⟩은 "세계를 뒤흔든 열흘"이라는 제목으로 베를린에서 개봉했다. 주목할 것은 에이젠슈테인이 그해 12월에 보낸 저 편지에서 '이미 완성해' 개봉한 영화(〈10월〉)를 '아직 만들지도 않은' 미래 영화(〈자본〉)의 관점에서 봐달라고 요청하고 있다는 점이다. 이는 에이젠슈테인이 『자본』을 영화화하려는 기획에 얼마나 강하게 사로잡혀 있었는지를 보여준다.

> 제가 방금 대략적으로 이야기한 관점[미래의 영화로서의 〈자본〉]에 비추어 영화 〈10월〉을 봐주시길 요청드립니다. 거기서 당신은 이런 종류의 발걸음을 여럿 보게 될 텐데요, 그것은 어색하고, 심지어 불경하고 부끄러운 상징주의에서 출발해 ─〈전함 포템킨〉의 '사자상'이 그랬지요 ─ 완전히 다른 종류의 영화 개념을 향한 계단에 해당하는, '신들'과 '케렌스키의 상승'에 이르는 발걸음입니다.[11]

에이젠슈테인은 영화 〈10월〉과 거기서 시도했던 몇몇 실험들을 "완전히 다른 종류의 영화 개념을 향한 계단"으로 규정하고 있다. 영화 〈10월〉이 단지 창작적 진화의 한 단계가 아니라 미래 영화를 향한 결정적인 전환의 모멘트로 간주되고 있는 것이다. 〈10월〉이 〈파업〉(1925)과 〈전함 포템킨〉(1925)과 함께 혁명 3부작을 완성하는 마지막 작품이라는 주제적 의미 외에도, '지적 영화'라는 새로운 방법론을 탐구하기 위한 형식적 실험의 성격을 지닌다는 사실은 잘 알려져 있다. 〈10월〉에서 시도된 여러 성취 가운데 에이젠슈테인이 되풀이해

---

11   Léon Moussinac, *Sergei Eisenstein*, p. 29.

강조하는 것은 두 개의 시퀀스인데, 앞에서도 직접 거론하고 있는 '신들의 시퀀스'와 '케렌스키의 상승 시퀀스'가 그것이다.[12] 이미지의 연쇄가 지적 결론을 도출할 수 있게끔 세밀하게 설계된 이 몽타주 시퀀스들은, 잘 알려진 것처럼 에이젠슈테인식 '지적 몽타주'의 전형적인 사례로 꼽혀왔다.

그렇다면 완전히 다른 종류의 영화를 향한 발걸음이란 구체적으로 무엇을 가리키는가? 미래의 영화를 향한 노선의 가장 중요한 특징은 그것이 "사실 및 일화로부터 완전히 벗어난" 길을 따른다는 점에 있다. 다시 말해 "〈10월〉의 사건들은 (이 부분에서) 사건으로서가 아니라 일련의 테제들의 결론으로 받아들여진다."[13] 그것은 "영화에서의 드라마, 서사시, 발라드 이후에" 등장하는 다음 단계로서, 이를테

---

12 '신들의 시퀀스'는 "신과 국가의 이름으로"라는 슬로건 아래 페트로그라드로 진격하는 코르닐로프 장군의 모습을 각종 신들의 이미지와 병치해놓은 장면을 말한다. 그리스도상으로부터 에스키모의 우상에 이르는 각양각색의 우상의 이미지들을 몽타주함으로써 '신은 신성하다'는 관념과 우스꽝스러운 신들의 이미지 사이에 충돌을 발생시키고, 결과적으로 신성의 본질에 관해 관객들 스스로 지적 결론을 이끌어내게 된다. '케렌스키의 상승 시퀀스'는 1917년 7월 봉기 이후 케렌스키가 권력을 장악해나가는 과정을, 직급이 높아짐을 가리키는 자막(독재자-사령관-육군성 장관-해군성 장관-총리-기타 등등)과 똑같은 보폭으로 겨울궁전 계단을 올라가는 대여섯 개의 쇼트로 표현한다. 계단을 올라가는 동일한 장면의 반복이 코믹한 효과를 발생시키면서 케렌스키의 보잘것없음이 풍자적으로 드러나게 되고, 이는 결국 그가 각각의 자막이 가리키는 직책들을 감당할 능력이 없는 존재라는 지적 결론으로 이끌게 된다. 이 두 장면은 (에이젠슈테인 본인을 포함한) 수많은 사람들의 인용과 분석을 통해 거의 교과서적인 사례로 자리 잡았다.
13 세르게이 에이젠슈테인, 「영화 〈자본〉을 위한 노트」, 『〈자본〉에 대한 노트』, 30쪽.

면 '사건의 재현'보다는 '개념적 담론'에 더 가깝다. 추상적 개념과 관련된 중요한 결론적 테제들로 이루어진 담론적 영화 형식. 이를 뭐라고 불러야 할까? 에세이 혹은 논고가 그 답이다.

영화에서의 드라마, 서사시, 발라드 이후에 〈10월〉은 영화(사)물의 새로운 형식을 내놓는다. "10월"을 구성하고 있는 일련의 토픽들을 묶은 "에세이(Essays)" 모음이 그것이다. 모든 영화(사)물에서 결론적 구절들이 중요하다는 점에서, 담론적 영화의 형식은 [영화의] 기법을 흥미롭게 갱신하면서 [갱신된 기법들을] obenerwähnter[위에서 말한] 측면에서 합리화하게 된다. 이미 여기에 완전히 새로운 영화적 관점들, 그리고 새로운 영화(사)물에서 온전히 드러나게 될 가능성들의 섬광과의 접촉이 존재한다. 카를 마르크스의 대본(libretto)에 따라 찍을 영화논고(키노트락타트[kinotraktat]) 〈자본〉이 바로 그것이다.[14]

미래의 영화 〈자본〉에 대한 가장 일반적인 이해는 이런 식으로 완성된다. 즉 여기서의 〈자본〉은 이미지들의 병치와 연쇄를 통해 '추상적인 개념'을 창출하는 영화를 가리키는 대명사가 된다. 이때 '신들의 시퀀스'로 대표되는 영화 〈10월〉의 실험적 의미는 내러티브-묘사적인(그의 표현을 빌리면, "사실-일화적"인) 영화로부터 벗어나 "담론적"인 영화를 향해 가는, 그래서 〈자본〉에서 완벽하게 실현될 "영화논고"를 향한 길을 닦는 것에 놓여 있다.

14 같은 글, 31쪽.

가령, 아네트 미켈슨이 〈파업〉에서 〈10월〉에 이르는 에이젠슈테인의 혁신적인 영화가 "산파술적(maieutic)"이고 "입문서적(propaedeutic)"인 성격을 지닌다고 강조하면서, 이를 "새로운 진리가 태어날 수 있는 조건들을 예비하는 것"과 관련된 '트락타트적' 글쓰기와 연결시킬 때[15] 그녀가 염두에 두었던 것도 이런 노선이었다. 여기서 "산파술적인 것"과 "입문서적인 것"은 각각 '각자의 마음에 착근된 진리에 도달하기 위한 교육학적 과정'과 '보다 확장된 연구를 위한 도입부'라는 의미를 갖는다.

에이젠슈테인의 〈자본〉 프로젝트에 관심을 갖고, 〈이데올로기적 고대로부터 온 소식〉이라는 방대한 비디오콜라주를 완성한 알렉산더 클루게는 이와 연계해서 쓴 텍스트에서 "산파술: 조산사의 기술"이라는 제목 아래 이를 변주했는데, 그에 따르면 "아기가 제대로 산도(産道)를 빠져나오도록 하려면 그녀[조산사]는 아기가 스스로 움직일 수 있게끔 하는 방식으로 붙들어야 한다. 조산사가 가하는 이러한 폭력은 해머나 낫이나 괭이나 톱을 쓰는 폭력과는 구분되는 것이다."[16] 그런가 하면, '입문서'라는 개념은 발터 벤야민이 '트락타트'를 설명하면서 썼던 것이기도 하다. 그에게 트락타트는 진리를 재현하기 위한 철학의 형식을 연습하는 일, 아직은 명확히 표현할 수 없는 진리의 본체에 다가가기 위한 입문서에 해당한다. "이러한 연습은 명확하게 표현할 수 없는 진리의 본체를 목도한 모든 시대마다 어떤 입문서(Propädeutic[예비 교육])의 형태로 강요되어왔는데, 이 입문서를

---

15 Annette Michelson, "Reading Eisenstein Reading *Capital*," pp. 29~30.
16 알렉산더 클루게, 「이데올로기적 고대로부터 온 소식」, 113쪽.

트락타트(Traktat)라는 스콜라 철학의 용어로 불러도 될 것이다"[17]

미켈슨이 보기에 지적 몽타주의 핵심은 "그것의 물리적인 구체성 속에서 추상적인 개념을 포착해낼 뿐만 아니라 담론의 형식과 방법 자체를 포착해내는 것"[18]에 있다. 요컨대, 미래의 영화 〈자본〉을 통해 온전히 구현될 "새로운 영화적 관점들, [……] 가능성들의 섬광과의 접촉"이 이미 여기에 있다고 말할 때 그것이 뜻하는 바는 "일련의 토픽들을 묶은 '에세이' 모음," "담론적 영화의 형식"인 〈10월〉이 존재한다는 의미와 다를 게 없다.

그런데 지적 몽타주를 거쳐 개념과 사상(에세이적 담론)을 향해 가는, 언뜻 매끈해 보이는 이런 논리 전개는 한 가지 치명적인 한계를 갖는다. 에이젠슈테인의 사유를 형성하는 중대한 측면 하나를 괄호 치게 된다는 사실이다. '아트락치온(attraction)'이라는 말로 대표되는 정동 혹은 감응(affection)의 문제가 바로 그것이다. 가령,「〈자본〉 노트」에서 에이젠슈테인은 '감정을 불러일으키는 것'을 지향하는 본연적 의미에서의 아트락치온(감각적 아트락치온)과 나란히 '개념적 충돌이나 사유를 자극하는 것'을 지향하는 아트락치온(지적 아트락치온)을 언급하고 있는데, 이때 후자는 (아트락치온이라는 단어 자체가 함의하는) 감정을 배제하지 않는다.

내 생각에 지적 아트락치온은 전혀 감정을 배제하지 않는다.

---

17 발터 벤야민,『독일 비애극의 원천』, 최성만·김유동 옮김, 한길사, 2009, 37쪽.

18 Annette Michelson, "Reading Eisenstein Reading *Capital*," p. 31.

결국, 자극반응 행위는 소위 감응의 현전으로 인식되지 않았던가! 영향의 경로들 및 des zur Offenbarung Möglichen[무엇을 드러낼 수 있을 것인가]에 관한 전망—즉, 표현 가능한 영역 내의 가능성—의 문제는 특별히 새로운 이 경로들 덕분이다. 진화적 효과의 보존은 필수적인바, 실제 실행에서도 결코 배제될 수 없다. 가령, "케렌스키의 steigt[상승]은 그 자체 Lachsalven[폭소의 지점]을 갖는다!"[19]

에이젠슈테인의 지적 아트락치온 개념에 담겨 있는 이런 모순적인 혼합의 본질을 해명하지 않은 채 그것을 일방적으로 '담론'의 방향으로 위치 짓는 일은, 따라서 매우 위험할 수 있다(우리는 뒤에서 이 문제로 되돌아올 것이다). 그런데 어떻게 보자면 이 감응의 문제는 매우 단순하지만 근본적인 또 다른 물음에 포함되는 것이기도 하다. 이를테면, 다음과 같은 물음들이다. 구체적인 사건이나 서사의 재현이 아니라 추상적 개념(예컨대 '자본'과 같은)의 포착을 지향하는 지적 몽타주는 과연 어떤 이미지들로 구성되어야 하는가? 다시 말해, 거기서 우리가 보게 되는 것은 '무엇'의 이미지인가?

바로 이 물음과 더불어 우리는 〈자본〉을 둘러싼 기존 논의와, 그에 수반됐던 〈10월〉의 논의에서 결정적으로 누락되어온 또 다른 노선을 만나게 된다. 그건 바로 '사물'의 노선이다. 추상적 개념의 포착으로 이끄는 저 이미지들은 다름 아닌 각종 '사물들의 이미지'다. 미래를 향한 결정적인 전환의 발걸음이 되는 영화 〈10월〉은 무엇보다

---

19 세르게이 에이젠슈테인, 「영화 〈자본〉을 위한 노트」, 70쪽.

도 사물들의 영화, 온통 사물들(의 이미지)로 가득 차 있는 영화다.

사물의 노선: '사물의 전기'에서 '사물로의 전환'까지

클루게의 영화 〈이데올로기적 고대로부터 온 소식〉에는, 그의 영화가 늘 그렇듯이, 책, 퍼포먼스, 연극, 공연 등에서 가져온 수많은 외적 단편들이 삽입되어 있다. 그 가운데 각별히 흥미로운 것은 2부("모든 사물은 마법에 걸린 사물들이다")를 여는 10분짜리 단편 영화 〈사물들 속의 인간(Der Mensch im Ding)〉이다. 톰 티크베어(Tom Tykwer) 감독이 찍은 이 단편은 한 마디로 '사물들의 이력서'라 부를 만하다. 감독은 베를린의 건물 앞 인도를 지나가는 한 여성의 장면을 정지시킨 후 화면 내의 온갖 사물들 — 그녀가 입고 있는 치마와 부츠, 핸드백에서 시작해 뒤에 보이는 건물의 초인종과 인터폰, 대문의 자물쇠, 길바닥에 붙은 껌과 버려진 담배꽁초에 이르기까지 — 을 하나씩 클로즈업하면서, 그에 얽힌 '내력'을 보이스-오버로 전달한다.

여기서 사물들의 내력이란 해당 사물의 최초 생산지부터 그와 관련된 테크놀로지, 그 기술을 도입한 회사명과 제품이 만들어지는 지역, 나아가 연관 산업의 동향에까지 걸쳐 있다. 가령, 치마와 관련해서는 산업 자본주의와 방직 산업의 관계가, 핸드백과 관련해서는 가죽 제품의 주요 제조국인 중국·인도·한국이, 건물의 초인종 및 인터폰과 관련해서는 1899년 베를린에 소재했던 회사 파울 하르데겐 운트 콤파니(Paul Hardegen & Co)가, 길바닥의 껌과 담배꽁초와 관련해서는 고무와 흡연에 얽힌 인류의 기나긴 역사가 언급되는 식이다.

"각각의 사물들 너머에는 더 많은 사람들과 더 많은 이야깃거리가 있다"는 내레이션으로 시작되는 이 단편이 무엇을 겨냥하고 있는지는 제일 마지막에 자막으로 등장하는 아래 구절에서 명백하게 드러난다.

> 상품은 언뜻 보면 자명하고 평범한 물건으로 보인다. 그러나 상품을 분석해보면 그것이 형이상학적인 교활함과 신학적 변덕으로 가득 찬 매우 기묘한 물건임을 알게 된다(08:35~ 8:55).

"상품의 물신적 성격과 그 비밀"이라는 제목이 붙은 마르크스 『자본』 1권 1장 4절에서 빌려온 이 구절을 통해 이 세상 속의 온갖 사물들이란 결국 무엇보다 먼저 '상품'으로 존재한다는 것, 그렇기에 이 사물-상품들은 그것을 둘러싼 온갖 사회경제적 관계들의 매개체이자 응축물로서 나타난다는 사실이 고스란히 상기된다. 이렇듯, 티크베어 감독의 '사물' 이야기는 마르크스의 '상품' 이야기를 이미지와 담론[적 주석]을 통해 다시 쓴 것으로 판명된다.

과연 이런 식의 접근이 에이젠슈테인이 의도했던 바로 그 방식일까? 이러한 질문은 당연히 가능하지만, 일단 접어두기로 하자. 당장 흥미로운 사실은 따로 있다. 이 단편이 마르크스, 에이젠슈테인과 더불어 또 다른 인물 한 명을 직접적으로 떠올리게 한다는 점이다. 1920~30년대 러시아 아방가르드의 숨겨진 주역 세르게이 트레티야코프가 바로 그 인물이다. 사물을 향한 티크베어의 접근 방식은, 영화 〈자본〉과 관련해 무척이나 의미심장한 해인 1929년[20]에 트레티야

---

20 클루게는 1929년이라는 해가 지니는 각별한 의미에 주목해, 이를 영화와 텍

코프가 발표한 한 편의 에세이에 담긴 주장을 영상을 통해 고스란히 실현시킨 것처럼 보인다.

「사물의 전기」라는 예사롭지 않은 제목을 단 이 에세이에서 트레티야코프는 개인의 재능 및 창조성에 바탕을 둔 전통적인 작가상과 개인의 내면 심리에 기댄 내러티브 모델을 대신해 '사물의 전기'를 따르는 서사의 방법론을 내세웠다. 그에 따르면, "모든 사물들의 층을 통과해 가는 일개인이 아니라 사람들의 층을 관통해 가는 사물이야말로, 전통적 산문 기법에 비해 훨씬 더 진보적인 방법론적-문학적 기법"[21]이다.

> 우리는 우리의 경제적 자원들에 관한 책, 즉 인간이 만든 사물들과 그것을 만든 사람들에 관한 책이 시급히 필요하다. [······] 숲, 빵, 석탄, 철, 아마, 면화, 종이, 증기기관차, 공장에 관한 책은 아직 쓰이지 않았다. 우리에겐 그것들이 필요하다. 그리고 그것들은 오직 '사물들의 전기'를 통해서만 온전히 실현될 수 있

스트 모두에서 특별히 강조해 다룬 바 있다. 1929년은 저 유명한 '검은 목요일' 사태[10월 24일 목요일 뉴욕 증권거래소에서 주가가 대폭락한 사건]가 발생한 해이자, 그로부터 한 달 뒤인 11월 30일, 에이젠슈테인이 파리에서 제임스 조이스를 방문한 해이기도 하다. 당시 조이스의 문학적 방법론을 영화 〈자본〉에 적용할 생각을 갖고 있었던 에이젠슈테인에게 조이스는 자기 작품의 낭독을 축음기로 들려주었다고 전해진다(알렉산더 클루게, 「이데올로기적 고대로부터 온 소식」, 157~58쪽). 조이스는 『율리시스』를 영화로 만들 자격이 있다고 여긴 감독으로 〈베를린: 대도시 교향곡〉을 만든 발터 루트만(Walter Ruttmann)과 에이젠슈테인 단 두 사람을 꼽았다고 한다.

21 Sergei Tret'iakov, "The Biography of the Object," *October*, Vol. 118, autumn 2006, p. 61.

다.[22]

'인간' 대신에 '사물'을 앞세우는 이러한 급진적인 주장은, 당연하게도 좁은 의미의 문학론에 가두어질 수 없다. 이는 소비에트 아방가르드의 가장 흥미로운 대목 중 하나인 소비에트 팩토그래피(Factography) 운동, 그중에서도 1920년대 중후반 사물을 둘러싸고 벌어진 다채로운 실험과 논쟁의 맥락 전체와 연결되어 있다.[23] 그런데 의외로 잘 알려지지 않은 사실은, 이 사물론의 파장이 당대 영화계에도 영향을 미쳐, 영화사물의 위상과 의미를 둘러싼 첨예한 논쟁을 불러일으켰다는 점이다. 저명한 에이젠슈테인 연구자인 옥사나 불가코바는 아방가르드 사물론과 당대 소비에트 영화가 교차하는 바로 이 지점, 트레티야코프와 에이젠슈테인이 공히 결부되었던 이 논쟁의 맥락에 주목했다.

불가코바는 2019년에 발표한 「신(新)레프와 영화사물」이라는 글에서, 오시프 브릭(Osip Brik)이나 빅토르 시클롭스키(Viktor

22 같은 글, p. 62.
23 '사물'을 둘러싼 논쟁은 (후기)형식주의와 구축주의, 생산주의가 동시에 경합했던 1920년대 후반 소비에트 아방가르드의 가장 흥미로운 대목 중 하나였다. 「사물의 전기」는 보리스 아르바토프(Boris Arvatov)의 '사회주의적 사물(Socialist object)' 개념과 더불어 소비에트 아방가르드 사물론을 대표하는 글로 꼽힌다. 소비에트 아방가르드의 사물론이 오늘날 주목받는 예술가 중 한 명인 히토 슈타이얼의 이미지론(대표적으로 그녀의 영화 〈자유낙하(Free Fall)〉)에서 흥미로운 방식으로 전유되는 양상에 대해서는 SooHwan Kim, "Sergei Tretyakov Revisited: The Cases of Walter Benjamin and Hito Steyerl," *e-flux* Journal, No. 104, 2019; 김수환, 『혁명의 넝마주이: 벤야민의 『모스크바 일기』와 소비에트 아방가르드』, 문학과지성사, 2022 참조.

Shklovsky) 같은 '좌익예술전선' 레프(LEF) 이론가들의 영화 이론과 당대의 실제 창작 사이에 놓여 있었던 의미심장한 거리, 즉 '사물(veshch')'과 '영화사물(kinoveshch')' 사이의 심오한 차이를 비판적으로 고찰한 바 있다. 그녀에 따르면, "가장 첨예한 논쟁은 에이젠슈테인의 영화를 둘러싸고 벌어졌는데, 그 결과 에이젠슈테인은 레프와 결별하고 전혀 다른 영화사물의 개념을 정련하는 쪽으로 나아갔다. 하지만 이러한 에이젠슈테인의 제안은 논쟁에서 지워졌는데, 이는 그 기획들이 영화로 구현되지 못한 채 미출간 초안들 속의 이론으로만 남았기 때문이다."[24] 여기서 "미출간 초안들 속의 이론"이란 말할 것도 없이 영화 〈자본〉에 대한 구상을 말한다. 그렇다면 "가장 첨예한 논쟁"을 불러일으킨 에이젠슈테인의 영화란 무엇을 가리키는가? 물론 그것은 영화 〈10월〉이다.

충분히 짐작할 수 있듯이, 불가코바가 이 주제에 새롭게 주목하게 된 배경은 오늘날 '사물로의 전환'이라 불리는 동시대의 경향이다. 그녀에 따르면, 20세기 예술에서 사물과 관련된 문제의식은 일관되게 지속되어왔다. 이를테면, "러시아 생산주의자들과 유럽 구축주의자들에서 시작해 바우하우스, 뒤샹의 레디메이드, 초현실주의의 오브제 투르베(objets trouvés) 시학, 팝아트, 앤디 워홀의 통조림, 요제프 보이스의 의자들, 클라스 올덴버그의 거대 사물들로 이어지는"[25] 긴 행보를 이룬다. 그런데 바로 이 문제의식이 오늘날 예기치 않은 시의

---

[24] Оксана Булгакова, "Новый ЛЕФ и киновещь," *Russian Literature*, Vol. 103/105, 2019, p. 65.
[25] 옥사나 불가코바, 「서문」, 『〈자본〉에 대한 노트』, 10쪽.

성을 획득하게 된다.

이는 사회학과 철학에서의 전회, 사물의 사회사 및 과학사에서 그것들이 행하는 역할에 대한 문헌학적 관심, 문학 연구에서 빌 브라운의 사물 이론의 출현, 인간과 비인간 사이의 상호관계의 중요성을 설파하는 브뤼노 라투르의 주술 등과 관련해 생긴 일이다.[26]

오늘날 사물 이론은 "어떻게 죽은 사물들이 살아 있는 것들을 결정하고 그것들의 관계를 (탈)형성하는지를 연구하는 이론으로서, 물질세계를 기호, 상징, 담론 혹은 감응으로 몰고 가는 문화의 발달과 그것을 둘러싼 온갖 [문화적] 이론들에 대한 반작용으로 볼 수 있다."[27] 최근 몇 년간 철학계와 예술계, 인류학을 위시한 다양한 학제들에서 비상한 관심을 받고 있는 이 새로운 철학적 조류를 뭐라고 부르던 간에 그것들이 '인간'을 중심으로 한 의제로부터 '비인간'을 포함하는 쪽으로 방향을 전환하려 한다는 것, 그러니까 주체로부터 객체로, 언어와 담론으로부터 대상과 물질성으로 방점을 옮기려는 지향을 보인다는 점만은 확실하게 말할 수 있다. 그리고 이 점에서 그것들 모두는 넓은 의미의 '사물로의 전환'이라는 공통분모를 갖는다고 하겠다.

핵심은 불가코바처럼 1920~30년대 소비에트 아방가르드의 역

---

26 같은 글, 9쪽.
27 같은 글, 18쪽.

동적인 부침의 과정을 잘 알고 있는 사람에게는, '존재론적 전환'의 이름으로 대두되고 있는 떠들썩한 동시대의 '새로운 유물론'의 풍경들이 모종의 기시감을 불러일으키지 않을 수 없다는 사실이다. 왜냐하면 그 전환은 전대미문의 전환이기보다는 재방문에 더 가깝기 때문이다.

사물 vs 영화사물: 사물 몽타주의 문제

1927년에서 29년까지, 그러니까 소비에트 아방가르드의 팩토그래피적 지향이 절정에 이르렀을 무렵, 베르토프와 에이젠슈테인의 영화는 특히 사물의 문제를 두고 맹렬한 비판에 직면했다. 레프 이론가들이 보기에, 이들이 사물을 다루는 방식의 결정적인 오류는 사물의 '물질성'을 죽여버리고 그것을 '상징화'해버린다는 데 있었다. 예를 들어, 베르토프의 영화 〈세계의 6분의 1〉(1926)의 한 장면을 두고 시클롭스키는 "커다란 스키를 타고 눈 덮인 곳으로 멀리 사라져가는 사람은 사라져가는 과거의 상징이 된다. 사물이 그것의 물질성을 잃어버리고, 상징주의자들의 작품에서처럼 [의미를] 비춰 보이게(skvozit'i) 된다"[28]고 비판했다.

영화 속 사물에 대한 레프 이론가들의 입장은 사물의 '사물성,' 즉 질료로서 그것이 갖는 본연의 물질성이 온전히 보존되어야 한다는 전제에 기초했다. 팩토그래피스트로서의 면모를 보여주는 이

28　Виктор Шкловский, *За 60 лет*, Москва: Искусство, 1985, p. 118.

런 전제는 필연적으로 또 하나의 결과를 수반하게 되는데 파불라 (fabula), 곧 스토리의 약화가 그것이다. 영화 질료로서의 사물들을 스토리의 고리로부터 해방시키는 일은 레프 이론가들에게 상징화의 캐논에서 탈피하는 것만큼이나 중대한 과제였다.

바로 이런 상황에서 대두된 흥미로운 대안이 트레티야코프의 '산업생산 시나리오'였다. 1928년 『신레프』 2호에 실린 동명의 글에서 그는, 스토리를 짜내는 데만 집중하는 당대의 전문 파불리스트(스토리 작가)들을 비판하면서, 그들은 질료를 "스토리의 경쟁자"로만 여기며, 질료가 "스토리를 장악하지 못하게끔 의도적으로 왜곡"[29]하고 있다고 말했다. 트레티야코프는 이런 상황을 타개할 대안으로 "내러티브가 질료에 복무하는" 시나리오, 곧 '산업생산 시나리오'를 제시했다. 그가 보기에, 당대의 상황은 국가가 다양한 생산 부문(목축, 명주, 포도, 수목 등) 전반에서 새로운 질료와 내러티브 상황(지역, 재배 시기, 노동 습관, 생산 과정의 전형적인 대립, 새로운 인간관계 등)을 쏟아내는 중으로, 이때 산업생산 시나리오 작가의 임무란 이런 생산 부문에 적극 참여하여 그것이 가리키는 방향을 따라 연구하고 기록하는 것, 한마디로 "연구자가 되는 것"[30]이다. 트레티야코프가

29　Sergei Tretyakov, "The Industry Production Screenplay," *Cinema Journal*, 51, No. 4, Summer 2012, p. 135.

30　같은 글, p. 137. 여기서 트레티야코프가 말하고 있는 작가-연구자 모델은 사실상 (문화연구라는 개념이 생기기도 전에 제안된) '인류학적 참여관찰법'에 가깝다. '장기간에 걸친 근접 관찰을 통한 대상의 기술'이라는 이 방법론은 집단농장 거주 작가 경험 이후 '작동적 작가(operating writer)'라는 독특한 개념으로 발전하게 되는데, 훗날 벤야민이 「생산자로서의 작가」에서 인용하는 것이 바로 이 개념이다. 이에 관한 상세한 내용은 김수환, 『혁명의 넝마주이』, 3

결론 내리길, "산업생산 시나리오의 개념은 오늘날 우리 문학의 뚜렷한 특징이라 할 사실(fact) 및 사회적 저널리즘의 우위라는 개념의 영화적 반영이다. 산업생산 시나리오는 변증법적으로 정당한 마르크스주의적 시나리오다."[31]

문제는 이러한 '정당한' 조치가 낳은 실제 결과가 이상적인 것과는 거리가 멀었다는 점이다. 불가코바도 지적하듯, 산업생산 시나리오 방식을 따른 실제 창작 사례들은 기껏해야 포토제닉한 산업생산의 장소들을 스토리의 배경으로 끌고 오는 수준의 조야한 타협책 이상이 되지 못했다. 아마도 이러한 상황이 트레티야코프로 하여금 더욱 진전된 버전인 '사물의 전기' 개념을 내놓도록 했을 텐데, 앞서 언급했듯, 모든 종류의 주관적 심리를 배제하고 오직 사물 자체만을 따라가는 이 새로운 내러티브 구축 방식("사물의 컨베이어벨트")은 '사물이 스스로 말하는 것'을 표방했다.

하지만 이 말이 미술관에 놓인 오브제-사물이 아닌 영화의 사물에 대한 것이라면, 그것이 뜻하는 바는 자명하다. 이는 곧 감독이 사물들을 자유자재로 다룰 줄 알아야만 한다는 뜻이다. 물론 그런 능력을 갖춘 감독은 (에이젠슈테인이나 베르토프 같은 빼어난 예외를 제외하면) 극히 드물었다. 트레티야코프 자신의 복안 중 하나였던 '증기기관차의 전기'에서 드러나듯, 이러한 시도들은 대개 이전의 상징화 작업과 크게 다를 바 없는, 기술-사물에 대한 신성화로 귀결되곤 했다. 거의 '인간동형적'인 것으로 진화한 증기기관차의 삶을 뒤따르

장 참조.
31 Sergei Tretyakov, "The Industry Production Screenplay," p. 138.

는 트레티야코프의 시나리오는, 결국 이 사물-기차가 온갖 역경 끝에 붉은 광장에 도달하고, 그곳에 누워 있는 방부처리된 레닌을 만나는 것으로 끝을 맺는다. 즉, 사물의 상징성이 벗겨지기는커녕, 오히려 극단적인 기호-상징성이 덧씌워진 셈이다.[32]

오늘의 관점에서 더 의아한 것은, 어째서 당대의 명민한 이론가들이 에이젠슈테인의 〈10월〉에 담긴 (새로운) 사물주의를 전혀 간파하지 못했는가 하는 점이다. 10년 전에 발생한 혁명을 겨울궁전의 사물들을 통해 보여주는 이 영화를, 그들은 제대로 '알아보지' 못했다. 레프 이론가들에게 〈10월〉은 감독의 실패로 간주되었을 뿐, 그들 중 누구도 이 영화를 가득 채운 온갖 사물들의 의미를 숙고하지 못했다.

그렇다면 〈10월〉의 사물주의란 과연 어떤 것이었을까? 이 영화의 사물을 이야기할 때 가장 먼저 떠올려야 할 점은, 〈10월〉이 사실상 겨울궁전이라는 거대한 '물건 창고'를 배경으로 하고 있다는 사실이다. 그 내부에는 샹들리에, 조각상, 기계식 장난감, 지하 와인창고, 성상화, 장난감 양철 병정, 그릇, 크리스털, 파베르제 달걀 등 온갖 종류의 사물들이 빽빽하게 들어차 있다. 불가코바에 따르면, 에이젠슈테인이 당시 박물관이었던 겨울궁전에서 본 것은 "거대한 백화점, 말하자면 '뮤어와 미릴리즈'"[33]였다. 그렇다면 겨울궁전 바깥은 어떨까? 〈10월〉의 '말하는' 사물들에는 거대한 도시 박물관을 구성하는 온갖 것들, "페트로그라드[현 상트페테르부르크]의 다리들, 최초의

32　Оксана Булгакова, "Новый ЛЕФ и киновещь," pp. 70~71.
33　옥사나 불가코바, 「서문」, 11쪽. '뮤어와 미릴리즈'는 1892년에 스코틀랜드인인 아치볼드 미릴리즈와 앤드류 뮤어가 만든 당대 가장 큰 백화점이다. 1922년 볼쇼이 극장 옆으로 자리를 옮기면서 '굼'으로 이름을 바꾸었다.

러시아 박물관 쿤스트카메라에 소장된 신들의 형상, 전제정의 몰락을 표현하기 위해 파피에-마셰로 만들어낸 알렉산드르 3세 동상" 등도 포함된다.[34]

'10월 혁명을 어떻게 보여줄 것인가'라는 과제를 앞둔 에이젠슈테인의 관심은 분명 그것의 (영웅적) 서사를 재구성하는 데 있지 않았다. 혁명 이야기를 드라마틱하게 재현하는 대신에, 그는 해당 사건과 관련되거나 혹은 딱히 관련이 없어 보이는 온갖 종류의 대상(사물)들을 펼쳐놓고, 그것들을 이런저런 방식으로 몽타주하는 데 몰두하고 있는 것처럼 보인다. 아마도 이 점이 당대 비평가들을 불편하게 만들었을 텐데, 그가 사물들에 정신이 팔린 나머지 정작 말하고자 하는 바가 불분명해졌다는 것이다. "마치 조각상이 10월 혁명을 수행한 것처럼 보인다. 신화적이고 역사적인 조각상, 청동 조각상, 지붕 위의 조각상, 다리 위의 사자상, 코끼리, 이교상. 접시 가게 가운데 조각상들의 집회. [……] 에이젠슈테인은 겨울궁전 속의 수만 개의 방에서 뒤엉켜버렸다"[35]는 시클롭스키의 비판은 이를 잘 보여준다.

레프 이론가들의 이런 맹목의 원인은 무엇이었을까? 대략 추정할 수 있는 요인은 두 가지다. 첫번째는 당시 〈10월〉을 둘러싼 반응과 논의가 '사물'을 압도하는 다른 토픽을 중심으로 전개되었다는 사실이다. 지적 몽타주 혹은 담론적 영화라는 토픽이 바로 그것이다. 〈10월〉에 쏟아진 혹평을 의식하면서 에이젠슈테인의 새 영화를 옹

---

34 네바강의 도개교(배가 지나갈 수 있게 중간 부분이 위로 열리는 다리)와 알렉산드르 3세 동상은 영화의 핵심 장면을 구성하는 배경이 된다. 쿤스트카메라 박물관의 신들의 형상은 '신들의 시퀀스'에 사용된 이교상들을 가리킨다.
35 옥사나 불가코바, 「서문」, 13쪽.

호하고자 했던 트레티야코프의 당시 리뷰는 이런 관점에서 매우 시사적이다. 트레티야코프는 「〈10월〉 빼기 〈전함 포템킨〉」이라는 흥미로운 제목을 단 논평에서, 에이젠슈테인이 "감정적·영웅적인 스타일"로 대변되는 〈전함 포템킨〉의 성공 공식을 단순 반복하지 않고, 그로부터 멀어졌다고 주장하면서 다음과 같이 썼다.

> 에이젠슈테인은 이미 영화이미지가 아니라 영화개념(kinoponyatie)의 이념을 실현하려 하고 있다. 즉 이제껏 그가 작업했던 순수한 감정적 효과 대신 지적인 효과를 얻고자 하는 것이다. [……] 이것은 에이젠슈테인이 처음으로 시도하는 것이다. 아직 성공과 실패를 말하긴 이르다.[36]

결국, 트레티야코프가 말하는 "〈10월〉 빼기 〈전함 포템킨〉"의 의미는 다음과 같이 요약할 수 있다. 에이젠슈테인은 소비에트식 기념비주의(monumentalism)를 특징지었던 감정적·영웅적 형식을 버리고 다른 노선, "사회주의 문화 건설자의 손에서 유용한 작업도구가 되어가고 있는 정밀 지식과 과학(학문), 그리고 사실을 향한 길"을 택했다. 하지만 이미지를 개념에, 예술을 학문에, 감정을 사실에 대립시키는 이런 이분법적 시선은, 이분법이 아닌 그 반대(종합)를 지향하는 에이젠슈테인의 의도와 어긋날 뿐만 아니라 당장 눈앞에 펼

---

[36] С. М. Третьков, *Кинематографическое наследие: Статьи, очерки, стенограмы выступлений, доклады. Сценарии*, И. И. Ратиани(автор-сост.), СПб., 2010, p. 51.

〈10월〉은 사실상 겨울궁전이라는 거대한 '물건 창고'를 배경으로 한 작품이라고 할 수 있다.

〈10월〉에 등장하는 '말하는' 사물들에는 네바강의 도개교, 알렉산드르 3세 동상 등 거대한 도시 박물관을 이루는 다양한 사물들이 포함된다.

쿤스트카메라 박물관에 소장된 신들의 형상.

쳐진 '사물들의 유희'를 보지 못하도록 만든다. 에이젠슈테인이 염두에 둔 지적 영화는 그렇게 단순하지 않았다.

한편, 여기에는 한 이론가 개인을 넘어서는 더 큰 담론적 맥락이 작동하고 있다는 점 또한 간과할 수 없다. 사물과 관련된 맹목의 두 번째 배경으로 거론할 수 있는 것은, 1920년대 말 레프 이론가들 사이에서 (주로 베르토프의 영화를 대상으로) 이루어진 '몽타주와 질료의 대립'을 둘러싼 논쟁이다. 이 논쟁은 레프식의 극단적인 사물론의 추구가 결국 어떤 결과에 이를 수 있는지를 보여준다는 점에서 극히 의미심장하다.

이 논쟁은 에스피르 슈브(Esfir Shub)의 첫 영화 〈로마노프 왕조의 몰락〉이 1927년에 개봉되면서 시작되었다. 온전히 아카이브 질료로만 만들어진 이 영화는 순식간에 다큐멘터리 영화의 모범으로 등극하면서, 소비에트 다큐멘터리의 두번째 단계를 열게 되었다.[37] 이 논쟁의 함의를 탐구한 바 있는 미하일 얌폴스키(Mikhail Iampolski)에 따르면, 베르토프를 향한 레프 이론가들의 맹렬한 비판의 핵심은 그의 리드미컬하고 열정적인 (시적) 몽타주가 질료 자체가 가진 고유한 본성을 훼손한다는 데 있었다. 그들에 따르면, 한때 그 자체 예술의 본질로 간주되었던 구성의 원리(몽타주)는 이제 몹시 의심스러운 왜곡의 기제로 변모해 그보다 훨씬 더 근본적이고 근원적인 질료에 대립하게 된다. 레프 이론가 오시프 브릭의 다음 구절이 상황을 간명

---

37 〈로마노프 왕조의 몰락〉은 우연히 발견된 혁명 전 시기의 뉴스릴과 기록 영상만으로 만들어진 작품으로, 흔히 컴필레이션 필름 혹은 파운드푸티지 영화의 기원으로 언급된다.

하게 요약한다.

이제 전면에 나서는 것은 질료이다. 반면 예술 작품은 그것을 구체화하기 위한 가능한 방법의 하나에 불과하다. 게다가 그 방법은 결코 완벽하지 않다. 예전에는 모든 왜곡, 의도를 띤 질료의 선별이 예술 창작의 필수적 조건, 말하자면 플러스로 여겨졌다. 그런데 지금은 바로 그런 왜곡, 그런 의도를 띤 선별이 방법적 단점, 즉 마이너스로 간주된다.[38]

구성과 질료의 관계를 역전시켜 극단까지 밀어붙인 이런 행보의 최종적인 결과는 무엇일까? 주관적 영화 창조를 진짜 객관적(이라고 간주되는) 작업, 즉 '필름 라이브러리'에서 행해지는 '질료(뉴스릴)의 목록화' 작업으로 대체해버리는 것이다. 이렇게 해서 쿨레쇼프에서 베르토프, 에이젠슈테인에 이르는 전 시기의 모든 몽타주 이론들이 선언적으로 부정되고, 이제 그 자리는 극단화된 형태의 '질료(아카이브) 물신주의,' 얌폴스키의 흥미로운 표현에 따르자면 "타인의 현실"이 채우게 된다. 질료에 꼼짝없이 '붙들려 있는' 이런 관점에 입각했을 때, 온통 사물들로 이루어진 〈10월〉의 몽타주가 어떻게 보였을지는 쉽게 추측 가능하다. 그것은 억지스럽고 인위적인 '개념'의 추출을 위해 질료-사물의 원본성에 자의적인 왜곡을 가한 예술적 실패로 다가왔을 것이다.

---

38   미하일 얌폴스키, 『영화와 의미의 탐구 2: 언어신체사건』, 김수환·이현우·최선 옮김, 나남, 2017, 37쪽.

결국, 관건은 〈10월〉을 가득 채우고 있는 온갖 사물들, 더 정확하게는 그 사물들로 이루어진 에이젠슈테인의 몽타주 구성을, 트레티야코프의 팩토그래피적 접근(사물의 전기)뿐만 아니라 레프식의 질료 물신주의로부터도 차별화하는 일이다. 사물에 천착했다는 점에서 분명 '당대'에 속해 있었지만, 그럼에도 그것의 방향과 지향이 '어긋나' 있었다는 점에서 '비동시(대)적'일 수밖에 없었던 에이젠슈테인의 사물론, 그만의 고유한 사물 몽타주는 어떻게 해명될 수 있을까?

정동의 몫: '아트락치온'으로서의 연상 몽타주

영화사물에 대한 에이젠슈테인의 입장을 레프 이론가들(나아가 오늘날의 사물주의자들)과 갈라놓는 결정적인 차이점은, 에이젠슈테인에게 사물의 문제는 처음부터 끝까지 (영상)이미지의 문제이며, 따라서 몽타주의 문제일 수밖에 없다는 데 있었다(알다시피, 그에게 몽타주란 곧 영화의 다른 이름이다). 그런데 우리는 여기서 한 걸음 더 나아갈 필요가 있다. 에이젠슈테인에게 이미지와 몽타주의 문제란 언제나, 그리고 필연적으로 '아트락치온'의 문제일 수밖에 없다. 그에게 영화사물이란 결국 아트락치온, 곧 자극, 흥분, 충동에 다름 아니다.[39]

---

39 여기서 드러나듯이, 영화사물을 보는 에이젠슈테인의 관점은 (언제나 포토제닉적인 사물의 정지이미지가 아니라 정동적 몽타주를 전제한다는 점에서) 1920~29년 사이 유럽의 거의 모든 주요 이론가들(발라즈, 엡스타인, 델뤽, 크라카우어, 벤야민 등)이 공유했던 소위 '계시적 모드(revelatory mode)'로서의

핵심은 아트락치온으로서의 사물이미지가 불러일으키는 감응이 단지 자극이나 흥분에 그치지 않는다는 점이다. 그것은 사회적 감정, 특히 다종다기한 연상들(associations)을 불러일으킨다. 이는 영화사물이 단순한 대상이 아니라 아주 특별한 대상, 이를테면 모종의 집적물 같은 것이기 때문이다. 영화사물은 사회적인 의미를 지닌 다양한 도식이 교차하는 복합체다.

경향적 표현성이라는 관점에서 볼 때, 모든 대상은 다양한 연상 영역을 일깨우는 이질적인 도식(스키마)의 복합체로 나타나며, 표현의 인상 깊음이 기초하는 것이 바로 이 다양한 연상 영역들이다. 추상적으로 표현적인 대상은 구조 조직의 원리가 극도로 정제된 형태로 나타난다. 대상의 정동적 표현성은 상응하는 현상의 영향 아래에서 우리의 지각 기제가 리듬, 색채, 질감 등 일련의 자극에만 반응하도록 되어 있다는 데 있다. 이러한 자극은 정동적인 충전(充填)을 가능하게 하거나 그에 대응한다.[40]

1925~26년에 쓰기 시작했으나 오래도록 완성하지 못한 에이젠슈테인의 글 「대상들의 유희에 관하여(The Play of Objects)」에 나오는

영화라는 익숙한 아이디어와도 차별화된다. 카메라라는 기계장치를 통해 육안으로는 볼 수 없었던 주변의 물질 세계를 (재)발견하고, 이로써 '시각의 무의식'을 열어젖히게 되었다는 (오늘날 흔히 벤야민의 이름과 결부되어 전승되는) 이 통찰은, 사실 에이젠슈테인은 물론, 그와 매우 유사해 보이는 베르토프의 '키노-아이' 이론과도 구별될 필요가 있다. 이에 관해서는 김수환, 『혁명의 넝마주이』 4장 참조.

40 Оксана Булгакова, "Новый ЛЕФ и киновещь," p. 72에서 재인용.

위 구절에는 몇 년 후 〈10월〉을 거쳐 〈자본〉으로 이어질 에이젠슈테인식 사물 몽타주의 본질이 요약적으로 제시되어 있다. 여기서 말하는 대상(사물)의 정의에 입각해서 보면, 〈10월〉에서의 에이젠슈테인의 실패 원인은 그가 내러티브를 떠나 사물에 집중했다는 데 있지 않다. 진짜 원인은 "다양한 연상 영역을 일깨우는 이질적인 도식의 복합체"로서의 대상(사물)을 제대로 표현하지 못했다는 데 있다. 왜냐하면 지적 몽타주의 관건은 (그것이 만들어내는 그럴듯한 개념뿐만이 아니라) '사물-아트락치온'의 성공 여부, 그러니까 그것이 일깨우는 '연상들'의 참신함과 그것이 수반하는 '정동'의 효과에 달려 있기 때문이다.

결국, 에이젠슈테인은 〈10월〉의 성공(신들의 시퀀스)과 실패(비평계의 몰이해)를 바탕으로 그다음 단계의 영화를 논리적으로 구상했다고 볼 수 있다. "추상적으로 표현적인 대상"을 다룰 수 있으며, 그런 대상을 "구조적 조직화의 가장 극단적으로 정련된 원칙"으로 제시할 수 있는 영화, 더 간단히 말해, 지적 몽타주를 위한 '연상들의 고리'를 집중적으로 탐구하기에 적합한 영화가 필요했다. 극히 추상적인 동시에 고도로 물질적인(표현적인) 대상을 다루며 온갖 종류의 연상 시리즈를 엮어낼 수 있는 〈자본〉은 이러한 목적에 부합하는 최적의 선택지였다. 많은 평자들에 의해 「〈자본〉 노트」의 전체 구상을 보여주는 핵심 장면으로 꼽혀온 '수프 몽타주'는 바로 이런 각도에서 읽힐 필요가 있다.

Voici[바로 이런 식]:
화면 전체에서 아내가 집으로 돌아올 남편을 위해 수프를 끓이고 있다. N. B. 연상을 위한 두 테마를 교차시킬 수도 있을 것이다. 수프를 끓이는 아내와 집으로 귀가하는 남편. 완전히 백치스럽다(최초 가정 단계이니 상관없다). 가령, 세번째 부분에서 연상이 그녀가 요리에 쓰고 있는 후추로 옮겨간다. 후추, 붉은 고추(Cayenne), 악마의 섬(Bagne de Cayenne), 드레퓌스, 프랑스의 쇼비니즘, 크루프의 손아귀에 있는 『르 피가로』, 전쟁, 항구에 침몰한 선박들. (당연히 그 정도 규모는 아니지!!) N. B. 평범하지 않은 점은 좋다—후추에서 드레퓌스를 거쳐 『르 피가로』로 이어지는 전이.[41]

클루게는 영화의 연상 몽타주의 고리를 이루는 복잡한 배경을 충분히 드러내지 않은 채 오프닝 시퀀스에서 바로 이 부분을 인용하고 있다.[42] 그러나 프레드릭 제임슨이 "프로이트의 자유연상의 마르크스주의적 버전"[43]이라고 부른 바 있는 이 몽타주는 훨씬 더 세밀한 이해를 요한다.

최초의 연상은 집으로 귀가하는 남편을 위해 수프를 끓이고 있는 아내가 요리에 사용하는 후추에서 시작된다. '후추(pepper)'에서 출발한 연상은 붉은 고추로 만든 향신료를 뜻하는 '카옌(Cayenne)'으로 이어지는데, 카옌은 '드레퓌스'가 유죄 판결을 받고 유배당했던

---

41 세르게이 에이젠슈테인, 「영화 〈자본〉을 위한 노트」, 57쪽.
42 알렉산더 클루게의 〈이데올로기적 고대로부터 온 소식: 마르크스-에이젠슈테인-자본〉의 도입부 영상은 문학과지성사 유튜브에서 확인할 수 있다. https://youtu.be/TMSt89vKJ2g?si=IVijlmWjHJ9HdLNe
43 Fredric Jameson, "Marx and Montage," p. 113.

프랑스령 기아나에 위치한 유배지 섬의 이름(바뉴 드 카옌[Bagne de Cayenne])과 발음이 같다. 주로 중범들을 수용했던 야자수로 덮인 이 바위섬은 '악마의 섬'이라는 별칭으로 더 유명했다(영화 〈빠삐용〉의 배경이기도 하다). 한편 『르 피가로』는 대부분의 언론이 드레퓌스를 범인으로 모는 편파 보도를 쏟아내던 중, 최초로 이 사건이 조작되었을 가능성을 제기한 프랑스의 일간지다. 그런데 흥미로운 점은 이 신문이 독일의 사업가 '알프레트 크루프'의 재정적 지원을 받았다는 사실이다. 당시 그는 철과 무기를 생산하는 거대한 독점기업을 운영하고 있었는데, 프랑스 내에서 '쇼비니즘'을 자극하는 보도를 통해 독일과의 적대감이 증폭되어 '전쟁'(제1차 세계대전)이 일어날 경우, 이는 다시 그의 무기 사업에 커다란 기회로 돌아올 수 있었다(쇼비니즘-크루프-『르 피가로』-전쟁으로 이어지는 연상의 고리). 또한 제1차 세계대전 중 독일의 잠수함이 영국과의 전투에서 어뢰 공격을 통해 다수의 영국 함선들을 침몰시킨 바 있는데, 이러한 사실에 기대어 '전쟁'에서 촉발된 연상이 다시 '항구에 침몰한 선박들'로 이어지게 되는 것이다.

이 복잡한 연상의 고리에서 우선 눈에 띄는 것은 그것이 흔히 생각하는 무의식적 연상의 사슬, 가령 프로이트의 자유연상(free association) 같은 것과는 상당히 다르다는 점이다. 뜨거운 수프 한 그릇에서 출발해 그것의 함의를 말 그대로 '전 세계적 규모'로 확장하는 이 연상의 고리는 어느 모로 보나 개인 심리의 차원을 넘어서 있다. 그 뒤에는 세계사적 규모의 정치·사회·경제적 함의들이 깔려 있는바, 분명 그것은 일상적 삶의 현상적 표면 아래에서 작동하고 있는 더 큰 하부구조적 흐름에 대한 의식을 바탕에 깔고 있다. 그런데 사실 우리의 관점에서 볼 때 수프 몽타주 못지않게 흥미로운 것은 뒤이어 연달아 등장하는 두 개의 몽타주다.

'실크 스타킹 잡지 광고'로 시작해 급작스러운 움직임을 통해 '50쌍의 다리로 증식'되는 레뷔를 거쳐 '줄에 매달린 마리오네트'로 연결되는 첫번째 몽타주와, 침대에서 '자기 아내의 해골을 껴안는 남자' '팽팽히 당겨진 이불,' 그리고 침대 밑에 놓인 '손잡이가 부러진 항아리'로 연결되는 두번째 몽타주는 수프 몽타주에서 상대적으로 강조되지 못한(그래서 평자들에게서도 흔히 간과되곤 하는) 에이젠슈테인의 연상 몽타주의 본질을 온전히 드러내고 있다.

구멍이 숭숭 뚫린 여자 스타킹, 그리고 잡지 광고에 실린 실크 스타킹. 급작스러운 움직임으로 시작해서 50쌍의 다리로 증식된다—레뷔. 실크. 예술. 실크 스타킹 센티미터를 위한 투쟁. 탐미주의자들은 이에 찬성한다. 주교들과 도덕은 반대한다. Mais ces pantins[그러나 이 마리오네트들은] 실크 공장주들, 그리고 그들과 싸우고 있는 의류 제조업자들의 줄에 매달려 춤을 춘다. 예술. 신성한 예술. 도덕. 신성한 도덕."[44]

남자가 자기 아내의 해골을 껴안는다. 솜씨 좋게 기워진 이불이 팽팽히 당겨진다. (진정 서정적인) "놀라움." 아내가 남편에게 싸구려 담배를 건넨다. 이 무시무시한 결말 안에서 감상주의는 한층 더 끔찍하다. 이불이 당겨진다. 침대 밑에—항아리. 손잡이

---

44 세르게이 에이젠슈테인, 「영화 〈자본〉을 위한 노트」, 58쪽.

가 부러진, 그래도 어쨌든 항아리가⋯⋯.[45]

이들 연상 몽타주에서 그것이 추동하는 의미론적(산업적·종교적·도덕적·예술적) 해석의 지평보다 훨씬 더 두드러지는 것은, 그 이미지들의 강렬한 아트락치온적(자극, 충동, 흥분) 성격이다. 가령, 빠르게 움직이는 50쌍의 다리와 해골과의 포옹 같은 장면들이야말로 "정동으로 장전된 연상적 뭉치들"[46]에 해당하는 것으로, 에이젠슈테인의 지적 몽타주를 만드는 필수불가결한 정동적 원리를 잘 보여준다.

결국 여기서 확인할 수 있는 것은, 에이젠슈테인 몽타주 특유의 혼합적 성격이다. 분명 그것은 모종의 불가능해 보이는 종합을 지향하고 있다. 예컨대, 일상적 표면 아래에서 작동하고 있는 정치경제적 메커니즘에 대한 냉철한 이해(⟨자본⟩의 관심)는 (⟨일반 노선⟩의 유명한 크림분리기 장면이 대변하는) '엑스터시적인 정동'과 결합되어 있다(클루게 영화에 삽입된 티크베어 감독의 단편이 결정적으로 결여하고 있는 것이 바로 이 후자의 측면이다). 그런데 이러한 결합이 가능해지려면 우선 각종 사회적 감정과 연상 들이 자유롭게 풀려나올(즉, 해방될) 수 있어야 한다. 그리고 바로 이러한 해방을 가능케 하는 것이 아트락치온, 곧 자극이다. 어떤 자극인가? "연상의 다양한 영역들을 일깨우는 이질적인 도식의 복합체," 곧 영화사물을 통한 자극이다. 수프와 신문, 50쌍의 다리와 해골로 이어지는 사물들. 이 사물들의 이미지는 더 이상 상징(기호)도, 그렇다고 질료 그 자체

---

45 같은 글, 58쪽.
46 Fredric Jameson, "Marx and Montage," p. 113.

도 아니다. 그것들은 다양한 사회적 감정과 상호관계들(즉, "이질적인 도식")이 응축된 모종의 덩어리 같은 것으로, 거기엔 인식(개념)과 감정(정동)이 함께 들어 있다.

문제는 에이젠슈테인이 이런 종합적 수준에 이른 영화의 모델을 "지적 영화"라고 불렀다는 점이다. 이제 선명해졌듯, 지적 영화는 말 그대로 지적인 것, 따라서 논리적이고 담론적인 것만을 뜻하지 않는다. 그것은 오히려 지적인 것과 감각적인 것, 이성적인 것과 정동적인 것, 다시 말해 에이젠슈테인의 표현을 따르자면, "학문과 예술, 논리 언어와 이미지 언어" 사이의 분할과 대립을 넘어서는 종합테제의 지점을 가리키는 용어다.

> 감정적인 영화, 다큐멘터리 영화, 그리고 절대적인 영화의 종합테제. 오직 지적 영화만이 '논리 언어'와 '이미지 언어' 사이의 불화를 해결할 수 있다. 영화-변증법의 언어를 바탕으로. [……] 정동적 자극(시각적, 청각적, 생체역학적 자극)의 모든 무기고를 완벽하게 정복함으로써.[47]

지적 영화는 "정동적 자극의 모든 무기고를 완벽하게 정복"함으로써만 달성될 수 있다. 지적 영화는 이 무기고의 대립물이 아니라 그것을 포함하는 종합적 버전이다. 그렇다면 변증법적 종합테제의 단계에 이른 이러한 영화를 지칭할 더 나은 용어는 없을까? 대안

---

47 Sergei Eisenstein, *Film Essays and a Lecture*, Jay Leyda(ed.), Grigori Kozintsev(Foreword), Princeton University Press, 1982, p. 45.

은 분명 존재한다. 사유 영화가 바로 그것이다. 에이젠슈테인은 "자신이 사유를 보이도록 만들고, 감각적으로 느껴질 수 있게 하는 새로운 언어를 발명했다고 생각했다."⁴⁸ 이 시점에 그는 몽타주가 단순히 '운동'을 전달하는 수단이 아니라 '사유의 방식'을 전달하는 수단이 될 수 있다고 생각했고, 영화가 사유의 생성 과정 자체를 구조적으로 재건할 수 있다고 믿었다. 당연한 이야기지만, 이때의 사유는 이성적이고 합리적인 방식의 생각하기와는 거리가 멀다. 그것은 감각적이고 정동적인 차원, 더 나아가 (뤼시앵 레비-브륄이 말한) "전(前)논리적"인 차원까지 포괄하는 종합적인 생각하기에 해당한다.⁴⁹

그렇다면 마지막으로 우리가 던져야 할 질문은 다음과 같다. 이 글의 서두에서 미래 영화 〈자본〉을 수식했던 전형적인 용어들, 가령 에세이 모음집이나 영화논고는 과연 여기서 말하는 사유 영화가 포괄하는 저 두터운 폭과 심오한 깊이를 온전히 포괄할 수 있을까? 지금까지 사물의 노선을 따라 「〈자본〉 노트」를 읽어왔는데, 결국 이 글

48 옥사나 불가코바, 「서문」, 16쪽.
49 클루게 영화의 서두에 (일종의 설정 쇼트 격으로) 삽입된 대담에서, 불가코바는 에이젠슈테인이 "사유가 느껴지는" 이런 언어를 일종의 "디오니소스적"인 상태에서, 그러니까 다량의 약물(암페타민)을 복용한 상태에서 장면들을 조합하면서 만들어냈다고 말한다. 그러나 여기서 중요한 것은, 사적 경험에 기초한 개체적 수준의 무의식 같은 것이 아니다. 연상을 자유롭게 풀어헤치는 이러한 상태는 오히려 몇 년 후(1935년) 벤야민이 초현실주의를 이야기할 때 사용했던 표현인 "도취를 통해 자아를 느슨하게 만드는 일," 다시 말해 개성을 "벌레 먹은 치아처럼 느슨하게" 만들어서 "관조적 개인"이라는 "안락한 방"에서 탈출하는 일에 더 가깝다고 보아야 한다. 발터 벤야민, 『발터 벤야민 선집 5: 역사의 개념에 대하여 | 폭력비판을 위하여 | 초현실주의 외』, 최성만 옮김, 도서출판 길, 2012, 146쪽.

의 핵심은 영화논고와 사유 영화라는 저 두 개념 사이의 거리, 그리고 그 안에 담긴 함의의 차이를 곱씹고 가늠하는 일에 달려 있다고 하겠다.

방법과 에세이 영화

마르크스의 『자본』을 영화화하겠다는 에이젠슈테인의 구상은 어느 날 갑자기 떠오른 돌출적인 생각이 아니었다. 그것은 1920년대 중반 이후 몇 편의 영화 제작과 그와 나란히 진행된 지속적인 이론적 탐구가 낳은 논리적 결과물이었다. 따라서 이 기획은 그 전후로 진행되었던 일련의 다른 과정들의 연장선상에 있다. 이는 우리가 이 기획을 어떤 측면에 초점을 맞추어 읽느냐에 따라 서로 다른 계보학을 그려낼 수 있다는 의미이기도 하다.

예컨대, 사유 영화라는 종합적 버전에 이르는 에이젠슈테인의 노정을 복원하기 위해 '심리(psychology)'라는 또 다른 긴 노선을 동원할 수도 있다. 그 노선은 특히 1920년대 소비에트 심리학, 그중에서도 반사-생리학이라 불린 독특한 학적 경향의 전체 맥락을 포괄한다. 이를테면, 그것은 (한때 베르토프도 수학했던) 페트로그라드 신경생리학 대학의 창립자 베흐테레프의 집단 반사학에서 출발해 가스테프와 메이예르홀트의 생체역학을 거쳐, 비고츠키의 언어심리학과 루리야(Aleksandr Luria)의 신경생리학에까지 이르는, 그리고 결국에는 벤야민의 '집단적 신경감응' 개념으로까지 이어지는 기나긴 계보학에 대한 상세한 (재)검토를 의미한다.

하지만 다시 말하건대, 이런 계보학의 의의가 '에이젠슈테인 연구'라는 문헌학적 재구 작업에만 그쳐야 하는 것은 아니다. 관건은 이러한 계보의 구축이 어떤 새로운 통찰을 수반할 수 있는가에 달려 있다. '사물의 노선'을 따라 〈자본〉의 구상을 다시 읽어봄으로써 그 기획을 '사유(과정)의 모델화'라는 미래 비전으로 종합한 이 글의 계보학이 던지는 가장 중요한 물음은 결국 다음과 같다. 고전적인 의미에서의 내러티브 형식을 벗어나 '담론'과 '개념'을 다루는 매체로 진화하고 있는 듯 보이는 현대 영화(가령, 에세이 영화)는, 그럼에도 불구하고 '(영화)이미지'로서의 고유한 역량을 포기하지 않은 채로 그것을 새롭게 갱신해갈 수 있을 것인가?

에이젠슈테인은 사유(과정)의 모델화라는 목표를 향해 가는 과정에서 '사물'의 문제에 부딪혔고, 어떻게든 그것을 넘어 앞으로 나아갔다. 에이젠슈테인은 에세이 모음집을 채우는 사물(이미지)들이 각각의 정치경제학적인 내력(배경)과 더불어 나름의 고유한 '정동의 몫'을 가질 필요가 있다고 주장했다. 그리고 그것들이 만든 연상 몽타주란 결국 세계를 사유하는 '방법'을 드러내는 수단이 될 것이라 예견했다. 이 방법이란 것이 개별 창작자를 특징짓는 형식적 스타일이나 사색적인 내면의 풍경 따위를 가리키지 않는다는 사실은 말할 것도 없다. 그것은 말 그대로의 방법, 모든 것을 포괄하는 토대나 뼈대로서의 '원칙'을 뜻한다. '형식'이나 '스타일'이 아니라 '방법'으로서의 에세이(모음집), 관조적인 '사색'이 아니라 세계와 사유의 본원적 골격을 드러내는 '개념 이미지'로서의 영화논고. 바로 이 지점이 현대 에세이 영화의 기원으로서 〈자본〉을 연구하기 위한 출발점이 되어야 할 것이다.

〈자본〉 구상 단계에서는 아직 변증법에 머물러 있었지만, 1930 ~40년대에 이르면 예술 창조의 근본문제를 다루는 대문자 방법 (Method)으로 확장될 그것. 하지만 에이젠슈테인은 여기에 이르기까지 몇 단계의 중요한 '고리'를 더 거쳐 가야 했다. 그것은 〈자본〉에서 예고된 바대로, 사유 과정을 물질화할 수 있는 완전히 새로운 형식을 찾으려는 두 개의 기획 〈글라스 하우스〉와 『구체의 책』 프로젝트였다.

원문 출처

1장
「유리 집(Glass House)의 문화적 계보학: 세르게이 에이젠슈테인과 발터 벤야민 겹쳐 읽기」, 『비교문학』 81권, 한국비교문학회, 2020, 51~88쪽.

2장
「에이젠슈텐의 〈디즈니〉와 벤야민의 "미키마우스: 태고의 원형(元型) 혹은 포스트휴먼적 예형(豫型)」, 『문학과영상』 22권 1호, 문학과영상학회, 2021, 33~61쪽.

3장
「채플린 커넥션: 에이젠슈테인과 벤야민 겹쳐읽기」, 『비교문학』 91권, 한국비교문학회, 2023, 9~54쪽.

4장
「혁명과 소리: 소비에트 영화에서 사운드 도입의 전환기적 함의」, 『슬라브연구』 33권 1호, 한국외국어대학교 러시아연구소, 2017, 129~59쪽.

5장
「에이젠슈테인의 〈자본〉 프로젝트: 영화논고, 영화사물, 영화사유」, 『문학과영상』 21권 1호, 문학과영상학회, 2020, 31~59쪽.

찾아보기(인명, 작품명)

노트들」 130, 170

ㄴ
「나는 어떻게 영화감독이 되었는가」 156
『나자』 61
「나폴리」 24
〈남자는 남자다〉 27

〈10월〉 182, 212~22, 225~31, 236,
  241~44, 247~48, 250
「19세기의 수도 파리」 63

ㄷ
「두 번의 채플린」 144
두도, 슬라탄 31
뒤샹, 마르셀 236
듀이, 존 148
델뤽, 루이 248
도스토옙스키, 표도르 54~55
『도시의 왕관』 74
『도시의 해체』 74
도이치, 에르빈 32
「독재자: 찰리 채플린의 영화」 149
드보르, 기 루이 51
『디즈니』 86, 94, 117, 124, 147, 163
디즈니, 월트 84~86, 94~95, 123

ㄱ
가스테프, 알렉세이 139
간, 알렉세이 135
강스, 아벨 35
게스, 니콜라 165
〈검찰관〉(연극) 181
「경험과 빈곤」 62~63, 76~77, 89, 91,
  103
고리키, 막심 154, 187
『구체의 책』 42, 259
그로피우스, 발터 66, 75~77
그리피스, D. W. 193
〈글라스 하우스〉(영화 기획) 42~45,
  56, 58, 78~80, 82, 259
〈기계적 발레〉 135
「기술복제시대의 예술작품」 12, 26~27,
  103, 106, 108~109, 133, 169, 174,
  216
「「기술복제시대의 예술작품」 관련

ㄹ
라투르, 브뤼노 237
라이트, 프랭크 로이드 44
라이히, 베른하르트 24~25, 32
라치스, 아샤 23~26, 32, 35~36, 127,
  172
랑, 프리츠 43
「러시아 영화예술의 상황에 관하여」 30

레닌, 블라디미르 137~38, 182, 241
〈레닌에 대한 3편의 노래〉 206
레비-브륄 뤼시앵 120, 256
『레사벤디오』 59~60, 66, 70
레이, 만 35
레이다, 제이 94, 148
레제, 페르낭 35, 134~35
〈레타틀린〉 137
〈로마노프 왕조의 몰락〉 246
로드첸코, 알렉산드르 136~38
로이드, 해럴드 216
루나차르스키, 아나톨리 190
루리아, 알렉산드르 157
루소, 장 자크 118
룸, 아브람 198
뤼미에르 형제 187
류틴, 마르테먄 191
르코르뷔지에 45~46, 60, 64, 73, 77~78, 104

ㅁ

마르크스, 카를 7, 9, 42, 49~50, 116, 118, 133, 172, 220~23, 228, 233, 240, 251, 257
마이젤, 에드문트 27~28
「말리부에서」 154
메이란팡 33~34
메이예르홀트, 프셰볼로트 28, 30, 33, 139, 181, 257
〈메트로폴리스〉 43~44, 48
〈멕시코 만세!〉 45, 120, 155

모건, 루이스 118
모어, 토마스 118
『모스크바 일기』 8, 17, 23, 25, 28, 72, 181, 235
모홀리-너지, 라슬로 35
몬터규, 아이버 47, 148
「몽타주와 건축」 79
무시나크, 레옹 223, 225
『무엇을 할 것인가』 52~53
『문학세계』 30, 181
『미국의 비극』 43, 219
미스 판 데어 로에, 루트비히 76
〈미친 비행기〉 84, 102
미켈슨, 아네트 220, 229, 230
「미키마우스에 대해」 87, 90
미트리, 장 186

ㅂ

발라즈, 벨라 248
『방법』 12, 87, 118
〈백설 공주〉 124
벅-모스, 수전 188, 216
베네, 아돌프 73, 79~80
베르토프, 지가 24, 30, 181, 184, 201~207, 210, 238, 240, 246~47, 249, 257
베흐테레프, 블라디미르 157, 257
벤, 고트프리트 31
벨로프, 조이 82
보그다노프, 알렉산드르 55, 70
보이스, 요제프 236

보임, 스베틀라나 79, 137
〈볼가-볼가〉 214~15
부뉴엘, 루이스 35, 148
부로프, 안드레이 45~46
〈부부스 선생〉 28
〈부유한 약혼녀〉 215
불가코바, 옥사나 118, 124, 222, 235~37, 240~41
『붉은 별』 55, 70
〈빛나는 길〉 214
브레히트, 베르톨트 9, 22~27, 31~36, 64, 127, 143, 176
브르통, 앙드레 61
브릭, 오시프 245~46
블로흐, 에른스트 36, 118
비고츠키, 레프 157, 257

ㅅ
『사물』 134~35
〈사물들 속의 인간〉 232
「사물의 전기」 234~35
「사유이미지」 63
「산업생산 시나리오」 239~40
「생산자로서의 작가」 30~31, 33, 239
『서사극들』 32
〈서커스〉(찰리 채플린, 1928) 127
〈서커스〉(그리고리 알렉산드로프, 1936) 214
〈세계의 6분의 1〉 30, 181, 238
『세르게이 에이젠슈테인: 어느 영화감독의 노트들』 154

세어바르트, 파울 59~73, 76~78, 80, 104
쇼린, 알렉산드르 8, 206
숄렘, 게르숌 26, 59, 143, 164, 172
슈버그, 벤자민 45
슈브, 에스피르 246
슈먀츠키, 보리스 191, 206, 212~13, 215
슈미츠, 오스카 181
슈타이얼, 히토 235
〈슈터의 황금〉 43~44, 219
시클롭스키, 빅토르 33, 240
『신레프』 243
「신레프와 영화사물」 235
싱클레어, 업튼 42, 44~45
스탈린, 이오시프 35, 37, 80, 84, 94, 119, 188, 191, 210~11, 213~15, 219
스테파노바, 알렉산드르 136~37

ㅇ
아감벤, 조르조 50~51, 166
아도르노, 테오도어 26, 107~108, 123, 141~47, 149, 154~55
『아도르노-벤야민 편지』 142~43
아렌트, 한나 8, 24
아르바토프, 보리스 235
아이슬러, 한스 31
『아케이드 프로젝트』 49, 115, 127, 165
아타셰바, 페라 47, 85
「안녕, 채플린!」 149

알렉산드로프, 그리고리 35, 84, 192, 212, 214
알튀세르, 루이 209
『알프스 건축』 74
얌폴스키, 미하일 246~47
〈어부들의 봉기〉 24
〈에드워드 2세〉 24
에르블러, 프리드리히 190
에른스트, 막스 35
에른스트, 블로흐 36
엡스타인, 장 248
〈열정(Enthusiasm)〉 201, 203, 205, 207, 246
영블러드, 드니즈 190
「영화 아트락치온 몽타주」 157
「영화의 4차원」 159
〈오쟁이진 멋진 사내〉 28
『오프모던의 건축』 79, 137
올덴버그, 클라스 236
올레니나, 아나 158
「요청서: 유성영화의 미래」 192, 195, 197, 201~202, 214
『우리들』 55
우에노 이사부로 77
『우주 전쟁』 43
워홀, 앤디 236
〈위대한 과업을 위한 계획〉 198
〈유리 집〉(브루노 타우트의 전시관) 66~70, 73
『율리시스』 219, 234
이글턴, 테리 37

〈이데올로기적 고대로부터 온 소식〉(영화) 220, 229, 232, 251
「이데올로기적 고대로부터 온 소식」(에세이) 8~9, 15, 82, 221~22, 229, 234
〈이반 뇌제〉 36, 94, 124
『이상한 나라의 앨리스』 99
「이야기꾼: 니콜라스 레스코프의 작품에 대한 고찰」 93
〈일반 노선〉(〈옛것과 새것〉으로 개봉) 42, 45~46, 160, 222, 254
『일방통행로』 110, 171

ㅈ

자먀틴, 예브게니 55
〈자본〉(영화 기획) 5, 7, 82, 219~59
『자본』(책) 7, 9, 42, 50, 219, 221~23, 233, 257
『〈자본〉에 대한 노트』 7, 9, 42
〈재즈 싱어〉 85, 185, 187
「전망」 160
『전장의 지휘관들』 31
〈전함 포템킨〉 12, 28, 30, 43, 155, 160, 181, 212, 226, 243
제임스, 윌리엄 157
제임슨, 프레드릭 118, 221, 251
조이스, 제임스 35, 42, 219, 234
졸슨, 앨 185
즈다노프, 안드레이 211
〈증기선 윌리호〉 85
『지하로부터의 수기』 54

ㅊ

「찰리 어린아이」 147, 149, 163
채플린, 찰리 16~18, 26, 35, 45, 113,
　　126~44
「채플린」 127
『채플린 기계』 140
「채플린을 회고하며」 127, 142
「천문관 가는 길」 71, 110, 167
체르니솁스키, 니콜라이 52~54
치비얀, 유리 134, 136

ㅋ

〈카메라를 든 사나이〉 182
「카를 크라우스」 60, 105
카프카, 프란츠 8, 19, 36, 145
칸딘스키, 바실리 78
캄파넬라, 토마소 118
캐럴, 루이스 99
케르젠체프, 마리아 32
케르젠체프, 플라톤 32
켈너, 도라 25
코르쉬, 카를 127
코진체프, 그리고리 206~207
〈쿨레 밤페, 혹은 세상은 누구의
　　것인가?〉 22, 31, 138~39, 247
쿨레쇼프, 레프 138~39, 247
크라카우어, 지크프리트 24, 80, 132,
　　192
클레이만, 나움 42, 81, 86, 219~20
클루게, 알렉산더 8~9, 15~16, 18, 82,
　　220~22, 229, 232~34, 251, 254,
　　256
「키노-아이에서 라디오-아이로」 202
『키노-포트』 135~36
키르사노프, 세몬 31
키튼, 버스터 216

ㅌ

타게르, 파벨 198
타우트, 브루노 65~70, 73~80
타틀린, 블라디미르 137
트라우베르그, 레오니드 206~207
〈트랙터 운전사〉 215
트레티야코프, 세르게이 22~23,
　　27~35, 176, 233, 235, 239~43
트로츠키, 레온 182
트리어, 발터 99
티데만, 롤프 26
티세, 에두아르드 35, 84
티크베어, 톰 232~34

ㅍ

〈파업〉 155, 226, 229
파이지스, 올랜도 37
팩스턴, 조셉 51, 69
페어뱅크스, 더글러스 148
페트라솁스키, 미하일 54
포레거, 니콜라이 138
〈포효하라! 중국이여〉 28~31
푸도프킨, 프세볼로트 184, 192
푸리에, 장바티스트 조제프 53~54,
　　72~73, 155~18

찾아보기(인명, 작품명)

피스카토르, 에르빈 24
『프라브다』 33, 202
「프롤레타리아 아동극의 프로그램」 22, 172~73
피시스(Physis) 109, 110
피리예프, 이반 215

ㅎ

하트필드, 존 24, 31
해더리, 오언 140
〈홀로〉 206~208
『흑인 폐하』 43
〈흥겨운 친구들〉 214~15
힐베르지머, 루트비히 80

찾아보기(용어)

ㄱ

가소성 101, 122, 138, 153
가속주의 105
감각적 사고 114~15, 120, 162~63
감각중추 182
감응 230~31, 237, 249
개념 이미지 258
구제 72, 112
국립영화예술학교(VGIK) 139, 182
근본문제 12, 14, 17, 19, 86, 114, 162~63, 259
기괴주의 149, 207

ㄴ

낯설게하기 34, 196
내적 발화(내적인 말) 163, 194

ㄷ

다공성 24
대기실(의 풍경) 80, 192, 197, 201, 211
대위법 195
    대위법적 구성 201~202
대중 유토피아 216
도취 61~62, 71, 120, 256
돈바스 심포니 204
디즈니 16~18, 84~127, 153

ㄹ

라디오 26, 127, 206~207
라디오-아이 202
라디오-진실 202
라프(RAPP: 러시아 프롤레타리아 작가연합) 190, 211~12
러시아 우주론 72
레디메이드 236
레프(LEF: 좌익예술전선) 236, 238~39, 241~42, 246, 248

ㅁ

만인을 위한 영화 188, 197, 210, 211, 214
몽타주 13, 30, 79, 115, 124~25, 141, 159~62, 183~84, 188, 193~97, 202, 205, 221, 227, 230~31, 238, 242, 246~48, 250~51, 253~56
    사물 몽타주 238, 248, 250
    소비에트 몽타주 영화 183~84, 188
    아트락치온 몽타주 30
    연상(적) 몽타주 124, 221, 251, 254
    운율 몽타주 159
    지적 몽타주 159, 230~31, 250, 254
미메시스 능력 145, 165~68
미키마우스 16~17, 84~127, 260

ㅂ

방법 12, 79, 86~87, 115, 119, 162, 257~59
범속한 각성 61
변증법 63, 115, 122, 129, 164, 166, 240, 255, 259
    변증법적 이미지 14, 77
비감각적 유사성 165~66
비교의 산파술 15~16, 18~19
비인간 60, 105, 237

ㅅ

사물 61, 93, 136, 164, 193, 224, 231~47
    사물로의 전환 232, 236~37
    사물론(사물 이론) 224, 235, 237, 246, 248~49
    사물의 노선 256, 258
    사물의 전기 234~35, 240, 248
    사물의 컨베이어벨트 240
    사회주의적 사물 235
    영화사물 219, 236
사회주의 리얼리즘 188, 201, 210~11, 216
산업생산 시나리오 239~40
산파술 15~16, 18~19, 229
상상의 채석장 8~9, 11, 78, 223
상호작용 169
생체역학 18, 139, 255, 257
선전영화열차 182
소브키노 191, 198
소유즈키노 191, 212
소비에트 몽타주 183~84
소비에트 생체심리학 133
소비에트 작가동맹(SSSR) 211~12
쇼크 효과 13
소망 이미지 111, 115
수정궁 48~55, 69~70
순환주의 137
스타하노프 213
시각의 무의식 249
시차 124
신경감응 121, 128~33, 159, 169, 171~74, 176, 257
신경생리학 133, 159, 163, 257
신들의 시퀀스 227, 242, 250
신체공간 62~63
신호 173~75

ㅇ

아우라 61, 64, 142
아르크(ARRK: 혁명적 영화 노동자연합) 190, 212
아크르(AKhRR: 혁명 러시아 미술가연합) 190
아트락치온 13, 30, 176, 224, 230~31, 231, 248, 250, 254
    아트락치온 몽타주 30
야만성 60, 101, 103, 108, 111
어셈블리 라인(흘러가는 띠) → 컨베이어벨트
에세이 모음집 228, 230, 256, 258

에세이 영화 82, 257~58
엑스터시 79, 115, 212, 254
영화논고 228, 256~58
예형 18, 84, 88, 118, 122, 140
영화-진실 202
영화사물 224, 235~36, 248~49, 254
오브제 투르베 236
우주론(러시아 우주론) 70~72
운동 방전 133, 158
웃음 105~108, 127, 141~47
원사(Urgeschichte) 111, 119
원형(상) 17~18
원형질(성) 88, 99, 101, 112, 119, 122~23
유리 사슬 66, 74
유리 집(의 계보학) 16~17, 41~81
유아적 잔인성 147, 154~55
유아증 152, 154
유희공간 128
인간 운동학의 법칙 129, 131

ㅈ

자유연상 251~52
작동적 작가 27, 31, 239
전기화 137
전(前)논리적 114, 162~63, 256
정동 115, 230, 248~50, 254~56, 258
정신분산 13, 205
제1의 기술 128, 169
제1의 자연 117, 170~71
제2의 기술 117, 128, 169

제2의 자연 170~71
제1차 5개년 계획 188, 198~99, 203~204, 252
제스처 129~32, 171~74
존재론적 전환 224, 238
지적 몽타주 → 몽타주
지적 영화 160, 224, 226, 246, 255
질료 물신주의 248
집단 반사학 157, 258
집단(적) 신경감응 121, 128, 169, 171, 174, 257

ㅊ

(채식주의자) 벵골 호랑이 145, 147
초현실주의 120, 256
촉각성 174
충격 13, 132
친연성[친화력] 8

ㅋ

컨베이어벨트 129~32, 240
케렌스키의 상승 시퀀스 226~27, 231
키노-아이 202
키노-오키 202, 249

ㅌ

탄성 98
태곳적 원형질 → 원형질(성)
투명성 56~57, 78, 81~82
트락타트 228~30

ㅍ

파시즘 26~27, 104~105, 108, 128,
　　148, 171, 217
팔랑스테르 53
팝아트 236
팩토그래피(스트) 204, 235, 238, 248
펙스(FEKS) 206~207
포스트휴먼 18, 88, 122
프롤레트쿨트 30, 156
플라스마 → 원형질(성)

ㅎ

혁명적 방전 133
형식주의 188, 194, 196, 200, 206,
　　210, 235
환등상 49
호명 209
회피주의 152
횡경막 143